中原智库丛书·青年系列

跨区域污染治理中的地方财政竞争与协调

RESEARCH ON SUB-PROVINCIAL
FISCAL COMPETITION AND COORDINATION IN
CROSS-REGIONAL POLLUTION CONTROL

胡骁马　著

社会科学文献出版社
SOCIAL SCIENCES ACADEMIC PRESS (CHINA)

摘　要

　　我国目前跨区域污染问题的形成和扩大是特定阶段发展模式的结果。我国在经济发展较为落后的特定阶段，社会发展的首要目标是尽快解决人民日益增长的物质文化需要同落后的社会生产之间的矛盾。以此为背景，我国形成了政府主导的、以经济增长为核心目标的发展模式。在该模式下，我国的“发展型政府”积极履行经济发展职能，为我国经济高速发展做出了重要贡献。与之相对的，地方政府在履行公共服务职能，尤其是在供给以污染治理、环境保护为代表的环境公共物品和服务时积极性相对较弱，这是我国跨区域污染问题的重要成因之一。与此同时，经过财政分权、行政分权、要素市场化配置等一系列改革，我国形成了地方政府横向竞争的体制基础。而后，地方政府为争夺流动资本而开展的广泛且激烈的财政竞争在削弱环境规制的同时进一步减少了环境公共物品的供给，从而使我国跨区域污染的程度显著加深。此外，跨区域污染的复杂性及生态环境的整体性使得跨区域污染治理需要地方政府间协同合作，这要求在制度层面明确划分生态环境领域内地方政府间的横向权责。但一方面，现有生态环境领域权责划分改革仍局限于纵向维度，缺乏横向维度的划分；另一方面，地方政府财政竞争策略的互动行为扭曲了横向支出责任，从而进一步增加了横向权责划分的难度。生态环境领域的横向权责不明问题显著阻碍了我国跨区域污染治理工作的进一步推进，从而导致跨区域污染问题进一步凸显。现有研究普遍认为跨区域污染会显著影响居民的身心健康，并通过降低劳动生产率、减少劳动供给以及影响劳动力流迁等途径对经济产生显著的负面影响。治理跨区域污染，不仅是深化生态文明建设的核心要求，也是我国政府转型和经济持续稳定高质量发展的必然路径。

　　跨区域污染治理是一项复杂且系统的工程，跨区域污染中存在的外部性、公共物品供给不足以及行为主体非理性问题导致通过市场机制配置资源的方式在此领域是低效甚至无效的，这为政府以财政方式介入和干预污染治理提供了窗口和契机。但跨区域污染的特性又对传统的以政府为行为主体、以财政政策为治理手段的污染治理模式提出了新的要求。既有的污染治理模式具有属地治理、主体单一以及碎片化严重等特征，不仅无法满足跨区域污染治理的要求，而且不利于在当前复杂的宏观形势下保持经济的稳定增长态势。本书认为，应从系统、全面、发展的角度出发解决现有跨区域污染问题，在治理跨区域污染的实践中，应注意协调环境保护与经济发展之间的矛盾。具体而言，应从以下两方面破题。第一，应系统全面地对地方政府财政支出和税收竞争行为对跨区域污染的影响进行整体把握，并以此为基础，明确横向财政竞争的现实模式与影响因素，从而为评估和衡量现实财政竞争对跨区域污染的影响、进一步匡正地方政府行为、协调横向竞争、治理跨区域污染提供现实基础与分析要件。第二，应基于经济可持续高质量发展和跨区域污染治理这一复合视阈，对现有生态补偿机制进行有针对性的改革和创新，使其制度优势充分外化、显化，从而在有效协调横向财政竞争的基础上从根本上解决现有的跨区域污染问题，并最终促进经济向绿色高质量发展转型。简而言之，本书旨在解决一个问题，即通过协调现有不利于跨区域污染治理的横向竞争模式，改变旧有的发展轨迹，在经济稳定可持续增长的要求下，全面、系统、制度性地解决我国的跨区域污染问题，最终形成绿色高质量增长的新型发展模式。本书将通过以下八个部分的分析对这一主旨问题展开研究。

开篇为绪论。该部分从跨区域污染问题的内涵界定、成因、特征、治理难点与财政在跨区域污染治理中扮演的角色切入。在阐述本书写作的意义与价值之后，分别对国内外关于跨区域污染的影响、地方政府竞争对跨区域污染治理的影响以及生态补偿型横向转移支付对跨区域污染治理的影响三方面的研究成果进行了梳理与评述，并明确本书研究方法。

第一章为理论基础及探源。首先，从外部性及公共物品理论切入，剖析了跨区域污染问题的理论内核。其次，从西方分权理论的演进出发，通过对我国的经济体制改革、行政体制改革以及市场化改革中资源流通机制的形成等历程的回溯，系统分析了我国地方政府竞争产生的体制土壤。再次，从我国政绩考核机制出发，对我国地方政府影响跨区域污染的作用机理进行分析。最后，对生态补偿的内涵、本土化发展以及使用生态补偿方式治理跨区域污染的理论内核等方面进行了阐述，为后续研究的开展奠定了理论基础。

第二章在地方政府使用单一同质策略回应假设下，尽可能排除冗杂因素的影响，对财政支出及其横向策略互动行为对跨区域污染治理的影响进行了系统深入的研究，旨在回答以下问题。第一，以支出结构异化为表现的财政支出竞争对跨区域污染产生了怎样的影响？其影响机制是

什么？第二，财政环境支出作为重要的治污手段，其治污效果如何？其
策略互动又对跨区域污染产生了怎样的叠加影响？现阶段财政环境权责
划分中存在什么问题？本部分考察了以结构变化为表现的财政支出竞争
的治污效应，并明确了影响机制，进一步分析了策略互动对治污效应的
叠加影响。在此基础上，从财政环境权责划分的视角出发，考察财政环
境支出的跨区域污染治理效应、策略互动的具体形式及对跨区域污染的
叠加效应，接着考察财政环境支出策略互动的影响因素，从而为省级以
下财政环境事权划分与支出责任安排、促进区域政府间协同治理跨区域
污染给出建设性的意见。

第三章同样基于单一同质策略回应假设，对横向税收竞争影响跨区
域污染治理的作用机理和影响路径进行分析和研究，旨在回答如下问题。
第一，以降低实际税率为手段的税收竞争所导致的资本流动是否对跨区
域污染产生了影响？第二，税收竞争影响跨区域污染问题是否存在一种
新的、更为直接且具有更强逻辑解释力的理论机制？第三，是否存在横
向税收策略互动？税收策略互动又对跨区域污染形成了怎样的叠加影响？
税收策略互动又受哪些因素的制约？本章先基于经典的"税收竞争—资
本流动—跨区域污染"路径，定量分析我国地级市层面的税收竞争对跨
区域污染治理的影响。之后，创新性地提出税收竞争影响跨区域污染的
作用机制，即"税收竞争—财政支出结构扭曲—跨区域污染"，并建立
模型对该机制进行检验。在明确给出税收竞争影响跨区域污染的现实证
据后，进一步基于空间视角考察我国地级市层面是否存在税收竞争横向
策略互动，并通过非对称分析，对税收竞争横向策略互动的具体方向
（是"逐顶"还是"逐底"）进行了识别，进而分析了税收竞争策略互
动对我国跨区域污染的叠加影响。

　　第四章是第二、第三章研究的综合和深化，并为第五章整体的协调和治理机制的构建提供现实依据。本章放宽了地方政府在财政竞争中只使用单一同质策略进行回应的假设，即地方政府在横向财政竞争中存在多样化应对策略，在对多样化应对策略进行验证的基础上，以整体视角对地方政府间财政竞争的跨区域污染治理效应进行分析。进一步地，基于第二、第三章给出的支出竞争和税收竞争的跨区域污染治理效应研究结果，得出了跨区域污染治理视阈下的地方政府间理论最优竞争策略模式，并给出现实模式与理论最优模式存在显著偏离的经验证据。在此基础上，重点对造成这一现实偏离的因素进行考察，从而为进一步有针对性地建立横向补偿机制，协调地方政府间非理性竞争，转变地方政府发展方式以及系统性、根本性地治理跨区域污染提供政策切入点。

　　第五章的研究着眼于"协调和治理"，前文结论指出经济和行政因素是财政竞争偏离最优模式的重要原因，而从另一方面看，经济和行政因素同样是校正这一偏离需考虑的重点。有鉴于此，本章在比较分析了现有的利用行政手段和经济手段进行协调和治理的模式后，得出了生态补偿机制这一以经济手段为主、行政手段为辅的协调和治理模式的相对制度优势。进一步地，明确在跨区域污染这一细分领域内，现有生态补偿机制仍存在架构上的局限和实践中的不足，这些问题显著制约了其协调和治理功能的充分发挥。在此基础上，本章明确提出了优化后的复合型横向补偿机制的架构形式，并详细论述了"生态补偿型横向转移支付"和"政府和社会资本合作模式"在这一架构中的角色定位和制度贡献。随后，对生态补偿型横向转移支付实践中存在的问题进行讨论，一方面归纳分析现有针对水污染和大气污染的生态补偿型横向转移支付实践的问题和特点，为有效地化解现有试点中存在的问题、优化现有实践提供建设性的思考；另一方面着重考察实践推进中出现的态势演化和形态异化，为因地制宜、因"污"制宜地进一步在我国全面推广复合型横向补偿机制提供建设性意见。之后，对政府和社会资本合作模式这一复合型横向补偿机制的必要性和有益补充展开分析，重点考察政府和社会资本合作模式在跨区域污染领域开展应用的可行性及与生态补偿型横向转移支付的耦合性；进一步地，对现有试点应用中出现的问题进行分析，为最终促进两者的有机结合、充分发挥政府和社会资本合作模式对复合型横向补偿机制的提质增效作用提出有针对性的建议。

第六章从立体推进横向生态补偿机制改革与建设、明确省级以下财政环境领域事权划分和支出责任安排以及完善地方政府激励体系等方面给出了跨区域污染治理政策体系构建的路径思考。

最后对本书理论分析和实证研究中得出的结论进行总结，并给出了本书可能的创新点和进一步研究的方向。

本书与既有研究相比，可能存在以下创新点。在理论框架方面，本书提出协调地方政府间的横向竞争是跨区域污染治理的根本途径，并针对跨区域污染这一特殊命题，创新构建以生态补偿型横向转移支付为核心、以政府和社会资本合作模式为有益补充的新型复合型横向补偿机制，一方面对地方政府横向竞争进行协调，使其改变旧有的行为模式和发展路径，转向高质量绿色发展模式；另一方面对跨区域污染问题进行直接的治理，从而实现跨区域污染问题的"标本兼治"。本书提出的这一治理观念和治理机制，可以在一定程度上与领域内现有研究主要通过分析特定财税政策（如环保税、排污费等）的治污效应，并试图以优化特定政策的治污效应为手段达到跨区域污染根本治理的治理观形成互补。这一新型治理观可以从根本上弱化环境保护与经济增长间客观存在的内生张力，实现有利于跨区域污染的根本治理和促进经济高质量稳定增长的双重目标。

在实证研究方面，首先，在变量选取方面，本书通过选择跨区域污染物排放量这一与跨区域污染高度相关的指标作为代理变量，有效地解决了跨区域污染在实证研究中难以度量的问题，并将六种跨区域污染重点关注的指标同时纳入实证分析，从直接和间接维度同时切入分析，从而更为全面地对跨区域污染问题进行考察。其次，在参数估计方法方面，通过使用系统广义矩估计和 Han-Phillips 广义矩估计对不同模型中的内生性问题、时间相关性问题和空间相关性问题同时进行有效的控制，从而得到了更为稳健的结果。再次，通过机制分析，明确了公共性支出竞争和税收竞争对跨区域污染治理的作用路径，在加大论证力度的同时也为进一步提出有现实意义的政策建议提供了有力的经验证据。最后，在明确各类竞争对跨区域污染治理的效应基础上对竞争策略互动进行分析，明确其具体形式及影响因素，其意义在于将仅分析财政竞争对跨区域污染影响这一被动的效应研究向主动地匡正政府行为、协调横向府际竞争进而治理跨区域污染研究拓展。这一深化分析不仅可以进一步明确策略互动对跨区域污染治理的叠加效应，更为重要的是，可以为主动协调地方政府竞争、优化发展模式和治理跨区域污染提供有现实意义的政策切入点。

关键词：跨区域污染治理　财政竞争　生态补偿机制

目　录

绪　论

一　问题的提出

（一）跨区域污染：内涵界定、源起与特征

跨区域污染（或称跨界污染、跨行政区污染等）的具体定义，虽然至今仍没有在学界达成统一，但对其基本内涵的界定是相对明确的。所谓跨区域，是对特定污染外延边界的确定，指一国境内超越省（自治区、直辖市）、市、县及乡镇的行政区划范围。而所谓污染，是指自然环境中对人类或其他生物有害的物质，其数量达到或超出了环境承载阈值，改变了环境正常状态，从而危害人类健康及生物生存的现象。本书中跨区域污染特指我国境内跨地级市行政区边界的水污染以及大气污染。

跨区域污染的成因复杂，本部分将从社会发展进程视角、经济理论视角以及体制视角三个角度展开论述。首先，从社会发展进程视角分析，我国工业化发展、与工业化发展孪生的城市化发展以及产业结构演化是跨区域污染的核心成因。工业化进程中的烟、粉尘以及工业废水等污染物排放超过环境承载或自清洁的阈值，是跨区域污染产生的直接原因。

此外，产业结构不合理也是造成跨区域污染的重要原因。产业结构既对资源配置起主导作用，又决定资源消耗和污染的产生。在城市化高速推进的过程中，由需求拉动的以建材、化工、水泥、冶金等为代表的基础产业发展势头强劲，成为较多城市的支柱性产业。这些劳动密集和资本密集的重化工产业污染重、退出难，其发展过程伴生大量的跨区域污染排放。同时，这些产业的繁荣进一步带动了煤炭等能源产业的强势增长，从而产生连锁反应，最终导致我国跨区域污染的棘轮式增长。

其次，从经济理论视角分析，跨区域污染问题的成因可以概括为环境物品供给与需求失衡，哈丁（Hardin）于1968年提出的"公地悲剧"模型较好地刻画了该问题。他假设存在一块对所有牧人开放的草地，并且使用该草地无须付出任何费用。在这种情况下，每个牧羊人都倾向于扩大自己的利益而过度放牧，最终导致草场退化。"公地悲剧"的内核是个体理性的聚集导致集体非理性的结果，该模型很好地解释了排污个体（厂商）在污染博弈中的行为。对于任何一个以利润最大化为目标的理性厂商来说，削减其在生产过程中的污染排放会导致其成本上升、利润下降，所以厂商不会降低其单位产出的污染排放量。而且，如果仅存在低外部排污成本甚至不存在外部排污成本，那么厂商会不考虑污染排放而进一步扩大生产，最终导致整体环境质量的恶化。在该模型中，每一个排污个体（厂商）对整体环境造成的危害是微小的，但微观个体行为后果的集合却会对环境造成难以估量的破坏。当存在供给环境物品（保护环境）和消费环境物品（破坏环境）两方时，供给方的成本付出无法得到合理的报酬从而导致其供给意愿降低，而消费方则由于无须付出成本而倾向于扩大消费。此消彼长，造成了环境物品的供需严重失衡，跨区域污染问题也由此产生。

　　最后，从体制视角分析，我国政府在经济发展过程中不仅会参与生产成果的分配，也会参与生产过程本身，那么从某种意义上来说，我国的"发展型政府"① 在跨区域污染问题中的影响是不容忽视的。第一，从政府的行为模式出发，政府官员尤其是地方政府官员，虽然确实代表本地居民的利益，但同时也具有经济人的特质。特别是当经济发展程度与当地官员自身晋升概率呈现显著正相关关系时，地方官员发展经济的积极性极为高涨。此时，如果环境污染问题与官员自身利益没有直接关系，则官员倾向于降低对环境问题的关注。我国在经济发展较为落后的特定阶段，社会发展的首要目标是尽快解决人民日益增长的物质文化需要同落后的社会生产之间的矛盾。所以在过去特定的经济及社会发展时期，我国总体的发展政策导向均显著偏向经济增长，这也在一定程度上导致了官员晋升考核中存在的"唯 GDP 论"现象。然而，当地方政府以经济发展为重时，它会倾向于放松对辖区内排污企业的环境规制。这是由于放松环境规制可以降低辖区内排污企业付出的环境成本，提高其利润，进而推动本地经济增长。尤其是经济发展程度较低的地区更倾向于为发展经济而放松环境规制。其原因有以下两个方面。一方面，经济发展程度较低的地区普遍存在较强的追赶欲望，把经济增长目标放在首要位置，促使其在制定环境规制时留有更大的"以环境换经济"的余地；另一方面，经济发展程度较低的地区内排污企业的技术水平普遍较低，其盈利条件基本建立在低环境成本甚至无环境成本上。政府提高环境规制水平将显著提升这些排污企业破产的风险，这使以经济增长为首要目标的地方政府投鼠忌器，难以提高环境规制水平以控制环境污染。所以，

---

① 所谓"发展型政府"（Development State）是指发展中国家在向现代工业社会转型的过程中，以推动经济发展为主要目标，以长期担当经济发展的主体力量为主要方式，以经济增长作为政治合法性主要来源的政府模式（郁建兴、高翔，2012）。

在外界（尤其是上级政府）施加弱环境管制的条件下，地方政府倾向于使用弱环境规制来优先发展经济，这样的行为导向显然使跨区域污染问题进一步恶化。此外，地方政府在积极发展辖区内经济的同时疏于承担公共物品供给责任，尤其是提供环境保护等公共物品，这削弱了跨区域污染的治理力度，导致跨区域污染问题的进一步加剧。第二，从地方政府间横向竞争的维度分析，我国于 20 世纪末开展的财政分权、行政分权以及要素市场化配置等一系列改革为我国地方政府横向竞争奠定了体制基础。在此基础上，重经济增长的绩效考核制度使我国出现了广泛的、激烈的、以争夺流动生产要素为目的的地方政府间横向竞争。地方政府间横向竞争行为在进一步削弱环境规制的同时减少了环境保护公共物品的供给，进而造成了跨区域污染问题的进一步加剧。第三，从地方政府间权责划分的角度来看，跨区域污染的复杂性以及生态环境的整体性使得跨区域污染治理迫切需要地方政府间的协同合作，这就要求在制度层面明确划分生态环境领域内地方政府的横向权责。但是现有生态环境领域内的权责划分改革仍局限于纵向维度，缺乏明晰的横向划分标准。① 同时，地方政府间的横向竞争行为扭曲了横向支出责任，造成跨区域污染治理实践中的权责错配现象频发，从而进一步加大了划分横向权责的难度。生态环境领域内横向权责不明的现状显著阻碍了我国地方政府间跨区域污染协同治理模式的优化和进一步推广，从而造成了跨区域污染问题的进一步恶化。综上，从某种意义上来说，我国目前的跨区域污染问题是过去特定发展阶段中经济发展模式的必然产物。

---

① 国务院办公厅于 2020 年发布《生态环境领域中央与地方财政事权和支出责任划分改革方案》，对财政事权与支出责任进行了明确划分，但该文件对横向维度的权责划分仍局限于原则性表述。

由于跨区域污染同时具有两个及两个以上的行政区作为主体，所以相较于其他污染，它最为显著的特征是存在区域间双向（多向）影响或单向影响。所谓单向污染是指某行政区向其他行政区单向输出污染物，而双向污染是指行政区之间互相受到对方污染的负外部性影响。在跨区域污染中，以水作为传播介质的水污染因受上游至下游的流向影响，故为单向污染；而以空气作为传播介质的大气污染则由于空气流向的不确定性，属于双向（多向）污染。这一特征使跨区域污染问题在理论上无法由某一地方政府独立解决，这一方面对我国目前仍处于主流地位的污染属地治理模式提出了新的要求，另一方面也对传统的环境外部性修正方式提出了新的挑战。

(二)跨区域污染治理中面临的重点和难点问题

跨区域污染治理是系统且复杂的工程，其重点及难点问题众多，本书将其归纳为以下两个部分。

1. 经典的环境外部性修正方式受到新的挑战

环境问题的经济学内核是外部性问题，外部性有正负之分，本书关注的跨区域污染问题即环境问题中负外部性的代表，而跨区域污染治理则是将负外部性内部化的过程。在经典的经济理论中，将外部性内部化的基本思路以庇古范式（Pigou Paradigm）和科斯范式（Coase Paradigm）为主。

庇古范式认为，排污主体所造成的负外部性由他人承担，而收益则归自己所有，这样的成本收益不对等状况削弱了其减少排放或治理污染的激励，从而造成了污染问题的出现及恶化。所以庇古范式主张将政府作为推动环境外部性内部化的行为主体，即通过税收和财政补贴的手段使私人边际收益与社会边际收益、私人边际成本与社会边际成本相一致。

科斯则认为外部性是相互的，使用庇古范式对外部性进行干预有失公平。① 科斯范式认为，解决环境负外部性问题的关键是明确产权，即明确是一方有排污的权利，还是另一方有免受污染的权利。一旦产权明晰，则不需借由政府，仅由市场自身就可以做到资源的最优配置。在使用经典的庇古范式或科斯范式对跨区域污染带来的负外部性进行修正时，存在以下问题。

首先，跨区域污染所产生的环境资源破坏成本难以度量。由于水污染以及大气污染相较于普通污染覆盖面广、影响复杂且深远，加之不同主体对环境污染的主观评价不同，其边际社会成本几乎无法以货币等形式在当下量化。此外，获取排污个体私人边际成本的过程也存在因信息不对称而产生的道德风险，这就意味着政府几乎无法获得企业真实的私人边际成本，遑论翔实而全面地收集所有排污企业的私人边际成本。而庇古范式中隐含了"全知全能的政府"假设，即政府完全了解破坏环境一方产生的负外部性以及保护环境一方带来的正外部性，并且完全了解在帕累托改进过程中的所有信息。只有这样，政府才能制定最优的税率与补贴方案，但这显然与现实相去甚远。科斯（Coase，1999）指出，"以税收手段解决大气污染问题十分困难：平均损害与边际损害的差异与准确度量问题，以及不同财产受损之间的交互关系问题"。

其次，跨区域污染中的环境资源产权模糊。跨区域污染中的环境资源，如水资源和大气资源属于国民共有，确定产权的理论难度极

① 科斯（Coase，2013）在《社会成本问题》中指出，庇古将外部性问题设定为甲对乙的单向损害，故而将外部性问题转化为如何制止甲，或者甲应如何补偿及赔偿多少，这一思路存在方向性错误。外部性问题并非单向，而是双向的问题。外部性问题应转化为从两害相权取其轻的角度决定"是允许甲损害乙还是乙损害甲"。

大，实际成本极高。科斯范式应用的重要前提是产权明确，跨区域污染中的产权模糊问题导致以市场化方式修正该领域内的外部性是极为困难的。

再次，政府公共政策的滞后性、间接性以及复杂性导致公共政策结果存在不可预料性。所以，即使政府在掌握了完全信息的情况下制定有针对性的公共政策，政策结果仍有可能在执行过程中偏离其预设目标。此外，地方政府的双重角色使其并不完全以本地居民福利最大化为目标，身处利益博弈中的地方政府可能因追求某种特殊利益而导致其公共政策干预非但不会达到增进本地居民福利的目的，反而会降低本地居民的实际福利水平，在弥补市场失灵时又产生了新的问题。

最后，跨区域污染问题涉及的主体极多，政府难以承担所有交易成本。对于科斯范式来说，其是否可行在很大程度上取决于交易成本的相对大小。科斯在《社会成本问题》中，提到了一个农夫和牧人的例子。在该例子中，由于协商只在利益双方之间，所以几乎可以不考虑交易成本。而跨区域污染中造成水污染或大气污染的企业以及受这些污染影响的个体难以计数，从而导致协商成本过高，科斯范式应用困难。

2. 传统的污染治理模式面临新的要求

传统的污染治理模式在应对跨区域污染治理问题时，会导致固有的治理主体单一、碎片化等问题进一步加剧。所谓单一主体问题，是指我国的污染治理基本由政府一力承担。虽然政府理应在污染治理和环境保护领域发挥主体作用，但忽视市场以及社会力量的参与会导致污染治理"运动化"倾向明显、实际治理效率不高等一系列问题。尤其在面对跨区域污染问题时，单一政府力量是不足的，更应充分动员市场及社会力量共同参与跨区域污染的治理。所谓传统污染治理模式碎片化严重的现象，是指在污染治理领域，地方政府表现出在功能上彼此交叉重叠，而且在公共计划中缺乏协同的状态。这一现象在跨区域污染治理中表现得更为明显。在纵向上，地方政府的行政部门之间职能界定模糊、权责重叠，导致跨区域污染治理的方案难以实施。在横向上，地方政府之间普遍存在协同治理与属地治理的矛盾，虽然有关跨区域污染需要地方政府间协同治理的理念已经得到普遍认可，但是地方政府在制定政策时仍无法走出狭隘的地方主义的藩篱，事事利己，从而难以形成统一的跨区域污染治理公共政策，导致所谓跨区域污染协同治理实际处于各自为政的状态。

此外，传统污染治理模式在面对跨区域污染时也暴露出新的问题。例如，跨区域污染治理要求地方政府在协调多元主体间利益的基础上，进一步构建长效稳定的激励相容机制，从而形成政府间高度耦合的无缝合作机制。在协调多元主体间利益时，应首先明确主体及其对应的利益诉求。在跨区域污染治理中主要包括三种主体：居民、企业以及政府。其中，居民既要求优美的环境，也关心其将为之承担的成本，如燃油税等；企业在追求利润最大化的过程中关心降低排污的成本；而政府一方面代表居民的利益，要求治理污染，另一方面也要求本地的经济增长。其次，应加强协同治理体系建设，进一步加强各地方政府间、政府职能部门间在政策、服务和监管等方面的整合。显然，传统的污染治理模式无法形成耦合度较高的多元主体间长效稳定的激励相容机制，从而减弱了其对跨区域污染的总体治理效果。

(三)财政在跨区域污染治理中扮演的角色

新古典经济学理论认为，在完全竞争条件下，市场可以不依赖外力干预而实现资源的最优配置，即"市场万能"理论①。但在现实世界中市场机制显然并非万能。在市场失灵的情况下，市场机制无法充分发挥其优化资源配置的作用，导致资源低效配置甚至错误配置，这为政府以财政方式介入和干预经济提供了窗口和契机。学界普遍认为，环境领域存在显著的市场失灵问题，其原因有以下几个方面。

首先，环境问题存在显著的外部性，如破坏环境导致的个体成本低于社会成本、个体收益高于社会收益的负向外部性，以及保护环境所带来的正向外部性等。其次，环境属于公共物品，其产权无法界定或界定成本很高，这样的特征导致环境物品的供给和消费无法建立映射关系，进而导致市场机制的失灵。供给环境物品需付出成本，而消费环境物品则不需付出代价。具体而言，提供优质环境物品（即保护环境）的一方在付出成本后，由于无法清晰界定该环境物品对应的消费者，无法获得对等的报酬，从而弱化优质环境物品的供给意愿，最终导致优质环境物品的供给严重不足；而消费环境物品的一方无从付费，从而促使其无节制地过度消费资源，最终导致生态环境恶化或严重的污染问题。最后，行为主体非理性。市场机制有效的重要前提之一是理性人假设，而在环境保护领域，行为主体的非理性现象是普遍存在的。其原因在于经济发展所带来的社会增进是"立竿见影"的，其效用反馈是即时出现的，而环境保护却是"百年大计"，存在显著的延时效应，这从根本上形成了经济发展与环境保护之间的矛盾。当下经济发展带来的生活水平提高与未来的清洁环境相比，行为主体很难不损害当下利益而追求长远利益。

---

① "市场万能"理论由亚当·斯密（Adam Smith）在其经典著作《国富论》（*The Wealth of Nations*）中提出，在"大萧条"（The Great Depression）之前，西方各国多信奉该理论。在"大萧条"（1929—1933 年），尤其是第二次世界大战（1939—1945 年）后，西方世界逐渐认识到"市场万能"理论的弊病，进而跳出该理论的窠臼，普遍倒向主张政府干预的"凯恩斯主义"（Keynesianism）。

此外，对于发展中经济体的后发地区，相对低下的经济发展水平使这些地区即使有环境保护的意识与意愿，也不得不暂时选择降低环境保护在整体发展规划中的权重，转而以经济发展为先。上述非理性行为都造成了环境领域的市场失灵，加剧了环境物品的供需不均问题，最终形成了日益严重的跨区域污染问题。综上，市场机制在环境领域，尤其是跨区域污染治理领域无法有效配置资源，从而迫切需要政府通过相机使用财政政策对环境资源进行优化配置，进而治理跨区域污染。

首先，财政在跨区域污染治理领域的资源配置作用体现在财政支出方面。通过增加财政对跨区域污染治理领域的直接投资，一方面，加强对清洁技术、产业结构绿色转型以及低碳消费领域的财政补贴与支持，进而促进清洁技术的研发与应用、产业结构优化转型以及绿色消费的增长；另一方面，发挥财政资金对社会资本的引导作用，鼓励支持社会资金投入跨区域污染治理领域，从而拓宽跨区域污染治理的融资渠道。其次，财政在跨区域污染治理领域的资源配置作用体现在政府购买方面。财政对符合跨区域污染排放标准的企业产品予以政策性支持，树立绿色企业标杆，进而激励更多企业在节能减排与技术创新方面加大投入。再次，财政在跨区域污染治理领域的资源配置作用体现在通过税收与补贴政策修正跨区域污染造成的外部性方面。通过创新和完善现有环境税和消费税制度，一方面对高能耗、高排放、高污染企业产生的环境负外部性进行修正，进而抑制跨区域污染行为；另一方面对绿色节能、环境友好企业额外付出的环境保护成本以财政补贴的形式予以适当补偿，从而鼓励企业的环境保护行为。最后，财政在跨区域污染治理领域的资源配置作用还体现在转移支付与生态补偿机制方面。一方面以环境公共服务均等化为导向在空间维度对环境资源进行配置，另一方面在税收与财政补贴对外部性进行修正的基础之上进行进一步修正，形成环境资源初次配置的有益补充。同时，财政也可对地方政府间非理性的、过度的财政竞争进行协调，进而巩固和优化跨区域污染治理的效果。

二 研究意义和目的

（一）选题意义与研究价值

在跨区域污染治理领域，单纯通过市场机制无法达到资源的合理配置目标，而使用传统的财政手段治理跨区域污染也存在一定的局限性。财政在跨区域污染治理中最具代表性的措施是以庇古思想为内核的税收或补贴方式。庇古的基本思路是通过合理的税收或补贴方式，使私人生产的边际成本与社会最优成本趋同，从而对外部性进行修正。而跨区域污染中最优税收或补偿标准难以确定以及个体非理性问题的存在，限制了庇古范式的实施。如果对跨区域污染的实际受害方进行直接补偿，这种补偿方式以及难以厘清的实际成本可能会促使受害方夸大受害程度，导致新的福利损失以及效率下降。更为重要的是，庇古范式的补贴来源是税收，经典经济理论认为，税收本身就会影响社会的福利。通过税收这一扭曲资源配置、降低社会福利的方式修正跨区域污染问题中的外部性很可能是一种"饮鸩止渴"的行为，因为无法确知税收带来的福利损失与外部性本身存在的福利损失孰大孰小。更为重要的是，无论是科斯范式还是庇古范式，均是"后治理"思路。庇古范式是在产生污染之后，对污染成本进行核算，并计算个体成本与社会成本的差值，使用税收或补贴方式对企业等个体在生产中对环境造成的外部性进行修正。而科斯范式是在污染产生前对权力边界进行划定，在污染产生后通过市场交易的方式对负外部性进行修正。更为关键的问题在于，对于后发地区，客观来看其长期具有较高的排污需求，这种"后治理"的思路将导致污染积累，从而进一步增大治理的难度。同时，后发地区相对欠缺的治理能力与治理意愿，将导致我国跨区域污染问题进一步恶化。有鉴于传统污染治理模式存在上述种种局限，本书在跨区域污染治理和经济发展辩证统一的框架下，构建复合型横向补偿机制，对地方政府间横向财政竞争进行协调，进而对跨区域污染形成根本上的治理。具体而言，本书在理论和实践方面有如下价值。

1. 理论价值

首先，本书深化了财政竞争影响跨区域污染逻辑机理的理论研究。目前，对于财政竞争影响跨区域污染的研究多基于计量分析，考察二者数量层面的相关关系，而缺乏对具体竞争策略影响跨区域污染的路径和机理的探究。有鉴于此，本书通过建立理论模型，对财政竞争策略影响跨区域污染的逻辑路径进行了分析，给出了较为完整和清晰的理论机理。第一，支出竞争主要通过扭曲支出结构对跨区域污染产生影响。具体而言，经济性支出竞争通过扩大生产从而恶化跨区域污染，而公共性支出竞争通过提高绿色创新能力抑制跨区域污染。支出竞争通过引致结构扭曲进而形成跨区域污染的增量和治理量间的缺口，从而对跨区域污染产生显著的影响。第二，税收竞争一方面通过人为形成区域税收洼地影响资本（排污企业）在空间维度的流动和配置，从而对跨区域污染产生影响；另一方面影响政府收入，并进一步将影响传导至财政结构，从而与支出竞争影响跨区域污染的路径合同，最终对跨区域污染产生复合的、叠加的影响。白热化的财政竞争不仅影响了地方政府的行为模式，也扭曲了稀缺的生产性资本的空间配置方式，形成治污的主观意愿与客观规制弱化、区域层面的排污与治污能力不匹配等一系列问题，最终对跨区域污染产生显著的影响。本书较为清晰和完整地提出了财政竞争影响跨区域污染的理论机理，并将在既有研究中被普遍视为相互独立的支出政策和税收政策在影响跨区域污染层面进行了逻辑合同，进而通过我国地级市层面的数据给出了经验证据，形成了理论和实践紧密联系的逻辑闭环，进一步验证了本书提出的财政竞争影响跨区域污染的理论机理，从而对该领域现有的理论研究进行了丰富和完善。

其次，发掘现有生态补偿机制在协调政府过度竞争领域的价值，结合现有生态补偿实践中的经验，将生态补偿型横向转移支付与政府和社会资本合作模式有机结合，创新性地提出针对跨区域污染的复合型横向补偿机制。通过对运动型治理、地方政府激励机制以及新型生态补偿机制三种协调和治理机制的横向对比分析，明确了现有生态补偿机制的制度优势。进一步，本书创新性地提出了以生态补偿型横向转移支付为核心、以政府和社会资本合作模式为有益补充，在经济高质量可持续增长和跨区域污染双重视阈下的复合型横向补偿模式。这一模式不仅对现有跨区域污染的重要体制成因，即过度的、非理性的地方政府间横向财政竞争有较好的协调作用，可以从根本上治理跨区域污染；也通过行政性和经济性复合叠加的手段对跨区域污染发挥了直接的治理作用，从而提出了一种稳定、长效、"标本兼治"的跨区域污染治理机制。本书在对"标本兼治"新型治理观进行诠释的同时，也对现有的协调和治理理论进行了充实和丰富，从而具有一定的理论价值。

2. 实践价值

首先，在财政政策对跨区域污染影响的分析中，使用单一策略回应和多元策略回应两种分析方式进行研究，既明确了特定财政政策对跨区域污染治理的影响，也对财政竞争对跨区域污染的影响进行了更为贴近现实的、全景式的刻画，这样的研究安排对协调府际横向财政竞争、优化跨区域污染的治理具有显著的现实意义。具体而言，对基于单一同质的策略手段开展横向财政竞争这一假设展开研究和分析的核心优势在于可以屏蔽冗杂因素的干扰，有针对性地对单一政策效果进行分析，从而明确特定政策手段对跨区域污染的影响，为进一步决策提供重要参考。但是，这一假设对于现实情况的拟合效果较差也是不争的事实。有鉴于此，本书在深入分析和考察支出和税收政策对跨区域污染的影响后，将两种政策手段纳入同一框架，基于多元策略回应展开进一步的研究。这样的研究方式兼顾了个体和总体两个研究层面，从而对实践中制定和修正对应政策手段、优化和协调竞争模式都具有显著的参考价值。

其次，对现有生态补偿试点实践进行深入的分析，为其进一步向复合型横向补偿机制中的核心角色转变提供路径支持，从而增强改革的实践可行性。本书在收集、分析了大量的生态补偿试点实践资料的基础上，着重对补偿推进的态势演变以及阶段性问题进行梳理、归纳和总结，得出水污染由覆盖省内跨地市向覆盖跨省发展、由覆盖跨省支流向覆盖跨省干流发展以及由覆盖上下游地区向覆盖左右岸地区发展的一系列演化特点，为我国进一步在全流域、全范围推广生态补偿型横向转移支付提供了切入角度和路径依据。而在大气污染领域，本书主要针对该领域生态补偿横向转移支付机制相比于成熟的水污染领域的机制模式的差异性展开分析，指出形态异化的具体表现以及背后的现实原因，从而为进一步扩大大气污染领域的横向转移支付覆盖面廓清道路。这一分析不仅对指导当下的生态补偿试点工作具有显著的实践价值，更为重要的意义在于可以为生态补偿型横向转移支付未来与政府和社会资本合作模式有机结合提供路径支持。

本书与既有研究相比，可能存在以下创新点。在理论框架方面，本书提出协调地方政府间的横向竞争是跨区域污染治理的根本途径，并针对跨区域污染这一特殊命题，构建以生态补偿型横向转移支付为核心、以政府和社会资本合作模式为有益补充的新型横向补偿机制。一方面，对地方政府间的横向竞争进行协调，使其改变旧有的行为模式和发展路径，转向高质量绿色发展模式；另一方面，对跨区域污染进行直接的治理，从而实现跨区域污染问题的"标本兼治"。本书提出的这一治理观念和治理机制，可以在一定程度上修正领域内现有研究主要通过分析特定财税政策（如环保税、排污费等）的治污效应，并试图以优化特定政策的治污效应为手段达到跨区域污染根本治理目标的这一治理观失当问题。本书提出的新型治理观可以从根本上弱化环境保护与经济增长间客观存在的内生张力，实现跨区域污染的根本性治理和促进经济高质量稳定增长的双重目标。

综上，本书明确跨区域污染问题的根本原因在于地方政府间过度的、非理性的财政竞争。本书通过明确财政竞争对跨区域污染的重要影响，从高质量可持续发展的视角辩证统一地分析环境保护与经济增长问题。通过构建复合型的横向补偿机制，一方面从行政和经济层面对政府竞争行为进行协调，修正政府发展方式，从而对跨区域污染形成根本上的治理；另一方面通过资金、人才和技术的区域间横向转移，对跨区域污染形成直接的治理，最终实现经济高质量可持续增长语境下的跨区域污染问题的"标本兼治"。本书提出的这一新型治理观对于我国经济发展方式转型、生态文明建设均具有显著的借鉴意义。特别是对于我国广大后发地区的发展路径与模式选择，具有尤为重要的理论与现实意义。

（二）本书试图解决的主要问题

本书围绕一个核心问题展开研究，即通过协调现有不利于跨区域污染治理的横向竞争模式，改变旧有的发展轨迹，在经济稳定可持续增长的要求下，全面、系统、制度性地解决我国的跨区域污染问题，最终形成绿色高质量增长的新型发展模式。本书将这一核心问题细化分解为以下五类子问题。其一，省级以下地方政府以结构变动为表现的财政支出竞争对我国跨区域污染治理产生怎样的影响？具体的影响机制是什么？其二，财政环境支出作为重要的治污手段，其治污效果如何？环境支出策略互动的具体形式与方向是什么？对跨区域污染产生怎样的叠加影响？环境支出策略互动的影响因素是什么？其三，以降低实际税率为手段的税收竞争对跨区域污染的影响是什么？作用机制是什么？税收竞争策略互动的具体形式与方向是什么？对跨区域污染产生怎样的影响？税收竞争策略互动本身又受何种因素的影响？其四，省级以下地方政府间财政竞争的最优模式和实际模式是否存在偏离？它又对跨区域污染有什么影响？应如何从跨区域污染治理与经济发展相统一的视角出发对地方政府间财政竞争进行协调？其五，兼具协调和治理功能的复合型横向补偿机制的架构方式是什么？现有以横向转移支付为核心表现的生态补偿机制在实践中存在怎样的问题？向复合型横向补偿机制核心角色转变的改革路径是什么？政府和社会资本合作模式作为复合型横向补偿机制的重要组成部分，其提质增效作用受到了怎样的现实约束？又应如何破除这些约束以最大化发挥复合型横向补偿机制对横向财政竞争的协调作用和跨区域污染的治理作用？

三 文献综述与梳理

(一)关于跨区域污染及其影响的研究

跨区域污染带来的负面影响是极其广泛且深远的，其中最为直观的负面影响就是对居民身心健康的危害。医学研究表明，大气污染会造成居民免疫力下降，并导致哮喘、呼吸道感染以及肺气肿等一系列疾病。相关研究表明，相较于非集中供暖区域，我国在淮河以北地区每年冬季实施的集中供暖政策导致空气中的总悬浮颗粒物（TSP）年平均浓度提高了 184ug/m³，同时使 PM10 的年平均浓度提高了 41.7ug/m³，其直接后果是区域内居民的预期寿命分别降低了 5.5 年和 3.1 年（Chen et al.，2013；Ebenstein et al.，2015）。同时，水污染也严重危害居民的身体健康，Zhang 等（2017）指出，我国有大约 11% 的消化道癌症是由水污染引起的。Ebenstein（2012）在一项针对中国的研究中发现，饮用水质量每下降一个等级将导致个体因消化道癌症而死亡的概率提高 9.7%。既有研究也给出了跨区域污染对居民心理健康造成负面影响的经验证据，如严重的空气污染将对居民社交产生限制，导致负面情绪的积累（Arvin and Lew，2012），而此类负面情绪长期积累将导致焦虑症和抑郁症等一系列问题（Pun et al.，2017），进而提高自杀率（杨继东、章逸然，2014）。

由 Grossman 和 Krueger（1991）提出的环境库兹涅兹曲线（Environmental Kuznets Curve，EKC）理论是刻画经济增长对跨区域污染影响的经典理论，该理论认为人均收入和环境退化间并非简单的线性关系，而是存在一种"倒 U 形"的非线性关系，即在一国以人均收入为标准衡量的经济水平较低时，经济发展将显著导致环境的恶化，而当人均收入越过一个定值①时，以人均收入为衡量指标的经济发展将改善环境。如果 EKC 真的普遍存在，则无疑是一个伟大的发现，因为其调和了经济发展和环境保护之间的矛盾。即便现阶段经济发展破坏了环境，只要继续发展经济，环境状况就会在某个确定时点开始改善。之后的实证研究也陆续给出了这一"倒 U 形"关系存在的进一步证据（Seldon and Song，1994；Xepapadeas and Amri，1995）。但是，近期研究则逐渐给出了更多 EKC 并非普遍存在，或不以其"经典形式"存在的理论和实证证据。具体而言，部分研究直接否定了 EKC 的存在（谢贤政等，2003；曹光辉等，2006），而另一些研究则发现当选取不同的污染物指标时，经济发展与特定污染之间的关系并不必然是 EKC 所描述的二次函数形式（World Bank，1992；Shafik，1994）。虽然经济增长对跨区域污染的影响作用仍有争论，但是跨区域污染对经济发展有负面影响这一论断基本是学界的共识。早期的研究多从宏观视角出发，将跨区域污染给居民身心健康带来的损害视为一种对劳动力供给市场的负面冲击，从而得出了跨区域污染阻碍经济增长的简单结论（Seldon and Song，1994；Grossman and Krueger，1991；Stern，2004；Ebenstein et al.，2015）。后续的研究则进一步关注跨区域污染影响经济发展的作用机制，这些研究基本基于"跨区域污染—劳动力—经济发展"这一核心传导机制展开。具体而言，可以细分为以下三条路径。

1. 跨区域污染导致劳动生产率下降

Zivin 和 Neidell（2012）使用农忙时期美国农民劳动生产率的数据，分析了臭氧污染对劳动生产率的影响。结果表明，劳动生产率与臭氧污

———

① 这一定值是以 1985 年美元计价的 4000~5000 美元，该理论提出的社会背景是，人们对北美自由贸易协定将给墨西哥环境带来危害产生担忧，故这一定值与当时墨西哥人均收入基本一致。

染呈现显著的负相关关系，即每一单位的臭氧增量将降低美国农民5.5‰的劳动生产率。该研究通过巧妙地选择研究时期（农忙时期），进而有效地降低了农民的劳动供给弹性，即控制了污染抑制劳动供给进而影响劳动生产率这一路径的作用。但该研究使用工资作为劳动强度的代理变量，且作为代理变量的工资并不完全是计件形式的，而是包括一部分基础工资额度，这一实证设计的瑕疵导致结果倾向于低估污染对劳动生产率的负面影响。虽然这一研究未能严谨地给出污染对劳动生产率的定量影响，但仍从定性角度肯定了污染会导致劳动生产率下降这一事实。Chang 等（2016）则以 PM2.5 为空气污染的衡量指标，分析空气污染对以计件工资为衡量指标的包装工人劳动生产率的影响，实证结果表明，在 PM2.5 浓度超过每立方米 15 微克的阈值后，每立方米空气中 PM2.5 增加 10 微克将导致工人计件工资减少 6%。但这一研究并没有很好地控制污染对劳动力供给的影响，即污染天气工人不愿上班这一因素。He 等（2019）则基于我国江苏、河南两省的制造业数据同时考察了以 PM2.5 为衡量指标的污染强度和持续时间对工人劳动生产率的影响。结果发现，当每立方米 PM2.5 浓度增加 10 微克，且该情况持续 25 天以上时，劳动生产率才会出现显著下降，但该研究仍存在样本量过少和未能控制工人上工率的缺陷。李卫兵和张凯霞（2019）则从企业生产率的角度入手，基于我国的集中供暖政策考察多种空气污染物所带来的负面影响，并分离出对企业生产率影响显著的反向因果关系。结果表明，每提高 1 单位 PM2.5 浓度会引致企业生产率下降约 0.69 个单位，且该效应对异质性企业的影响不同，市场化程度越高的企业受该效应影响越大。在此基础上，陈帅和张丹丹（2020）通过"监狱工厂中的工人"这一特殊的样本，有效控制了污染对劳动力供给的影响，进而分析了空气污染指数（API）

对监狱工人计件工资的影响。研究表明，API 每增加 10 个单位，将导致监狱工厂工人的计件工资降低 4%。此外，文章指出空气污染与劳动生产率间并不是简单的线性关系，而是存在显著的"倒 U 形"关系，即在某一特定节点，污染情况的恶化将导致劳动生产率的加速下降。以上研究虽使用不同的跨区域污染物作为指标，考察其对劳动生产率的影响，但所得出的结论是基本统一的，即跨区域污染与劳动生产率呈负相关关系，因而跨区域污染的增加会进一步抑制经济的增长。

2. 跨区域污染导致劳动力供给下降

跨区域污染会降低劳动力供给。跨区域污染不仅会直接降低劳动力的健康水平，而且由于老人与儿童的健康受跨区域污染影响更为严重，成年劳动力需要花费更多时间成本对其进行照顾，从而进一步降低劳动力的供给（Aragón et al.，2017）。李卫兵和张凯霞（2019）的研究指出，PM2.5 的浓度提高将显著减少劳动力供给，具体地，PM2.5 浓度每增加 1% 将导致劳动力流失 0.188 个单位。此外，跨区域污染对不同素质劳动力具有异质性影响，如 Hanna 和 Oliva（2015）的研究表明，空气污染会对高素质劳动力的供给产生更为明显的抑制作用，而低素质劳动力由于更弱的技能壁垒和更低的资本储备，所以普遍具有更低的劳动供给弹性。正是由于异质性劳动力对污染的敏感程度不同，以及异质性劳动力的产出能力不同，跨区域污染与经济增长呈现非线性的负相关关系。

3. 跨区域污染影响劳动力的流动与迁移

据 2021 年第七次全国人口普查对人户分离人口①的统计，我国这一

---

① 人户分离人口是指居住地与户口登记地所在的乡镇街道不一致且离开户口登记地半年以上的人口。

人群的规模已经达到了 4.93 亿人，其中跨省流动人口[①]数量约为 1.25 亿人。如此大量的流动人口是我国区域经济增长的重要推动力量，流动人口为迁入地的经济发展提供了必要的劳动力，并通过进一步推动产业集聚，最终显著地影响经济增长（姚林如、李莉，2006）。而对于中西部等劳动力迁出地，劳动力流迁[②]行为则延缓了其工业化的进程，进而抑制了这些区域经济的增长（范剑勇等，2004；王飞等，2006）。对跨区域污染影响劳动力流动机制的研究可追溯至 20 世纪 60 年代兴起的环境人口迁移理论，以 Wolpert（1966）把包括环境在内的非经济因素纳入劳动力框架并建立压力阈值模型为起点，环境污染对劳动力流动与迁移的研究开始出现。后续研究多在 Harris 和 Todaro（1970）所建立的分析框架上，考察劳动力在工业与农业部门等产业部门间的流动，以及在空间维度上的迁移。孙伟增等（2019）使用我国流动人口动态监测调查数据建立条件 Logit 模型，分析了 2011—2015 年我国的空气质量水平变动对劳动力流迁产生的影响。研究发现，区域 PM2.5 浓度每上升 $1\mu g/m^3$，将导致劳动力迁入的概率降低 0.39%。此外，非农人口、高素质劳动力以及已婚已育劳动力迁移对环境污染的敏感程度更高。同时，区位异质性分析表明，跨区域污染对劳动力的"驱赶"效应在经济发展程度较高且外向型导向较为明显的沿海开放城市及内地增长极城市中表现得更为显著（肖挺，2016），且跨省的劳动力流动受跨区域污染的影响更为显著（孙中伟、孙承琳，2018）。

---

① 跨省流动人口是指人户分离人口中不包括市辖区内人户分离的人口。而市辖区内人户分离的人口是指一个直辖市或地级市所辖区域内和区与区之间，居住地和户口登记地不在同一乡镇街道的人口。

② 所谓劳动力流迁，即劳动力流动和劳动力迁移的统称。户籍是否变动是劳动力流动和迁移之间的核心区别。但从对经济增长的影响维度考察，户籍是否变动并不造成显著影响，故本书弱化此内涵区别，统一使用流迁概念。

综上，既有研究结果表明，跨区域污染使居民的身心健康首当其冲，且通过降低劳动生产率、减少劳动供给以及影响劳动力流迁等途径对经济增长形成了显著的阻滞作用。这表明地方政府旧有的"先污染、后治理"路径必须改变，即使仅从跨区域污染的经济效应角度出发，忽略跨区域污染的经济发展模式也是低效的。当考虑跨区域污染对居民健康和社会的影响时，对于跨区域污染的治理就更为迫切，而治理的根本在于扭转地方政府的发展方式。

(二)关于地方政府竞争影响跨区域污染治理的研究

1. 财政支出与跨区域污染的文献述评

支出竞争以规模改变和结构偏向为表现形式，本部分将从支出规模对跨区域污染的影响，以及支出结构①偏向对跨区域污染的影响入手对现有文献进行梳理。

在 2008 年由美国次贷危机引发的国际金融危机中，世界主要经济体普遍采用量化宽松政策应对不利的外生冲击。López 等（2011）以此为契机，分析了财政支出与环境质量之间的关系。结果发现，在政府支出结构不变的假设下，财政支出对污染的影响是中性的。此后，Bernauer 等（2013）在分析政府规模与公共物品供给关系的研究中，也从侧面分析了财政支出与环境污染之间的关系。此文章使用财政支出占 GDP 的比重衡量政府规模，使用空气质量衡量公共物品的供给。研究结果表明，政府规模与公共物品供给之间的关系虽然受政府是否以提供公共物品为首要目标，以及政府腐败程度等因素的影响，但总体而言，政府规模的

---

① 借鉴 Barro（1990）、Devarajan 等（1996）的研究，并结合我国 2007 年政府收支分类改革后的一般公共预算支出科目，本书语境下的财政非生产性支出包括：财政教育支出、财政社会保障和就业支出、财政文化传媒支出、财政医疗与卫生支出、财政科学技术支出、财政环境支出。除此之外的财政支出项目，本书一并视为财政生产性支出。

扩大不利于公共物品的供给，也即财政支出规模与污染水平正相关。遗憾的是，该研究并未对这一现象的原因进行深入的分析。屈小娥和袁晓玲（2009）给出了导致这一现象的一种可能解释，即财政支出规模扩大的背后可能是政府的过度干预，正是过度干预导致的能源使用效率降低恶化了环境条件。

但学界也有不同的声音，如 Halkos 和 Paizanos（2013）利用 1980—2000 年 77 个国家的数据估计了政府支出对以二氧化硫和二氧化碳为衡量指标的污染的直接影响，以及政府支出通过影响人均收入水平对污染产生的间接影响。对于二氧化硫和二氧化碳来说，政府支出对人均排放量均有负面的直接影响。但对二氧化硫人均排放量的间接影响存在由收入水平决定的异质性，即在低收入水平下存在负向间接影响，随着收入水平的提高，转为正向影响；而对于二氧化碳人均排放量而言，则不存在收入水平异质性，在全收入水平下均呈现负相关关系。总体而言，财政支出规模扩大总体有利于排污水平的下降。冯海波和方元子（2014）则将财政支出对环境污染的影响效应进行了分解，研究首先给出了财政支出对污染存在直接效应的理论机制和经验证据；其次发现财政支出通过经济增长这一中介变量对环境质量产生了间接但显著的影响。在经典的传导路径之外，仍存在"财政支出—经济增长—环境污染"这一间接的传导路径，并以此为基础提出了财政支出的环境净效应概念（即综合考虑了财政支出对环境的直接效应和间接效应）。他们使用 2003—2011 年 286 个地级市的数据，建立动态面板模型进行定量分析，结果表明，地级市层面财政支出增加给环境污染带来的直接效应几乎可以忽略，而间接效应却具有统计和经济显著性。文章也指出，财政支出对环境污染的间接效应与所在城市的经济发展程度高度相关，对于样本中的大多数城市来说，财政支出的净环境效应为负，城市总体上未能有效地发挥财政支出的治污效应。卢洪友和田丹（2014）的实证研究表明，省级财政支出对污染的直接效应并不具有统计显著性，但对应地，省级财政支出对污染的间接效应则十分显著。基于污染物异质性的考察表明，财政支出的增加可以有效地抑制固体污染物的排放，却促进了二氧化硫的排放。而关海玲和张鹏（2013）基于我国省级面板数据的研究则给出了相反的结论，即政府财政支出的增加导致二氧化硫这一污染物排放量的显著降低。

基本相同的研究得出相反结论的原因之一，可能是在研究中忽略了某种重要的影响因素，一个合理的原因是既有研究总体上缺乏对财政支出结构的有效控制，后续研究也逐渐关注到这一点。López 等（2011）首先以财政支出所供给物品的公私属性对财政支出进行了结构性的划分，其次分析财政支出结构变化对污染的影响。结果发现，在财政支出总规模不变的前提下，以供给公共物品为目的的财政支出增加，即财政公共物品的支出水平提高后，环境污染水平显著下降。这一研究将财政支出与污染之间的关系由单一关注规模角度转向规模和结构并重的角度。但这一研究存在的问题是未能在保证财政支出规模不变的前提下分离财政公共物品支出和私人物品支出对污染的影响效应。在此基础上，王艺明等（2014）则尝试分离两种支出对污染的影响，他们将财政支出分为生产性支出和非生产性支出，并在这一分类标准下对这两种支出的环境效应进行独立的考察。结果表明，财政非生产性支出比重增加所导致的支出结构变动和生产性支出比重降低所导致的支出结构变动具有同样的治污效应。陈思霞和卢洪友（2014）进一步将财政支出对环境质量的效应进行分解，发现非生产性支出占比提高对环境质量的改善存在特定的前提条件，即仅当技术、消费者偏好以及管制效应占主导地位时，提高非生产性支出占比才是有效率的。此外，该研究明确了财政非生产性支出占比作用于环境质量的传导机制，即在技术、消费者偏好和管制效应的压力下，污染治理客体，如排污企业、地方政府和社会大众倾向于加大污染治理投入、提高环境规制强度以及提高环境污染关注度，在多方合力下最终使环境质量提高。

综上，现有关于财政支出对跨区域污染影响的研究虽成果颇丰，但仍存在以下待深化和延伸的方向。首先，缺乏系统全面分析财政支出规模和结构偏向对跨区域污染影响的研究；其次，缺乏对地级市层面财政支出对跨区域污染影响的研究；最后，现有关于支出竞争的研究仍相对较少。其原因可能在于我国财政竞争的历史较短，在财政竞争初始阶段，更倾向于使用税收竞争这类较为原始、粗放的价格优惠政策手段，所以理论研究也倾向于分析税收竞争的特征与效应（李永友、沈坤荣，2008；龙小宁等，2014）。但随着我国财政竞争经验的积累以及经济发展水平的提高，财政竞争的形式几乎必然从税收竞争向以提供优质公共物品和服务的支出竞争转换。有鉴于此，应在系统把握财政支出规模和结构偏向的效应、明确支出竞争的模式和特点后，进行有针对性的协调，以推动跨区域污染的制度化治理。

2. 财政环境支出竞争与跨区域污染的文献述评

在属地治理背景下，跨区域污染的强空间外溢性会模糊区域环境治理的边界和权责。即使在绩效考核中加入环境治理指标，地方政府仍有强烈的追求经济增长的动机（袁凯华等，2014）。地方政府在跨区域污染的治理过程中有强烈的"搭便车"倾向，这也造成属地治理模式的低效与中央政府对地方政府约束的困难（高明等，2016）。显然，属地治理模式与跨区域污染所具有的强外溢性存在显著矛盾，这不仅导致了区域间大气交叉污染和重复治理，也从客观上抑制了大气污染治理主体的积极性，导致污染治理供给侧存在缺位（陶品竹，2014）。在此基础上，李香菊和刘浩（2016）认为，应采取地区间联合的方式对外溢性较强的污染进行治理，虽然一些地区对污染联合治理已经进行了一些探索，但仍存在权责划分不清等问题。需通过明确地方政府间财政环境支出的策略互动形式，对污染的空间溢出效应和财政环境支出的溢出效应进行量化，并以此来确定污染联合治理中的地方政府间权责划分。姜玲和乔亚丽（2016）分析了京津冀地区现有的区域大气污染合作机制，认为跨区域污染治理的关键在于政府间权责的合理分配，并通过建立以协调各方责任为核心的政府间谈判机制，从根本上推进政府间的跨区域协同治理。

全面认识财政环境支出的治污效应对合理划分跨区域污染协同治理中的横向权责至关重要。臧传琴和陈蒙（2018）的研究发现，财政环境支出可以显著减少污染物的排放。进一步的研究也给出了财政环境政策具有非线性治污效应的经验证据，提示各地方政府制定治污政策时应充分考虑本地区水污染类别以及经济发展阶段（肖加元、刘潘，2018）。虽然有研究指出财政环境支出可能存在低效率甚至无效率的现象（朱浩等，2014），但既有研究在财政环境支出具有正向的治污效应这一点上几乎不存在争议。需要关注的是，上述研究存在一个共同的假设，即本地政府财政环境支出策略是独立的，地方政府间不存在策略互动行为。这样的假设对于研究财政环境支出对固体废弃物等空间外溢性较弱的污染物治理是合适的，但对于研究其对大气污染、水污染等空间外溢性较强的污染物治理显然是难以成立的。Case 等（1993）将地方政府间存在策略互动的原因归咎于财政支出政策的空间外溢性，相应地，财政环境支出具有更为显著的空间外溢性。由此逻辑推知，地方政府的财政环境支出策略不是独立的，会受其他地方政府策略的影响，即存在财政环境支出策略互动行为。李涛和周业安（2009）的研究进一步给出了财政支出外溢性与其策略互动行为相关的中国证据。在此基础上，张征宇和朱平芳（2010）基于2002—2006年我国276个地级市面板数据，建立动态空间自回归模型对财政环境支出的策略互动行为进行研究，结果发现，我国地级市层面财政环境支出存在显著的策略互动行为。这样的策略互动行为会通过影响财政环境支出的总量对跨区域污染的治理效果产生影响，所以要全面认识财政环境支出的治污效果，必须对策略互动的具体形式进行分析。现有文献基本肯定了我国地方政府间财政支出存在总量和分类别的策略互动行为，但仍未就财政环境支出策略互动的具体形式达成一致。部分研究支持地方政府间财政环境支出互动形式为策略替代（张可等，2016），而另一部分研究则支持地方政府间策略互动形式为策略模仿（李正升等，2017）。此外，有研究针对策略模仿的具体方向进行分析。如曹鸿杰等（2020）基于"自上而下"的标尺竞争理论模型对地方政府间财政环境支出行为的空间策略传导机制进行了分析，在得出策略传导机制是策略互补后，进一步指出标尺竞争的方向为"逐底竞争"。

综上，现有文献主要通过两种方式对地方政府间的财政环境支出策略互动行为进行分析，其中经典的方式是使用空间自回归模型（SAR）建立地区财政环境支出的反应函数，检验地区间财政环境支出是否存在显著的空间相关性，从而对地方政府间是否存在策略互动行为进行验证。这一方法可以对地方政府间策略互动行为的存在及其具体形式进行直接识别，但难以考察策略互动行为的具体影响。另一种方式是通过建立空间杜宾模型（SDM）分析财政环境支出的空间治污效应。现有文献多基于财政环境支出空间治污效应显著的实证结果，推出地方政府间存在财政环境支出的策略互动，但在污染变量存在空间相关性时，这样的推断值得商榷，因为无法证明财政环境支出的空间治污效应不是由污染物的空间相关性引致的。有鉴于此，本书拟在变量选取过程中控制污染物指标的空间相关性，并使用空间杜宾模型，尝试在统一框架下对财政环境支出对跨区域污染的直接治理效果和地方政府间财政环境支出策略互动对跨区域污染的影响进行分析。

3. 税收竞争与跨区域污染治理的文献述评

税收竞争可分为纵向税收竞争和横向税收竞争两类。有关纵向税收竞争的定义至今仍未统一，但主流观点认为纵向税收竞争是指多级政府中处于不同层级的地方政府间，针对相同税基，以改变税率作为手段的竞争行为（胡洪曙等，2015）。所谓横向税收竞争则是多级政府中层级相同的地方政府间，也即横向地方政府间以改变税率作为手段争夺税基的行为。其目的是使包括资本、劳动力、技术等在内的生产要素流入本地，从而促进本地经济发展以及利益最大化（黄纯纯、周业安，2011）。本书所关注的税收竞争为横向税收竞争（为行文简洁，如无特殊备注，全书税收竞争均指横向税收竞争）。

税收竞争的相关研究起源于 Tiebout（1956）提出的"以足投票"模型，即在居民无成本自由移动等假设下，居民可以通过自由迁移来选择不同地方政府提供的税收政策和公共物品供给的组合，并证明在完全竞争条件下最终达到的均衡是帕累托最优的。虽然他并没有明确提出"税收竞争"这一概念，但是地方政府有关改变税收和公共物品供给的策略已经构成了横向地方政府间税收竞争这一概念的实质。Oates（1972）首次提出了"税收竞争"的概念，认为地方政府为了扩大税基、获取更多的流动资本，倾向于通过降低税率，以向资本让利的方式进行竞争，并放松了 Tiebout（1956）研究中地方政府策略独立的假设，在地方政府间策略互动的前提下，得出税收竞争的后果是地方税收流失、财政收入降低以及公共物品供给不足。Zodrow 和 Mieszkowski（1986）进一步建立了"标准税收竞争模型"，该模型在地方政府同质且处于完全竞争市场、资本自由流动且劳动力完全不流动等一系列假设下，推导得出本地税率提高将导致资本流出、本地税收收入下降。所以如果不考虑政策的外部性，一地最优的竞争策略是降低税率，但这显然将导致财政政策无效率。虽然有研究对税收竞争的结果持乐观态度，如公共选择学派的"利维坦假说"①认为，地方政府间横向税收竞争可以限制政府规模并提高财政资金的总体使用效率（Brennan and Buchanan，1980；Rauscher，1998；Wilson and Gordon，2003）。但多数研究倾向于认为地方政府的税收竞争会导致税收流失、公共物品供给不足和社会福利损失等一系列问题。其中，税收竞争与环境污染之间的关系是学界长久以来讨论的重点之一。

国外关注税收竞争的环境效应的时间早于国内。Oates 和 Schwab（1988）基于新古典主义框架对地方通过调整税率来改变资本流向的行为进行了分析，结果表明，理性企业倾向于流向低税率地区，同时也造成了迁入地的环境恶化。Wilson（1999）指出，通过降低税率和公共支出水平对稀缺资本进行的竞争总体上来说是有害无益的，这将导致公共

---

① 利维坦假说（Leviathan Hypothesis）由 Brennan 和 Buchanan（1980）提出，是指"如果其他条件不变，随着财政支出分权和财政收入分权程度的提升，地方政府介入经济的程度将不断降低"。此处"政府介入经济的程度"表现为政府实际掌握的经济资源总量，即政府规模。这一假说的逻辑是基于 Tiebout（1956）的"以足投票"理论。在"以足投票"机制下，财政分权引发地方政府间以追求流动生产要素为目的的横向税收竞争，随着竞争的不断深入，地方政府的税率竞相下降，进而导致政府的收入下降，弱化了其对经济的调控能力，从而导致政府规模缩水。

物品供给低于帕累托有效率的水平，从而造成包括环境污染在内的社会整体福利水平下降。既有研究基本对单一税收竞争策略导致环境污染这一结论达成了共识，但是对税收竞争的策略互动形式，以及税收竞争策略互动对跨区域污染的影响仍存在一定分歧。Kim 和 Wilson（1997）较早对横向税收竞争策略互动形式及其后果进行了研究，结果表明：首先，如果存在一个"中央计划者"（Central Planner），且其要求各地方政府提高环境规制强度，将促使福利的整体增进；其次，在均衡状态下，由税收资金支持的公共物品供给模式将导致公共物品供给不足；最后，如果地方政府可以独立地制定资本税率，这将导致税收的"逐底竞争"，进而导致环境污染问题加剧。Chirinko 和 Wilson（2017）通过收集美国1965—2006 年 48 个州的平衡面板数据，建立模型对税收竞争策略互动形式进行分析，发现样本期内美国税收竞争策略互动的具体形式表现为"骑跷跷板"（Riding on a Seesaw），而非普遍认为的"逐底竞争"，所以该研究认为税收竞争可能会导致公共物品供给增加，从而促进环境质量的提高。

西方国家或地区间的税收竞争主要是通过立法改变税率的方式实现，虽然我国的地方政府既不具有税收的立法权，也不具有税率的决定权，但仍可以通过降低法定税率和放松征管等降低"征管效率"的方式展开税收竞争（范子英、田彬彬，2013；汤玉刚、苑程浩，2011）。郭杰和李涛（2009）的研究给出了我国存在税收竞争横向策略互动行为的证据，即样本期内我国存在显著的省级税收竞争横向策略互动现象，且策略互动的具体形式与税种有关。增值税等税种在横向税收竞争中表现出策略互补的特征，而营业税等税种在横向税收竞争中表现出显著的策略替代特征。同时，实证结果表明，营业税及财产税等税种存在路径黏性，表明我国地方政府的税收策略不仅存在空间相关性，还存在时间序列相关性。龙小宁等（2014）在给出我国微观层面（县级政府）广泛存在税收竞争的经验证据的同时，也指出上级政府对下辖地方政府间的税收竞争程度有一定的抑制作用，这为本书提供了重要的理论借鉴。

在基本明确我国存在显著的横向税收竞争的基础上，学者们开始关注税收竞争的效应。现有关于税收竞争及其策略互动行为对跨区域污染影响的研究可以分为两类，其分类依据是对"税收竞争"的不同定义或不同衡量方式。一些研究从税收规模角度定义税收竞争，即地方政府税收竞争的表现形式是追求更多的税收收入。此类研究普遍认为，为了追求更多的税收收入，地方政府倾向于减弱对资本的环境规制与监管，以吸引更多的流动资本，从而造成跨区域污染问题的进一步恶化。在实证研究中，税收规模与人均环境污染排放量成正比，说明税收竞争会加剧跨区域污染（姚公安，2014；王娟、王伟域，2016）。其中，崔亚飞和刘小川（2010）考察了以税收收入最大化为目标的地方政府间横向税收竞争对我国环境水平的影响。结果发现，我国1998—2006年省级层面的税收竞争对异质性污染物存在"骑跷跷板"的治理效应。具体而言，省级政府税收收入提高，将导致工业固体废弃物和废水排放强度下降，同时造成二氧化硫排放量的增加。税收规模的扩大客观上缓解了固体废弃物污染和水污染，但加重了以工业二氧化硫排放量为衡量指标的大气污染。该文将这一现象归因为污染物的外部性大小相异。当污染物存在更大的外部性时（如工业二氧化硫和工业废水），地方政府治理的积极性较弱；而对于工业固体废弃物等外部性较小的污染物，政府易于治理，且治理带来的正效应的溢出程度较小，所以政府更倾向于治理这类污染物。李佳佳和罗能生（2016）则进一步基于空间视角考察宏观税负水平对异质性污染物排放量的影响。研究结果表明，宏观税负水平对异质性污染物排放均具有抑制作用，但分税种考察时，各税种对不同污染物有不同的效应。此外，空间分析说明，污染物具有空间外溢性，且外溢程度不同。

　　另一些研究使用税率这一指标来衡量税收竞争的强度，由于我国地方政府无法通过改变税率的方式进行税收竞争，因此国内相关文献大多采用多种税收总额占国内生产总值的比重对税率指标进行估计和替代（李永友、丛树海，2005；沈坤荣、付文林，2006）。地方政府通过降低实际税率吸引资本，形成税收竞争，进而对跨区域污染产生影响。刘洁和李文（2013）使用 2000—2009 年我国省级数据，建立空间模型对税收竞争的环境效应进行实证检验。结果发现，税收竞争强度与污染程度呈显著正相关关系，且存在横向税收的"逐底竞争"，这进一步使环境污染程度加深。此外，研究指出，在经典的"税收竞争—实际税率低于有效税率—污染外部性无法修正—污染增加"的路径之外，税收竞争还通过影响地方政府的环境规制强度进一步作用于污染。具体来说，激烈的税收竞争会使地方政府倾向于使用宽松的环境规制，从而一方面放松对流入资本的环境要求，另一方面放松对域内资本的污染排放的监管，最终造成环境的恶化。贺俊等（2016）则将税收竞争和收入分权纳入统一框架下分析其对污染的影响，通过使用省级数据建立静态和动态面板模型进行回归分析，研究给出了地方政府间横向税收竞争和收入分权正向影响环境质量的经验证据，同时也指出地方政府间横向税收竞争的策略互动对环境的影响存在显著的区域异质性。李香菊和赵娜（2017b）的研究发现，税收竞争的作用机制与污染物的外溢性相关，当污染物不具有外溢性时，税收竞争通过改变本地资本投入以及本地财政环境支出影响本地污染水平；但如果污染物存在外溢性，则税收竞争除了通过上述两个渠道作用于本地污染水平外，还通过周边地区资本投入量以及周边地方政府财政环境支出两个渠道对本地污染水平产生影响，这一研究实质上支持了税收政策和财政支出政策具有空间治污效应的理论假设。

"竞争"一词本身是中性的，适度、健康的税收竞争对我国的经济增长有显著的推进作用，但过度的、非理性的税收竞争带来了诸多社会福利损失，如公共物品供给不足、跨区域污染问题等。21世纪以来，我国政府非常重视税收竞争的规范与治理。尤其是党的十八届三中全会之后，我国进一步加大了治理过度税收竞争的力度（叶姗，2020）。但"一刀切"的治理政策效果有限，其根本原因在于地方政府间税收竞争的特征和影响因素未被厘清。过去一段时间以来，学术界出现了大量关于地方政府税收竞争与其效应的研究，但本书认为既有研究仍存在以下不足。首先，现有研究深度不足。一方面，现有研究多偏向省级层面的税收竞争，缺乏更为微观的，也即地级市层面地方政府税收竞争的经验证据。即使是针对"跨区域污染"这一具有一定区域广度的问题，研究视角停留在省级行政区域也仍显宏观，导致研究结果只能给出问题的概貌，有失详细具体。另一方面，现有研究对税收竞争影响跨区域污染的机制、传导路径以及影响因素的分析不够深入，这显著减弱了既有研究结论对实践的指导意义。其次，本领域内早期使用空间计量工具的研究主要针对被解释变量，即污染物的外溢性，其现实意义有限。后续研究使用空间计量模型对解释变量进行分析，即使用空间杜宾模型（SDM）分析税收竞争的空间治污效应，或使用空间自回归模型（SAR）分析税收竞争的策略互动行为。最后，现有研究有滥用空间杜宾模型的倾向，即在未对干扰因素进行有效控制的情况下对策略互动行为进行过度分析，这显然影响了结论的可信度。本书将在实证部分对这一问题展开详细讨论，并做出针对性的实证策略调整。

（三）运用生态补偿型横向转移支付治理跨区域污染的研究

一般认为，Buchanan（1965）提出的"横向均衡"概念构成了现有地方政府间以财力均衡和一般公共服务均等化为目的的横向转移支付制度的理论内核。最初的横向转移支付制度是因各地经济发展水平和财政能力有别而产生的，其目的是通过"削峰填谷"的方式，从相对发达地区向相对落后地区直接转移财力，达到财力维度的"横向均衡"，进而推动区域间基本公共服务均等化进程。但以平衡财力为目的的横向转移支付基本停留在纸面设想阶段，在实践中很难施行。其原因在于横向转移支付的理论内核其实是一种基于上级政府意志强制施行的、转移双方间非等价的交换。这样的利益让渡不仅会挫伤发达地区发展的积极性，也会导致落后地区"饭来张口"，降低其发展意愿，进而不利于整体社会的发展与福利的增进。但在环境与生态保护、污染治理领域，建立在环境保护方与受益方之间的横向转移支付制度则相对符合市场原则，环境保护方提供良好的环境产品，受益方理应进行支付。如果借由协商等方式对环境产品及其对应的价值在双方间进行议定，则环境产品的交易更接近于等价交换，这给出了以污染治理、环境保护为目的的横向转移支付制度建立的前提。

虽然我国较早地开展了对生态补偿机制的探索，但其范围基本是传统领域，如森林、矿山等，对于使用生态补偿横向转移支付对跨区域污染治理的探索则开展得相对较晚。其中，李宁和丁四保（2009）较早提出实践中跨区域污染的治理方与受益方往往隶属于不同的行政区域以及财政级次，因此在进一步完善法律制度与流域管理体制的基础上，建立横向转移支付制度从而有针对性地对现有跨区域污染生态补偿机制进行制度上的完善是十分必要的。通过这一制度层面的改进，可以有效解决生态服务尤其是跨区域污染在不同行政区域间造成的外部性问题，使我国区域间经济发展达到效率与公平的有机统一，从而进一步推进我国生态环境基本公共服务均等化进程。邓晓兰等（2013）则从生态补偿的纵向转移支付与横向转移支付之间的比较切入，对我国建立生态补偿横向转移支付制度的必要性展开了论述。文章认为，以纵向转移支付为主要模式的生态补偿存在资源浪费、效率低下以及覆盖面小等一系列问题。而横向转移支付制度在弥补纵向转移支付制度缺陷的基础上，通过强化微观主体的信息激励、降低交易成本以及优化地方政府财政激励模式等方式，对生态补偿资金的使用导向、使用绩效产生有效的修正。曲富国和孙宇飞（2014）指出，流域生态补偿涉及众多政府部门，且流域中不同区位的地方政府往往存在不同的政策目标以及利益诉求，这是流域水污染补偿横向转移支付推行中的重要阻力。生态补偿横向转移支付必须由地方政府间达成的有约束力的协议来规范才有现实效力，且横向转移支付与中央纵向转移支付相结合，能达到治理的最大效益。

生态补偿横向转移支付建立的必要性在学界已基本达成共识。在此基础上，学界对生态补偿横向转移支付制度在实践中出现的理论问题进行了进一步的研究。王德凡（2018）针对生态补偿横向转移支付体系中的外部性难以识别和确定的问题，提出应建立"生态补偿基金"以对生态成本予以确定，从而使跨区域污染治理中的事权与财权匹配。禹雪中和冯时（2011）指出，应以成本和价值作为生态补偿标准核算方法分类的依据。应建立不同的补偿标准认定方式，如污染赔偿的标准应更多体现跨区域污染造成的损失及其治理成本，而对于生态保护的补偿标准则应体现其治理的经济价值。孙开和孙琳（2015）全面立体地对生态补偿的标准进行了研究，认为应基于平等利用水资源原则，结合机会成本法和既有生态补偿实践中跨界断面水质标准考核办法，对生态补偿横向转移支付中的补偿主体、补偿客体以及补偿体系进行双向判定。郑云辰等（2019）以补偿主体为切入视角对生态补偿机制进行分析。研究指出，所谓多元化生态补偿机制，其理论核心在于通过丰富补偿主体，即主体多元化改革，对既有补偿量进行分担；同时借由多元主体的协同合作强化环境治理的多元机制，进而拓宽补偿渠道，提高补偿实效。

另一些研究则针对我国跨区域污染治理实践进行分析，如赵卉卉等（2015）从东江流域现行的生态补偿标准不合理导致上下游间的发展水平不仅未能收敛，反而进一步发散的现实问题出发，指出应基于水质量与水生态协调保护综合效益和水质水量耦合指标构建东江流域上下游间生态补偿标准的核算模型，对现有补偿标准进行调整，以解决东江流域内环境保护和经济发展之间的矛盾。沈满洪和谢慧明（2020）则对我国流域跨界补偿的"新安江模式"进行系统的分析，总结其成功的经验。文章认为，"新安江模式"的成功与可持续发展是由新安江上下游各自发挥其在生态保护和经济发展之间的比较优势所决定的，也是由新安江上下游对生态补偿的供需平衡所决定的。杜纯布（2018）则以京津冀地区为研究基点，指出我国在大气污染领域，尤其是针对 PM2.5 这一具有广泛社会影响的空气污染领域，生态补偿横向转移支付制度缺失，并从全局视角论述了区域协同治理中生态补偿横向转移支付机制的建立。汪惠青和单钰理（2020）指出，一方面，与传统领域内的生态补偿机制相比，大气污染的补偿主体与受偿主体较难确定，排污者与受害者的身份可能产生转换或叠加，致使我国建立针对大气污染的生态补偿横向转移支付机制存在较多的理论和实践困难；另一方面，大气污染的跨行政区域特性要求其治理行为必须建立在多个地方政府间高效耦合的协同治理基础上，这一更高的要求也成为我国针对大气污染的生态补偿横向转移支付机制建立的主要阻碍。文章指出，应以多元化、市场化的思维为导向，对现有大气污染治理的投融资机制进行优化，并促进地方政府间协同合作，从而加快建立市场化导向明确、多元化特点明显的针对大气污染的跨区域污染治理生态补偿机制。

综上，现有研究在生态补偿型横向转移支付机制建立的必要性方面已基本达成共识，也对生态补偿型横向转移支付在跨区域污染领域的拓展应用开展了一系列的探索。本书认为，现有研究仍存在以下几个方面的深化方向。第一，现有关于生态补偿型横向转移支付对跨区域污染治理的研究没有与横向竞争进行耦合，仅"就治理论治理"，没有给出采用生态补偿型横向转移支付方法治理跨区域污染的重要原因。本书认为，横向财政竞争偏离是我国跨区域污染产生的重要原因，而这一政策性的行为模式偏离背后是经济因素和行政因素共同作用的结果。生态补偿型横向转移支付自身存在的行政性和经济性治理模式，协调了地方政府间的过度竞争，是其具有良好治理效果的根本原因。第二，仅仅使用生态补偿型横向转移支付手段对跨区域污染进行治理，在资金、技术、人才等资源方面的供给以及覆盖面都难以满足跨区域污染长效治理的需要，所以需要进行多元化、市场化改革。现有研究在这方面的拓展较少，少有文章分析政府和社会资本合作模式在跨区域污染治理中的应用，遑论将生态补偿型横向转移支付与政府和社会资本合作模式进行有机结合，构建复合型的横向补偿机制，从而对跨区域污染这一特殊的污染形式进行治理。有鉴于此，本书一方面将分析生态补偿型横向转移支付方法具有较好治理效果的根本原因，并给出其现实证据；另一方面，详细论述以生态补偿型横向转移支付与政府和社会资本合作模式有机结合为核心架构的复合型横向补偿机制的治理效果、改革方式以及推进路径，从而系统、全面地给出地方政府间财政竞争协调和跨区域污染治理这一命题的解。

四　研究方法

本书主要综合运用了文献研究法、理论分析法以及计量实证法。

（一）文献研究法

本书首先对跨区域污染及其影响、地方政府竞争对跨区域污染治理的影响以及运用生态补偿型横向转移支付治理跨区域污染等领域的中外文献进行了广泛的收集，在此基础上，对这些文献进行梳理、归纳和总结。通过阅读与研究这些文献，对这些领域内研究的历程、使用方法以及前沿动态进行了整体的把握，从而为本书的研究奠定了理论基础。

（二）理论分析法

本书在国内外现有研究的基础上，从我国实际情况出发对地方政府间横向财政竞争中的财政支出结构、环境支出策略互动、税收竞争策略互动以及财政竞争策略倾向等因素对跨区域污染治理的影响进行了系统的理论分析。在此基础上，分析了构建生态补偿型横向转移支付与政府和社会资本合作模式有机结合的复合型横向补偿机制，并对财政竞争进行协调和对跨区域污染进行治理的紧迫性与可行性，提出了现有研究与保障措施存在的一系列理论问题。

（三）计量实证法

本书通过建立计量模型，对我国支出竞争引致的结构异化、环境支出竞争、税收竞争以及竞争策略互动的跨区域污染治理效应进行了定量分析，并通过系统广义矩估计和 Han-Phillips 广义矩估计方法对不同实证模型中出现的内生性问题、时间相关性问题和空间相关性问题予以控制，从而得出了较为稳健的结果。本书的实证分析不仅限于使用现实数据给出理论假设的经验证据，而是通过创新空间权重矩阵设定、改良现有模型等方式努力尝试对现象背后的传导机制、影响因素等问题进行剖析。本书实证研究的最终目的在于明确现有财政竞争对跨区域污染产生影响的机制，并得出影响这一机制的因素，从而最终为财政竞争中的经济发展和环境保护的和谐统一提供建设性的意见。

第一章

理论基础及探源

一 外部性与公共物品理论

（一）外部性理论及其具体应用

1. 外部性思想的诞生：亚当·斯密与剑桥学派

外部性概念的萌发可以追溯至斯密（Smith），他在论述市场制度的优越性时指出，身处市场经济中的每一个人"追求其本身的利益时，也常常促进社会的利益"。此处斯密的论述已经将个人利益与社会利益区分开来，只是斯密乐观地认为市场经济体制下个人利益与社会利益是一致的，即"只有在需要公共福利，而提供公共福利的私人企业无利可图时，才需要政府发挥作用"。除此之外，市场机制是有效的，政府只需要保证市场机制正常运作即可，这样的态度也直接导致了经济自由主义以及政府不干预市场这一思想的产生。

外部性概念的提出者是剑桥学派的奠基人西奇威克（Sidgwick），西奇威克在其代表作《政治经济学原理》中提到，"个人对其财富所拥有的权力，并不总是由他对社会的贡献等价得出"。此后，西奇威克借由对穆勒（Mill）提出的"灯塔"例子的分析，阐述了关于外部性的问题。他指出，某些公共设施由于有特殊的性质，实际上不可能由建造者或愿意购买的人所有。比如灯塔，虽然很多船只受益了，但灯塔的管理者却很难向使用它的船只收费，即灯塔的受益者免费享受了灯塔带来的正向外部性，这造成了以"个人利益"为出发点和导向的灯塔建造者的损失。这一观点不但说明了外部性的存在，也对斯密提出的个人与社会利益相一致的观点提出了质疑。所以，西奇威克提出与斯密不同的观点，认为经济活动中的外部性问题必须借由政府干预才能消弭。

一般认为，外部性概念是由新古典经济学的集大成者、剑桥学派的创始人马歇尔（Marshall）明确的。马歇尔在把产业生产成本作为一个产出函数进行分析时指出，在公认的土地、劳动和资本这三种生产要素之外，有一个独立的生产要素，即"工业组织"。而在论述工业组织这一要素的变化如何影响产量时，马歇尔引入了"外部经济"和"内部经济"[①] 这两个术语。虽然马歇尔并没有明确地提出"外部性"这一概念，但是学界普遍认为其所提出的"外部经济"概念，即外部因素影响企业成本这一现象，可以被概括为"外部性"。

2. 外部性概念的完善：福利经济学

在西奇威克和马歇尔为外部性理论做出奠基性理论贡献的基础之上，

[①] 马歇尔在 1890 年出版的《经济学原理》中对外部经济（External Economy）和内部经济（Internal Economy）的定义如下。"在对任意一种货物的生产规模的扩大所产生的经济进行较为仔细的研究后，我们可以将这种经济分为两类：一类与工业的一般发展有关，一类与从事着工业的个别企业的资源及其经营管理效率有关；也就是，分为外部经济和内部经济两类。"他还指出："本篇的一般论断表明以下两点。第一，这样一个代表性企业的规模，通常会随着任何货物的总生产量的增加而扩大。因而它所有的内部经济也会增加。第二，他所获得的外部经济也会随着总生产量的增加而增加。因而使它在制造货物时，所花费的劳动和资本在比例上比以前更少。换言之，概括起来，我们可以说在生产上所起的作用。自然因素表现出报酬递减的倾向，而人类因素则表现出报酬递增的倾向。报酬递增率可以这样说明，即劳动和资本的增加，一般会使组织得以改进；而劳动和资本的使用效率，又会因组织的改进而增大。"

马歇尔的嫡传弟子——福利经济学的创始人庇古（Pigou）在其代表性著作《福利经济学》中进一步完善了外部性理论。他综合运用了马歇尔的边际分析方法和西奇威克提出的私人和公共利益存在差别的观点，从福利经济学的角度对外部性问题进行了系统的研究，提出了边际私人净产品①和边际社会净产品②的概念。相应地，社会资源达到帕累托最优配置的标准是边际私人净产品等于边际社会净产品。庇古认为，在经济活动中，如果一个厂商不需要付出成本而给其他厂商或这个社会带来了损失，即存在外部不经济现象时，厂商的私人边际成本小于社会边际成本。虽然庇古并未同当代经济学家一样区分公共物品和外部性，但庇古认为这样的损失不能由市场机制解决，即很难或无法通过修改契约的方式使外部性内部化，故应由政府进行干预。基于这一思想，为纠正负外部性造成的价格体系无效率而设计的税被后世统称为"庇古税"。此外，马歇尔的"外部经济"是指企业外部因素给本企业带来的增益，其研究视角是外界对本身的影响，而庇古的研究视角是本身对外界的影响。一方面，这一视角与马歇尔先前的研究视角形成互补，系统且完整地分析了外部性问题的两面；另一方面，这一视角下的外部性定义也更接近当下对外部性的定义。

3. 外部性理论的进一步发展：产权学派与新制度经济学派

新制度经济学的奠基人科斯（Coase）在其重要的论文《社会成本问题》中开篇即对庇古的外部性理论进行了批判。科斯认为，庇古将外部性问题设定为甲对乙的单向损害，进而将外部性问题转化为如何制止

---

① 边际私人净产品（Marginal Private Net Product）是单个企业在生产中每增加一单位投入所获得的产值增量。
② 边际社会净产品（Marginal Social Net Product）是整个社会在生产中增加一单位投入所带来的产值增量。

甲，或者甲应如何赔偿及赔偿多少的问题，其思考的方向本质上是错误的，外部性并非单向问题，而是一种双向问题。基于这样的观点，科斯认为解决外部性问题，本质上是基于"两害相权取其轻"的原则决定"是允许甲损害乙还是乙损害甲"。

科斯对庇古进行批判的另一个重要立足点是，如果交易费用为零，则庇古税的存在本身就是"画蛇添足"、没有必要的；而即使现实世界中交易费用不为零，庇古税也不一定是有效的，因为"使外部性内部化需要权衡各种政策的成本和收益"，科斯的思想最终被归纳为科斯定理①。需要指出的是，科斯针对以庇古为代表的福利经济学派对外部性的认识并非完全的否定，而是一种扬弃。科斯认为，庇古等福利经济学家对外部性认识的偏误"并不简单的是由于分析方法上的欠缺，而是根源于目前福利经济学方法中存在的基本缺陷"。形成这一偏误的原因有以下几个方面。首先，福利经济学是基于古典经济思想分析问题的。在古典经济思想中，人们交易、使用及占有的是物品本身，且对这些物品的使用是无限制的，所以当出现市场运行无效率问题时，其原因自然是市场机制出现了问题，所以需要政府进行干预。而科斯则将权力视为生产要素，并且把产生外部性的（尤其是负外部性）权力视为生产要素。把权力视为生产要素即认为权力也是可以交易的，同样也可以通过市场机制进行优化配置。其次，福利经济学建立在理想化的假设之上，而理想化的世界与现实社会相去甚远。最后，福利经济学从强调私人产品与社会产品之间的差异出发对外部性进行考察，这样的视角将问题集中在了制度方面，而没有从整个社会总产品和总效益这一更为宏观的视角进

---

① 科斯定理（Coase Theorem），即如果交易费用为零，则无论初始财产权如何界定，都可以通过市场交易和自愿协商实现资源的最优配置；而如果交易费用不为零，则制度安排与选择是重要的。

行研究，从而最终造成了研究结论的局限性。

4. 外部性与跨区域污染

环境资源的错误配置会造成正外部性和负外部性的产生，环境领域负外部性的典型例证即环境污染。外部性问题的存在造成厂商的私人成本低于社会成本，从而导致厂商以利润最大化原则确定的产量与以社会福利最大化原则确定的产量发生偏离，最终形成并加剧污染问题。显然，当存在负外部性时，厂商以经典的利润最大化原则进行生产不能促成环境资源的帕累托最优配置。另外，以环境保护行为这一环境领域正外部性的代表为例，生产者为保护环境付出额外的成本，致使其现实成本高于社会成本，此时以利润最大化原则确定的产量与以社会福利最大化原则确定的产量也出现了偏差。环境保护者对区域环境的改善由区域内的个体共享，而付出的成本则由环境保护者独自承担。因此，外部性的存在不仅导致环境污染行为无法被抑制，同时也导致环境保护行为无法被支持，环境物品供给侧和需求侧的失衡导致环境质量进一步恶化。综上，环境资源固有的外部性所带来的环境资源错配，是经典经济学理论语境下跨区域污染产生的根本原因，而使环境污染所带来的外部性内部化的过程，即跨区域污染治理的经济学理论本质。

(二)公共物品理论与跨区域污染

公共物品的定义最早由萨缪尔森（Samuelson）给出，在其 1954 年发表的论文《公共支出的纯理论》中，萨缪尔森将公共物品定义为"效用不可分割地影响整个公众，而不管其中任何个人是否愿意消费"的物品，即公共物品在使用或者消费时同时具有非竞争性（Non-Competitive）和非排他性（Non-Excludability）。所谓非竞争性，就是当消费者的消费数量在不断增长时，它不会对原有消费者的消费产生任何影响，也不会增加社会费用，因此，公共物品的消费者支付的边际成本为零。所谓非排他性，是指任何人都不需付出成本而可以免费使用，也就是不能禁止别人使用。在实际生活中，很少有严格遵循萨缪尔森准则的公共物品，所以，根据萨缪尔森的定义，将公共物品进一步划分为"狭义公共物品"和"广义公共物品"。狭义的公共物品，即萨缪尔森所定义的严格具有非竞争性和非排他性的商品。而广义的公共物品是泛指介于公共财产和私有财产之间的一种商品，它仅具有非竞争性或非排他性。

对公共物品内涵和外延维度的把握，可以通过公共物品和私人物品的对比进行深化。所谓私人物品，是指相较于公共物品在使用和消费等方面具有显著竞争性和排他性的一类商品的统称。比较之下，私人物品和公共物品在内涵和外延维度存在的差异主要表现在两方面。首先，在消费和使用环节，存在竞争性与排他性的差异，进而导致了二者在计算消费总量上的差异。私人物品的消费总量是个人对每个物品消费量的总和，而公共物品的消费总量核算则是建立在社会所有成员消费量加总的基础上。其次，两者在生产过程中存在显著差异。个人财产可以通过市场机制进行自由交易，但公共物品无法仅靠市场机制实现有效供给，因此在很多时候，都要由政府作为第三方来供给。单纯的公共物品和私人物品在日常生活中并不多见，而现实世界中有许多准公共物品（Quasi-Public Goods）。

较早对准公共物品领域开展研究的是布坎南（Buchanan），其发表于 1965 年的《俱乐部经济理论》指出，萨缪尔森理论语境下的公共物品和私人物品虽然对比显著且易于分辨，但缺失联结。以此为研究出发点，布坎南有针对性地提出了"俱乐部商品"（Club Goods）以弥平萨缪尔森语境下公共物品和私人物品间存在的鸿沟。俱乐部商品有别于既有分类视阈下的物品，其兼具非竞争性和排他性：一方面，俱乐部商品是专属于俱乐部内部成员使用的，非会员没有权力使用，这意味着俱乐部商品有在特定区域内的非排他性；另一方面，在特定的消费数量下，俱乐部商品允许俱乐部内的成员共同使用，此时存在非竞争性。但如果俱乐部内会员人数过多导致消费量超过阈值，就会出现"数量有限与消费数量不限"的矛盾，非竞争性开始消失。与布坎南所提出的"俱乐部商品"相比，奥斯特罗姆（Ostrom）于1994年在其著作《规则、博弈与公共池塘资源》中提出了"公共池塘资源"（Common Pool Resources）的概念，这一特别的准公共物品巧妙地与"俱乐部商品"对应，其具有竞争性和非排他性。奥斯特罗姆将"公共池塘资源"分解为从"资源系统"和"资源单位"① 两个维度考察的物品，在这一考察视阈下，"公共池塘资源"同时具备资源系统的非排他性和资源单位的排他性。总体而言，一方面，公共池塘资源存在排除潜在受益者的巨大困难；另一方面，资源单位的可分性又导致了公共池塘资源从某种意义上具有私人物品的竞争性特征，即个体过度使用会导致其他个体的收益受损。奥尔森（Olsen）于1971年提出了"国际公共物品"的概念。此后，随着全球经济一体化的发展，学术界对公共物品的研究范围也逐渐扩大，并将目光转向了区域视阈下公共物品的理论和政策。区域公共物品是指某一特定地区的公共物品，其使用将会使某一特定地区受益。区域是指跨越传统行政区划的两个或更多的政治单位之间的横向空间联系，包括社会、自然、经济等。从美国学者米特尔曼（Mittelman）的"新区域主义"② 分

① 所谓"资源系统"是一种存量变量，指在流动的条件下既能使流量最大化又不至于损害存量或系统本身，如草场、渔场等均属于"资源系统"；所谓"资源单位"是指由"资源系统"生成的、由个体消费或占有的量，如牲畜在草场吃掉的草、渔民在渔场捕获的鱼等。

② 所谓"新区域主义"（New Regionalism）是指以生产技术与组织变化为基础、以提高本区域全球化竞争力为目标形成的区域经济发展的理论、方法与政策导向的集合。Mittelman（2000）提出了基于三个层面的"新区域主义"分类法。

类中，刘晓峰和刘祖云（2011）将区域公共物品以其外溢性的辐射范围大小，依次分为宏观、次级区域以及微观公共物品。具体而言，宏观公共物品指外溢范围超越国界而在国际范围产生显著影响的物品，如卫星服务、臭氧空洞等；微观公共物品指外溢范围局限于一国境内，但仍跨行政区的公共物品；次级区域公共物品即溢出范围限于一国境内的公共物品。Sandler（2013）指出，地理上的相邻容易引起利益问题，即所谓的"毗邻效应"。生态环境是标准的公共物品，其中的流域、大气环境等更是具有显著的地域依赖性，即"区域公共物品"。那么，跨区域污染治理就是一个区域公共物品最优化供给问题。长期以来，我国的环境治理模式是以行政区划作为治理单元的，单一行政区划的污染治理方式很容易造成地方政府之间环境治理的不协调。在跨区域的环境污染问题上，地方政府在环境保护领域的投入所获得的收益无法排除地理相邻地方政府无成本地享受，环境保护的非排他性导致其成本与收益之间无法建立一一对应的映射关系，这一方面对环境保护的供给行为产生了显著的抑制，另一方面加强了对"搭便车"[①] 行为的激励，最终导致环境保护供需失衡、环境恶化。为此，必须突破传统的"条条框框"，强化地方政府间的协作，以促进地区环境的改善，实现经济与环境双赢。

二　财政分权、地方政府竞争与跨区域污染治理

我国在经济发展较为落后的特定阶段，人民的物质文化需要同落后的社会生产之间存在显著的矛盾。改革开放之后，一系列大刀阔斧的改

---

① "搭便车"理论是由奥尔森在其著作《集体行动的理论》（*The Logic of Collective Action*）中提出的。"搭便车"理论是指由于公共物品所具有的非排他性，当一群理性人共同为获取某公共物品而奋斗时，每个人都倾向于让另外的人多做，而自己坐享其成，即出现经典的"三个和尚没水吃"现象。所以在一个群体中，虽然每一个个体都希望获得公共物品，但是任何一个个体都不想为此付出代价，这即是奥尔森提出的"搭便车"困境。

革使我国出现了广泛而激烈的地方政府竞争。在以经济增长为核心目的的地方政府竞争中，地方政府过度关注经济增长，而忽视了以环境保护为代表的公共服务职能，从而在相当程度上导致了我国现有的跨区域污染问题。本部分将从财政分权理论入手，分析我国地方政府竞争的体制基础及竞争对跨区域污染造成的影响。

（一）第一代与第二代财政分权理论及启示

财政分权，也即西方语境下的财政联邦主义，是指中央政府通过分配给地方政府一定的收入权和划分相应的支出责任范围，进而允许地方政府在限定范围内行使对本级政府预算支出结构和规模的有限决定权，以充分发挥地方政府在信息等方面的优势，最终高效地供给区域性公共物品和公共服务的一种制度安排。

古典经济学认为，由于市场失灵的存在，公共物品的供给会产生"公地悲剧"现象，所以政府应承担起公共物品供给的责任。但古典经济学在论述这一问题时将政府视为一个整体是具有理论局限性的，即这一假设显然忽视了分级政府对公共物品供给的影响效应。一般认为，财政分权理论的兴起以蒂布特（Tiebout）于 1956 年发表的《地方支出的纯理论》为标志，并在之后的发展过程中经历了两个明显的阶段。其中，第一代财政分权理论以蒂布特、奥茨（Oates）、马斯格雷夫（Musgrave）以及斯蒂格勒（Stigler）为代表人物，该阶段的主要研究均围绕地方政府存在的必要性和多级政府间职能分配的原则等问题展开；第二代财政分权理论则以钱颖一、韦恩斯特（Weingast）以及罗纳德（Ronald）等人为代表，第二代财政分权理论将研究的核心由传统理论中的公共物品供给转向如何建立激励相容的机制以规范地方政府的行为并有效促进宏观经济增长方面。

1. 第一代财政分权理论

Tiebout（1956）在《公共支出的纯理论》中对财政分权进行了分析。这一分析基于人口自由流动、存在大量辖区政府且各辖区政府处于同一税收体制下、政府利益存在硬辖区界限以及完全信息等假设，结果表明，可以通过一种类市场的方法解决地方公共物品的供求问题。各地方政府的公共物品和公共服务质量以及税收水平不同，居民可以在地方政府间选择使自己效用最大化的税收和公共物品组合，并在提供这一组合的地方定居，从而达到公共物品供求的帕累托最优状态。在均衡状态下，居民基于对公共物品和公共服务的个性化需求而分布于不同地区，每个个体都可以得到效用最大化的公共服务，从而不可能再通过搬迁来改善当前的状况。此时，这一状态是帕累托最优状态，且资源配置的整个过程无须政府参与。Oates（1972）在《财政联邦主义》中提出分权定理，首次为地方政府的存在提供了依据。Oates 指出，如果一国内的居民对一种公共物品基本存在同质的偏好，那么这一公共物品应由中央政府供给；相应地，如果一国内的居民对一种公共物品存在显著的偏好异质性，且这一异质性可鲜明地按地理维度划分，那么这一特定公共物品应由地方政府供给。Oates 的分权定理同时给出了最优分权程度判定的原则，即最优分权程度应在公共物品的异质性和规模经济程度之间权衡。Musgrave（1959）在其《财政学原理》中则进一步从资源配置、收入分配以及宏观经济稳定角度出发，论述了中央政府和地方政府存在的意义，并将三大职能在中央和地方政府之间进行了划分。具体而言，收入分配职能和宏观经济稳定职能归于中央政府，而出于对一国境内存在的、可在地理维度划分的居民异质性偏好的考虑，资源配置职能应相应地归于地方政府。这一政府职能在多级政府间的宏观分配原则有利于发挥各级政府的禀赋优势，进而增进社会总体福利。中央政府和地方政府进行分权的可行性来源于分税制度，即中央政府与地方政府间的分权通过税收分配的方式固定下来。Stigler（1998）则提出，与中央政府相比，地方政府与辖区内居民的信息传达距离更近，客观上拥有比中央政府更为完备的信息，这为地方政府更有效率地提供满足本地居民福利最大化需求的公共物品奠定了基础。

2. 第二代财政分权理论

第一代财政分权理论基于"仁慈的政府"假设①，而钱颖一、Weingast 和 Ronald 等人则假设地方政府，尤其是地方政府的行为决策人员同企业管理者的行为方式是一样的，在缺乏约束的情况下存在寻租行为。并以此假设为出发点开展后续研究，深入分析了应如何建立有效的地方政府官员和公民福利激励相容机制以促进经济增长。

自 20 世纪 80 年代以来，世界各国在政府的分权程度显著增强以及经济增长下行趋势明显的背景下，对既有分权理论提出了新的要求。在微观经济学与公共财政学融合的过程中，以"市场保护型"的财政联邦制理论为源起，Brennan 和 Buchanan（1980）在既有的分权框架下融入了激励相容理论，这标志着第一代财政分权理论向第二代财政分权理论迭代进程的开始（罗伟卿，2010）。Brennan 和 Buchanan（1980）改变了既有分权理论中对政府官员是"公共利益守护者"这一假设，认为地方

---

① "仁慈的政府"（Benevolent Government）假设地方政府以辖区内居民福利最大化为行为目的，布坎南对这一古典联邦主义的假设提出了质疑，并基于"理性人"理论对立地假设地方政府是自利的（Malevolent）、追求自身利益最大化的"利维坦"（Leviathan）。

政府在代表居民利益、追求社会福利增进的同时也在一定程度上追求自身利益最大化，即赋予地方政府一定程度的"人格"，视地方政府为一定程度上的矛盾的行为实体。这一研究客体假设的根本变更被学界普遍视为第一代财政分权理论向第二代财政分权理论演进的分水岭。此后，Qian 和 Weingast（1997）在剖析政府的运作机制时，指出传统分权理论的缺陷在于，其只从央地政府的信息分异上说明分权制度的优势，却完全忽略了制度问题，尤其忽略了政府官员这一政府的实体化代表的激励问题。政府官员作为政策的决定者，并非大公无私并以辖区居民福利最大化为唯一目标，而是存在自利行为。如果忽略这一事实的存在，或对官员的自利行为不施以适当的约束，就会导致寻租行为的泛滥。所以，有效的政府组织结构应基于有效的激励相容机制对辖区内的公共福利和辖区政府官员的私人利益进行协调，在此基础上构建的分权体制有助于形成"市场保护型"的财政联邦制。在此机制下，央地政府的权责得以明晰，并由地方政府承担本地经济发展的主要责任，进而推动经济的发展。此外，Weingast（1995）指出，"市场保护型"的财政联邦制之所以对初期以美国为代表的资本主义经济实体的经济腾飞起到了关键助推作用，是因为其满足了三个重要条件。第一，央地权责明晰，地方政府负有本地经济发展的主要责任；第二，存在无壁垒的共同市场，资本、劳动力等生产资料可以无成本或以极低成本在区域间流动；第三，地方政府面临"硬预算约束"①，从而必须以更为高效合理的方式管理本地财政，同时也获得了本地财政收益的某种"产权保护"，享有本地财政收益的支配权（郁建兴、高翔，2012）。McKinnon（1997）则提出货币权

---

① "硬预算约束"（Hard Budget Constraint）是指政府不能通过印发货币、无限贷款等方式改变既有的预算约束，地方财政需要依赖自有财力，不能过度依赖纵向以及横向转移支付来改变自身财力，中央政府也不会承担地方财政的"兜底"角色。

力和财政权力的分离可以进一步消除预算软约束现象产生的制度土壤，即政府无法通过货币手段，如无限度地发行政府债券、使用"量化宽松"① 政策等改变自身的预算约束。他指出欧洲建立的货币体系将欧元区国家的货币权力上收至欧洲中央银行后，区内诸国财政预算约束均呈现显著的硬化趋势。Qian 和 Roland（1998）则通过建立模型，给出了"市场保护型"的财政联邦制显著减小软预算约束的经验证据。此外，Weingast（1995）和 McKinnon（1997）在研究中均强调地方政府硬预算约束必须建立在地方政府使用自有财力的基础上，如果地方财政自给能力过于羸弱，过度依赖以财力均等化为目标和以维持地方政府运营为目标的转移支付机制支持本地财政的可持续运转，那么此时地方政府存在硬预算约束显然是无稽之谈。

（二）我国地方政府竞争的体制基础

财政分权的一个重要产物是横向地方政府间的"兄弟竞争"，即在市场经济体制下，地方政府为提升本辖区经济发展水平、社会福利水平，围绕稀缺的流动性生产要素在投资环境、政府政策等方面开展的竞争。而财政竞争是地方政府竞争的重要形式，地方政府间的横向财政竞争通常表现为同级政府间使用财政支出手段、财政收入手段以及财政管理手段等对稀缺的流动性生产要素进行争夺。其中，使用财政支出手段的竞争即财政支出竞争，是指通过扩大财政支出规模、提高财政支出效率、提供更多和更优的公共物品和公共服务、改善社会综合环境等手段吸引

---

① "量化宽松"（Quantitative Easing，QE）本指中央银行在通过传统的利率供给对信贷规模调整失效后，也即在零利率或接近零利率时，通过买入国债、抵押债券等中长期金融资产的方式增加基础货币供给，其首要目的在于提振市场信心。自 2008 年美国次贷危机后，"量化宽松"政策也指中央银行通过印发货币以刺激经济的货币政策。总之，"量化宽松"政策通过增加市场上的货币供给改变了政府的预算约束。

流动性生产要素流入，以促进本地经济增长与社会发展的竞争形式；使用财政收入手段的竞争即财政税收竞争，是指通过税收减免、税收优惠以及税收抵扣的方式降低本地税负、降低要素生产成本，从而吸引流动性生产要素流入，以促进本地经济增长与社会发展的竞争形式。财政支出竞争和财政税收竞争的目的虽然都是吸引流动性生产要素流入本地，但由于其手段不同，所以对不同类型流动性生产要素的吸引力也不同。通常认为，以降低生产成本为手段的税收竞争对以资本为代表的流动性生产要素的吸引力较强，而以提升公共物品和公共服务质量为手段的支出竞争则对以人力资本为代表的流动性生产要素的吸引力较强。本书语境下的财政竞争，是指同级地方政府间（包含省级政府间和地市级政府间）为促进本地经济增长、争取官员晋升机会而使用财政手段对流动资本进行争夺的行为。此外，本部分对后文研究中出现的易混淆概念予以明确。本书语境下的"支出竞争"和"税收竞争"表示地方政府使用财政支出手段和财政收入手段对流动性生产要素进行争夺的强度，是绝对量的概念；与之相对的"策略互动"则表示本地支出或税收政策对相关地方政府对应政策的回应，是相对量的概念。

地方政府竞争的存在需要主客体两方面的条件。从主体方面来讲，地方政府需具有独立的利益，且具备追逐利益的手段。从客体方面来讲，地方政府所争夺的利益或产生该利益的资源必须是稀缺的，且可以自由流动。具体而言，在竞争的主体视角中，所谓地方政府所拥有的、独立的利益是指该利益不存在或只存在极有限的外部性。这部分利益基本不可能被其他地方政府及其居民享有，而只由本地政府及本地居民享有。具备了这样"独享"的利益，地方政府仍需具备追逐利益的手段，如税收手段、支出手段、行政手段等，以对可产生利益的资源进行获取。此外，地方政府竞争的客体资源应是稀缺的。从经济学的视角看，稀缺性是构成价值的重要部分，而且资源越稀缺其价值越高，对其竞争也越激烈。同时，该资源必须可以自由流动。如果该资源完全由一方把持，如中央政府，那么仍不能形成地方政府竞争，且资源的流动性越强，地方政府的竞争强度也就越大。以上地方政府竞争存在的基础可以总结为以下两个方面。第一，地方政府是具有独立利益的政治经济实体，且具备追逐自身利益的必要手段。第二，产生该利益的资源是稀缺且可以流动的。从竞争的客体角度出发，资源的稀缺性和流动性对地方政府间的竞争程度有显著影响。在此基础上，我国的地方政府官员政绩考核扮演了"发令枪"和"指挥棒"的角色，对地方政府间横向财政竞争产生了显著的激励作用。

1. 财政分权与行政分权改革：竞争主体的塑造

改革开放前，我国实行的是高度集中的计划经济体制。在该体制下，财权高度集中于中央，资源也几乎由中央垄断，地方政府由于没有自主权，从而实质上成为中央政府的执行机构。此时地方政府间也存在某种意义上的竞争，但与通常意义上的地方政府竞争不同，此时地方政府竞争的标的物并非稀缺的流动性生产要素，而是争夺中央政府对资源的分配倾向和政策优惠。这样的竞争不符合主流的地方政府间横向竞争的定义，但显然也不属于纵向的央地政府间竞争，而是一种"兄弟竞争"。在这样的经济体制下，地方政府的主观能动性和积极性均被抑制，严重地制约了我国经济的发展。

1978年党的十一届三中全会提出要把全党的工作重心从"以阶级斗争为纲"转移到经济建设上来，由此拉开了经济体制改革的序幕。财政体制改革在以"放权让利"为核心思想的经济体制改革的指导下，以调整国家与企业的分配关系和多级政府间的分配关系为主线，成为整体改革的突破点。在社会主义市场经济体制改革的同时，我国高度集中的政治体制也亟须改革，从而与经济体制相适应，此时政治体制改革的破题点是行政体制改革。行政体制从属于政治体制，同时与经济体制有密切的联系。自改革开放以来，我国同时从财政体制和行政体制入手，开始对经济体制和政治体制进行改革。

财政体制方面的改革可分为两个阶段。第一个阶段是1978—1993年。此阶段改革从国家与企业的分配关系破题，通过企业基金制和利润留成制等改革，扩大了企业自主权，并在此基础上于1983年和1984年进行了两步"利改税"改革。"利改税"的方向虽然正确，但在当时的条件下有其超前性，在改革推进过程中受到了较大阻力（周小川、杨之刚，1992）。1987年借鉴农村承包制的做法，按"包死基数、确保上交、超收多留、欠收自补"的原则，实行企业承包制，这是一种实质上的倒退。1988年通过实行"税利分流"改革逐步理顺国家与企业的分配关系，这也为全面工商税制改革奠定了基础。在央地政府间分配关系方面，1980年实行"划分收支，分级包干"的财政管理体制改革，通过"分灶吃饭"来调动地方政府的积极性。在两步"利改税"改革完成后，我国进一步于1985年实行"划分税种、核定收支、分级包干"的财政体制。随后由于国家和企业分配层面"利改税"被"大包干"取代，在央地财政分配关系中，从1988年起财政体制转为各种形式的财政"大包干"（孙开，1992）。1980—1988年的两个包干阶段侧重于中央政府和地方政府之间的财政分成，而1988年后的第三个阶段则更侧重于财政收入的增量变化。本阶段改革是一次以"放权让利"为目标的分权改革，下放权力到地方政府和企业，调动了地方政府和企业的积极性，从而促进了经济的增长，实现了改革的初衷，并使地方政府获得了本地经济增长的收益权，地方政府可以从本地经济增长中获得独享的利益，这成为地方政府间产生竞争的首块基石。

与此同时，行政体制改革也全面展开，其主旨是通过使企业和地方政府有更大的自主权，发挥微观经济主体和行政主体的主观能动性与积极性，促使经济进一步发展。自 20 世纪 80 年代初开始，中央政府陆续向地方政府下放了包括经济管理、财政收支以及人事管理权限在内的诸多权力。地方政府有权在国家法律法规允许的范围内制定地方性政策，并可以通过适当、灵活的财政支出和税收手段调节本地的经济活动，以及基于本地条件使用本地资源发展经济和提供民生服务。而中央政府则主要掌握国民经济的重大决策权，如货币发行、基准利率确定、汇率调节和税率制定等宏观经济调控权。

但是，过度分权导致了"两个比重"① 的下降，中央政府债务增加，宏观调控能力变弱；地方政府预算外资金膨胀，诸侯经济产生，并且伴随土地改革和商品房改革，土地财政成效初步显现（冯俏彬，2018）。实质上，"放权让利"的财税改革就是对财权和财力分配的调整，该阶段打破了"统收"的局面，使得原来"条条"分配的财力转变为"块块"分配，但"统支"的局面并未打破，这是一次在收入分配领域的改革。总体来看，这一时期国家与企业的分配关系改革和央地政府间分配关系改革联系密切，次第进行，并合力将改革向分税制推进（胡骁马，2020）。本阶段的改革使地方政府获得了一部分本地经济发展所带来的收益，地方政府从此成为有独立利益的政治经济实体。

第二个阶段是 1994 年至今。在经历了十余年"放权让利"改革探

---

① "两个比重"是指中央财政收入占财政总收入的比重和财政收入占国内生产总值的比重。

索后，地方政府和企业的积极性被充分调动起来，国民经济得到了极大的发展。但是，局限在"条块分割"行政隶属关系控制体系内的包干制改革，始终未能消除传统体制的弊病。1992 年 10 月，党的十四大确立了建立社会主义市场经济体制改革的目标模式，财政体制亟须改革，以为社会主义市场经济的建立创造前置条件。建立与市场经济相适应的现代财税体制成为历史的必然。本阶段改革应以 1998 年和 2003 年为节点分为三段：第一，以分税制改革为切入的财政收入侧改革，财政支出侧改革相对滞后；第二，在公共财政体制的指导下有针对性地对财政支出侧存在的短板进行补齐；第三，在初步建立的公共财政体制基本框架上进行多方面的完善。1993 年 12 月，国务院发布《关于实行分税制财政管理体制的决定》[①]，决定于 1994 年 1 月 1 日起在全国实行分税制财政管理体制。分税制改革的主要内容包括三部分。第一，根据财权与事权相结合的原则划分央地支出责任，将国防、外交等支出划归中央，将地方行政管理费、城市维护建设费等支出划归地方；第二，根据事权与财权相结合的原则划分央地收入，将维护国家利益、宏观调控能力较强的税种划归中央税，如关税、消费税等，将适合地方征管的税种划归地方税，如营业税、土地增值税等，并将增值税、证券交易税等划归央地共享税；第三，建立税收返还和过渡期转移支付制度，这主要是为了保护地方既得利益，减小改革阻力，以便顺利推进改革。此外，分税制改革的配套措施包括国有企业利润分配制度改革、改革预算编制办法、建立分税制所需要的国库体系等（贾康，2008）。1994 年的分税制改革"怎么评价都不为过"：第一，分税制改革实现了初衷，即大幅提高了"两个比

[①] 《国务院关于实行分税制财政管理体制的决定》（国发〔1993〕85 号），财政部网站，http://yss.mof.gov.cn/zhuantilanmu/cztzgg/zcgz/200806/t20080627_54328.htm，最后访问日期：2022 年 9 月 10 日。

重"，增强了中央政府的宏观调控能力和权威；第二，初步建立了较为规范的税收制度，为微观经济主体创造了较为公平的环境，促进了经济的发展和产业结构的调整；第三，根据事权与财权相结合的原则，从制度上严肃了央地权责关系，减少了地方和中央讨价还价的余地。分税制改革基本稳定了央地政府间的财政分配关系，使地方政府既有剩余财力，促使其发展经济，又增强了中央的宏观调控能力，有利于稳定政治环境。通过改革开放以来的财政体制改革和行政体制改革，我国地方政府具备了竞争的主体要件，成为既具有独立利益，又具备自主手段获取利益的竞争主体。

2. 市场经济改革中资源流通机制的形成：竞争客体的形成

财政分权改革和行政体制改革使我国地方政府成为具有独立利益、具备逐利手段的竞争主体，这标志着我国地方政府竞争主体维度的条件已经成熟。而在客体方面，可形成利益的、稀缺的且可自由流动的资源是形成地方政府竞争的必要条件，同时也是决定地方政府竞争激烈程度的重要因素。如果形成地方政府利益的资源不是稀缺的，那么地方政府间不会出现追逐资源的竞争。同时，即使形成地方政府利益的资源是稀缺的，但其完全不可流动，那么地方政府间也不会出现追逐该资源的竞争。所以资源的稀缺性和流动性是形成地方政府竞争的前提条件。此外，资源稀缺程度越高，地方政府的竞争就越激烈；资源流通成本越低，地方政府的竞争也越激烈。所以资源的稀缺程度和流通成本是地方政府竞争强度的重要影响因素。在经典的经济学理论中，资源总是稀缺的，那么稀缺资源是否具有流动性则是关系地方政府间竞争行为能否形成的核心问题。

经典的公共物品理论认为，公共物品的非排他性和非竞争性导致居民等个体对公共物品的偏好不能得到有效表达，如人们总存在"搭便车"行为去享受其他人提供的公共物品，而不愿支付成本，这造成了公共物品供给的无效率。Tiebout（1956）在其《公共支出的纯理论》一文中指出，在适当的假设条件下，居民可以通过选择在哪个辖区定居的方式倒逼地方政府改善公共物品的供给，并认为这一过程将最终达到公共物品的帕累托最优配置状态。"以足投票"理论是居民的偏好显示机制。如果一个区域有优质的公共物品供给、较为合理的综合税收水平以及由完善的法律和管理体系支撑的较低的商业运行成本，那么该地优质的后天禀赋自然会对流动性生产要素形成强吸引力，反之则会导致区域内既有的劳动力与资本等生产要素流出。所以"以足投票"同时也是一种要素退出机制，这一机制的产生使地方政府通过提供更为合理的公共物品和税收组合对包括劳动力、资本以及技术在内的稀缺生产要素进行竞争。

在计划经济体制下，劳动力、资本以及技术等生产要素的流动受体制的严格限制。其重要原因在于，如果放任生产要素自由流动，则计划制定者无法保证其按划定方向流动。事实上，市场经济条件下生产要素的流动方向大多数时候与计划经济条件下的流向不同，所以限制生产要素的自由流动是计划经济体制必要的组成部分。在我国渐进式的市场化经济体制改革中，生产要素的流向渐渐与原有的计划指令脱钩，向市场化要素分配方向改进。虽然生产要素的自由流动是市场经济运行的必要前提，市场经济体制下要素资源的最优配置标准就是实现最高收益。但是，这一改革过程并不是一蹴而就的。具体而言，首先，我国市场化经济体制改革是循序渐进的，存在持续较长时间的经济体制转轨过程，而在此过程中，政府仍需要对生产要素流动施加一定程度的限制；其次，政策制定者的观念以及行为模式由计划经济向市场经济转变也需要一定的过程，政府干预经济的模式惯性也进一步限制了生产要素的流动。但这种限制必然只存在于特定的转轨阶段，且在该特定阶段内，限制的强度也将不断减弱。其原因在于如果过度限制，则会造成被限制企业在经济体制转轨过程中缺乏生产要素，并且只能让产出的产品流向特定地域，从而无法与市场上正常转轨的企业进行竞争，最终导致自身破产并退出市场。在此过程中，差异化的分工体系和基于市场的价格体系逐步建立，这些都不同程度地削弱了对生产要素流动的限制。随着我国社会主义市场经济体制的逐步建立，生产要素的配置逐渐由市场决定，从低收益地区向高收益地区流动是生产要素的天性。同时，劳动力、资本以及人才都是稀缺的资源，其在区域间的流动必定会造成要素流入地福利和经济的增进和发展，同时对流出地造成损失。在这样的环境下，地方政府可使用一切可用的政策手段，如给予资本和劳动力税收优惠、增加在公共物品与服务领域的财政支出，在供给诸如更高的环境质量、更公平的营商环境以及更高的政府行政效率和服务水平等公共物品以防止本地既有生产要素外流的同时，吸引尽可能多的外地生产要素，促进本地经济增长和社会福利增进。

综上，我国财政体制改革中的财政分权改革与行政体制改革形成了有独立利益且有能力追逐该利益的地方政府，我国经济体制改革中的要素流通机制的形成使地方政府出现了可以竞争的标的，以上即我国地方政府竞争的体制基础。

3. 政绩考核机制：地方政府竞争的"发令枪"与"指挥棒"

前文已经基本阐明了我国地方政府横向竞争形成的体制维度的必要条件，但是这仍不足以解释我国何以存在如此广泛且激烈的横向地方政府竞争。本书认为，在体制基础具备后，行政集权安排下的政绩考核机制是我国地方政府横向竞争的"发令枪"和"指挥棒"。那么，政绩考核机制触发地方政府横向竞争的体制背景是什么？为什么将经济发展程度作为核心甚至是唯一的考核标准？本部分试图回答这些问题，以补齐我国地方政府横向竞争体制基础的最后一块拼图。

地方政府在经过一系列的分权改革后，形成了具有一定自主行动能力和空间的地方发展型政府，而中央政府通过掌握干部人事任免权，对地方政府行为进行控制，使地方政府在合理的赛道上前进，并不被利益集团左右。中央政府对地方政府的激励问题可以被视为"委托—代理"问题，即委托人（中央政府）将工作委托给代理人（地方政府），但不对完成工作的措施和方法进行具体的规定，在这样的条件下，工作的完成度和完成质量基本上取决于代理人（地方政府）的努力程度。为了激励代理人（地方政府），委托人（中央政府）将"晋升"设置为努力的奖品。在实践中，为了保证绩效考核的公平，中央政府倾向于使用相对绩效考核的方式，即委托人（中央政府）通过对代理人（地方政府）之间的相对绩效决定实施惩罚或奖励。相对绩效考核机制的实践和运行使我国出现了实质上的横向地方政府间竞争现象。而将经济发展程度作为绩效考核机制的核心标准，主要有以下两方面的原因。一方面，改革开放之后，中央政府将经济发展和社会稳定作为重中之重，这自然成为地方政府绩效考核的核心标准。而在现阶段，社会稳定与经济发展存在较强的关联，且经济发展指标客观、容易量化，这是我国将经济发展程度作为绩效考核核心标准的重要原因。另一方面，其他政府职能的绩效相较于经济发展指标较难准确量化。在政府的"委托—代理"关系中，直接委托人是中央政府，但终极委托人是人民，中央政府代表人民利益，向地方政府发起委托。那么应由终极委托人对代理人的绩效进行评定。但在实践中，当地居民对地方政府进行绩效评定的成本过高，且这些评定很大程度上建立在居民的主观感受上，既主观又难以量化。另外，这些绩效评价信息需经由地方政府向中央政府传递，无法避免地方政府在信息传递中的隐瞒和扭曲等干扰行为，从而进一步降低了其在实践中的可行性。

综上，以经济发展程度为核心的官员绩效考核机制引发了我国地方政府间激烈且广泛的横向竞争。地方政府在积极追求地方经济发展的同时，忽视了其应有的提供公共物品和服务的职能，从而造成了我国现有的跨区域污染问题。

三 生态补偿与跨区域污染治理

（一）生态补偿的界定与分类

1. 生态补偿的界定

我国对生态补偿的权威定义最早于 2007 年（中国生态补偿机制与政策研究课题组，2007）提出，即以保护和可持续利用生态系统服务功能为目的，以经济手段为主要方式，调节相关者利益关系的制度安排。具体而言，这一制度安排可进一步分为广义与狭义两类。狭义语境下的生态补偿指对生态环境保护方的奖励和对破坏方的惩罚，广义语境下的生态补偿则在狭义的概念上进一步增加了对环境破坏者的收费。我国在排污收费方面的机制相对较为完善，所以我国语境下的"生态补偿"主要是狭义的生态补偿。2007 年，国家环境保护总局发布的《关于开展生态补偿试点工作的指导意见》[①] 首次给出了生态补偿的官方定义，即"以保护生态环境、促进人与自然和谐为目的，根据生态系统服务价值、生态保护成本、发展机会成本，综合运用行政和市场手段，调整生态环境

[①] 《关于开展生态补偿试点工作的指导意见》，中国政府网，http://www.gov.cn/zwgk/2007-09/14/content_ 748834. htm，最后访问日期：2022 年 9 月 10 日。

保护和建设相关各方之间利益关系的环境经济政策"。2015 年实施的《中华人民共和国环境保护法》[①] 从法律层面明确"国家建立、健全生态保护补偿制度",并指出"国家加大对生态保护地区的财政转移支付力度。有关地方人民政府应当落实生态保护补偿资金,确保其用于生态保护补偿。国家指导受益地区和生态保护地区人民政府通过协商或者按照市场规则进行生态保护补偿"。这说明了我国的生态补偿制度模式是由政府主导的,包括了"受益者支付,保护者得到补偿"的正向激励机制,也包括"破坏者支付,受害者得到补偿"的惩罚机制,是基于政府的双向补偿的概念。2017 年党的十九大报告进一步提出建立"市场化、多元化生态补偿机制",代表了未来时期生态补偿概念将向着逐步拓展补偿范围、体现生态资产价值、市场化、强调激励作用等方面加强。综上,我国"生态补偿"的概念应归纳为:以政府为主导、以市场为运作机制、以保护和可持续利用生态系统服务功能为目的的双向补偿。

一般认为,与我国狭义的生态补偿相近的外国概念是生态服务付费(PES)或者生态效益付费(PEB)。其中,更主流的是生态服务付费,其在理论及政策实践中都有较为充分的讨论与应用。生态服务付费概念基于外部性理论,分为科斯范式和庇古范式。

科斯式 PES 是建立在自愿基础上的一种类市场交易,其通过在利益相关者之间建立沟通谈判平台,通过协商的方式降低成本,进而最大化增加社会效益。经济效率和环境效果是科斯范式关注的投入和产出,通过纳入尽可能多的具有相关信息的参与者,以及设置协商的暂停、重启以及终结机制,从而总体上促进整个机制的高效运转。显然,政府被排

---

① 《中华人民共和国环境保护法》,生态环境部网站,https://www.mee.gov.cn/ywgz/fgbz/fl/201404/t20140425_271040.shtml,最后访问日期:2022 年 9 月 10 日。

除在经典的科斯范式之外，这是因为政府在信息不对称的条件下进行的政策设计极有可能是低效甚至是无效的。同时，由于经典的科斯范式受到包括产权明晰、交易成本为零在内的众多限制条件约束，其适用范围相当有限。在现有的生态补偿实践中，这一范式基本只适用于较小的地方辖区内。如果补偿范围过大，生态环境资源的确权问题就会导致纯市场范围内的科斯范式失效，此时通常需要政府参与、协调生态补偿实践。

科斯的基本理论与环境经济学类似，他认为在交易成本为零且产权有明确界定的情况下，环境服务的外部性可以借由资源拥有者之间的谈判完成内部化，从而在无须政府介入的情况下为社会提供有效的环境服务供给。基于这样的理论观点，Wunder（2005）较早地将环境公共物品和服务的供给方和消费方之间的自由交易定义为生态补偿，并将基于谈判和标的物可明确度量、有确定的交易方和消费方在接受生态物品和服务后付款作为生态补偿的界定标准。在 Wunder（2005）之后，Engel 等（2008）进一步拓展了生态补偿中环境服务提供者和消费者的定义。首先，将环境服务的消费者从环境服务的实际受益者扩展至包括环境服务交易中的第三方，如非政府组织等；其次，将社区等集体组织纳入环境服务的提供者范畴，这样就将实践中存在的集体产权生态补偿纳入了定义。在后续的生态补偿实践中，学者们出现了对 Wunder（2005）生态补偿定义的质疑，如 Farley 和 Costanza（2010）提出，Wunder（2005）的定义过于狭隘，且界定标准与实际有较大差距。因为 Wunder（2005）的定义更多来自理论认知而不是实践经验，所以对现实的贴合有限。首先，现实中广泛存在的信息不对称会弱化环境服务交易双方在谈判中的议价能力；其次，生态补偿所交易的环境物品必须是可以明确度量的这一要求过于理想化，现实中环境服务难以度量，这样的要求可能使交易不可持续；再次，交易本身对制度建设的要求很高，现实中的交易监督体系通常是不健全的，这将导致较高的交易成本，甚至导致交易本身无法实现；最后，定义中强调环境服务双方发生实质上的资源转移，这将支付和投资目标捆绑的行为与生态补偿的环境保护目的相悖。之后的学者对这一定义提出了很多的意见。如有研究指出，这一定义过度简化了社会、人与自然等复杂的关系，这样过度的简化虽然能得出完美的结论，但于现实无益。且该定义所列标准与各国现行的生态补偿标准并不相同，而这些生态补偿机制是现实存在且有效运行的。尽管有上述诸多问题，Wunder 等（2008）发轫于科斯理论的生态补偿定义仍是目前的主流，并积淀成为后续理论和实证研究的原点。

　　庇古式 PES 遵循庇古理论，庇古理论认为环境服务外部性的内部化路径应借由政府而非市场完成，应通过税收和财政补贴的手段统一私人边际收益与社会边际收益、私人边际成本与社会边际成本。具体而言，对环境污染所带来的负外部性征税，对环境保护所带来的正外部性予以财政补贴。因为私人部门不倾向于对环境这一外部性极强的公共物品与服务进行支付，各国的生态补偿实践都主要由国家或集体来主导，通过强制征税为生态环境公共物品与服务的供给提供资金。正因为生态环境公共物品与服务有极强的外部性，所以不但需要对提供方给予足够的激励，而且需要以制度的形式对这些激励予以确定，进而才有可能对环境参与者的决策产生实质上的影响，使其倾向于保护而非破坏环境。由此，Muradian 等（2010）对庇古语境下的生态补偿定义进行了归纳，即庇古式生态补偿是基于一致化土地使用决策和社会利益而形成的、在社会活动参与者之间的、体现广泛的社会制度和价值认同的、由政府主导并以补贴和税收为核心形式的资源转移行为。庇古范式下的生态补偿定义强调正确激励、直接转移和商品化的生态环境公共物品和服务。所以,该定义相较于 Wunder(2005)的定义,具有更为深刻的内涵,也与生态经济学理论对可持续发展的重视超过市场效率的理论观点相契合。在现实中,庇古范式下的生态补偿理论被更广泛地应用于各国的生态补偿实践中。理论上,庇古式 PES 可以在短期内快速达到较好的政策效果,而科斯式 PES 则可能在长期内通过市场机制达到更有效率的均衡。二者的取舍不应从单纯的理论出发,而是应从社会制度成本,尤其是实现不同的生态补偿机制所需的社会制度成本出发,做出综合的判断。

我国的生态补偿实践体现出鲜明的政府主导、强调正向激励和双向补偿的特征,这显然与庇古范式更为契合。我国早期的生态补偿几乎不存在具有市场属性的科斯范式补偿,但随着我国市场化改革的推进与生态补偿领域理论研究和实践探索的深入,科斯范式下的生态补偿也逐渐出现在各地生态补偿的实践中。我国当下的生态补偿实践体现出明显的兼容并包态势,兼具庇古范式和科斯范式的特点,所以我国实际的生态补偿定义更接近于国际上广义的 PES 定义。但我国的生态补偿定义仍与西方定义存在一定的差异。具体而言,外国生态补偿机制主要强调通过高度自愿的、非命令强制的、基于市场机制的生态环境公共服务消费者和供给者的交易行为对环境进行有效的保护;而我国的生态补偿则同时具有政府主导和市场参与两种模式,有更为丰富的手段以及更为广泛的适用性,我国生态补偿的实践手段包括但不限于中央政府以生态补偿为目的纵向转移支付、地方政府间生态补偿类横向转移支付、农产品"三品一标"、碳排放权交易以及水权交易等。虽然我国对生态补偿的定义仍莫衷一是,但是基于国务院办公厅 2016 年 5 月发布的《关于健全生态保护补偿机制的意见》① 与学界的主流观点，本书将生态补偿定义为：在综合考虑生态保护成本、发展机会成本和生态服务价值的基础上，以财政转移支付手段为核心、以市场交易方式为辅助，对生态环境行为中的主客体给予合理补偿或予以适当惩罚的双向激励型制度安排。我国的生态补偿定义因强调了对环境损害的补偿，存在显著的制度特性；而国外的 PES 概念更多的是一种经济行为，其强调互利合作和产品交易。显然，我国生态补偿中的"补偿"，是对私人成本与社会成本的背离进行补偿，更接近真实的差距。而国外 PES 概念中由于要促成"资源交易"，其"补偿"总量会高于治理成本以及机会成本。所以，我们的研究应注重区分国外的"PES"和我国的"生态补偿"这一对极易混淆的概念。本书对我国的跨区域污染治理进行研究，自然使用我国定义中的"生态补偿"，如若使用外国定义，则以"PES"指代。

2. 生态补偿的分类

按照运作主体和补偿路径的差异，可以将生态补偿分为市场补偿模式和政府补偿模式。具体而言，市场补偿模式是在明确界定产权的基础上，生态环境服务的提供者和受益者自愿、主动地在市场机制中建立产权交易关系或补偿关系，是一种直接补偿。在该关系中，补偿、受偿双方地位平等，通过谈判协商来确定付费方式和标准等问题。市场补偿的运作基于两个必要条件：生态环境物品或服务的产权可以清晰界定，且可以自由交易。郝春旭等（2019）认为，市场机制可以有效地将生态环境的外部性内部化，并通过赤水河流域环境污染的案例，提出按照"破坏者与受益者付费"的原则构建针对赤水河流域的市场化的生态补偿机

---

① 《国务院办公厅关于健全生态保护补偿机制的意见》（国办发〔2016〕31 号），中国政府网，http://www.gov.cn/zhengce/content/2016-05/13/content_5073049.htm，最后访问日期：2022 年 9 月 10 日。

制。市场补偿模式的优点在于：第一，资金使用效率较高，来自私人部门的资金较为注重投入产出比，进而提高了补偿资金的使用效率；第二，市场补偿方案较为灵活，市场补偿的具体安排由双方通过谈判协商来确定，这样不仅可以因地、因事制宜，确定补偿内容，也可以充分调动双方的积极性。但是其缺点也是显著的。首先，来自私人部门的资金通常是有限的，这限制了市场补偿模式的治理能力以及治理范围；其次，虽然通过协商制定补偿细则充分考虑了补偿中各方面的要求，但是也显著提高了交易成本，甚至因交易成本过高而无法实施生态补偿，导致生态环境恶化；最后，市场补偿的适用范围有限，市场补偿的前提是生态环境物品或服务的产权清晰，且可以自由交易，但是大气等生态环境物品的产权很难或无法界定，就无法使用市场补偿模式。

政府补偿模式是政府作为受益主体的代表，对生态环境公共物品或服务的提供者进行补偿，是一种间接补偿。政府补偿模式主要依靠财政资金，其预算清晰、资金稳定。政府补偿模式适用于生态环境服务的提供者和受益者脱离、受益主体不能清晰界定、规模较大的生态补偿情形，如流域生态补偿和大气污染生态补偿。政府补偿模式对于跨区域污染治理的效果也得到了学界的普遍认可，如 Pettinotti 等（2018）认为，流域具有显著的公共物品特征，流域生态补偿的资金应主要来自税收等公募资金，因为私人资金不足以支付外部性如此强的公共服务成本，而通过政府以财政资金为手段的生态补偿，能够有效提高上游植被覆盖率以及降低河流中有害微生物的含量。政府补偿模式的优点在于：第一，相比于其他融资渠道，财政资金来源稳定；第二，财政资金由政府统筹，易于启动，补偿的具体实施细则由政府统筹安排，减少了协商的成本。但是政府补偿模式的缺点也是显著的。首先，财政作为生态补偿的资金来源显著增加了财政的压力，减弱了财政处理其他问题的能力，而且财政资金对于投入产出比关注度不高，容易产生财政资金使用效率低和资金流失的问题。其次，政府统筹虽然降低了项目启动时的协商成本，但我国幅员辽阔，各地禀赋不同，过于统一的补偿方案无法适用于每一个地方。以补偿费用为例，补偿费用理论上应至少大于该地区提供生态产品的机会成本，同时又不应高于其所供给的生态产品的价值。由于地区间情况的不同，政府难以掌握每一种生态环境的机会成本，所以，现实中经常出现补偿费用和生态环境公共服务成本不对等的情况，补偿费用低于生态环境公共服务成本会导致生态环境公共服务供给方积极性受损，而高于公共服务成本则会导致财政压力过大、资金流失等问题。最后，政府补偿中的多头管理模式会使得补偿资金较为分散，进而降低资金的使用效率。总体来看，政府补偿模式适用于跨区域污染生态补偿，尤其适用于污染规模大、生态产品产权界定模糊、补偿主客体分散、治理难度高的大规模跨省水污染和跨省大气污染的生态补偿项目。

显然，政府补偿模式和市场补偿模式具有各自鲜明的优缺点。在跨区域污染治理实践中，两种补偿模式的使用并不互斥，应基于具体的污染情况，因地、因事制宜，选择合适的补偿模式，以达到最优的补偿效果。对于跨多个省级行政区的河流污染生态补偿或大气污染生态补偿，其产权难以清晰界定、资金需求量大、补偿周期较长、风险较高，应采用政府补偿模式；而对于省级行政区内跨多个地级市的河流污染生态补偿，则可以尝试采用政府主导下的市场补偿模式。

3. 跨区域污染治理中生态补偿的模式选择

现有跨区域污染生态补偿的模式主要有两种，即"输血型"补偿模式和"造血型"补偿模式。所谓"输血型"补偿模式，是指政府收集补偿方的补偿资金后，定期以转移支付的形式给予被补偿方。这种模式的优势在于：在资金使用过程中地方政府拥有较大的自主权。其劣势在于：由于补偿资金仅宽泛地限定了大致使用范围，在实际使用中资金的具体流向受受偿方主观倾向影响较大。在大多数情况下，"输血型"补偿模式的资金使用效率不高，对跨区域污染治理的效果不稳定。所谓"造血型"补偿模式，是指由国家或补偿机构通过项目资助将补偿资金转化为技术，并通过项目支持的形式使其实现从补偿方向受偿方的转移，进而帮助项目迁入地居民建立绿色的替代产业或给予既有绿色产业发展补贴，以发展生态经济的生态补偿模式。其目的不仅在于提高受偿地区的经济发展水平，而且注重提高其经济的可持续发展能力。"造血型"补偿模式通过技术项目转移、产业承接，提高受偿地的内生绿色技术创新能力以及绿色经济增长能力。相较于"输血型"补偿模式，"造血型"补偿模式呈现出显著的多元化特性。"造血型"补偿模式中普遍包括项目补偿、人才补偿、技术补偿以及政策补偿等多种方式，其总体上更强调补偿的长效性（朱丹，2016）。但"造血型"补偿模式效用的充分发挥建立在补偿项目与受偿方的禀赋深度结合的基础上，补偿方、受偿方一旦选择了合适的补偿项目，就可以使受偿方将外部补偿资金转化为自身产业转型与经济发展的积极动力，从而更好地协调环境保护与经济发展之间的矛盾关系，实现环境保护、经济发展以及社会福利增进的有机统一。虽然"造血型"补偿模式相较于"输血型"补偿模式有诸多优势，但在实践中不应有所偏废。应保证"输血型"补偿模式的稳定运转，为跨区域污染治理提供稳定的生态补偿横向转移支付资金。在此基础上，进一步因地制宜地推进"造血型"补偿模式的应用，使跨区域污染生态补偿机制在优化现有治理效果的同时进一步促进可持续发展。应通过综合地、扬弃地使用"造血型"和"输血型"补偿模式，构建长期、稳定、有效的跨区域污染治理生态补偿机制，进而全面、系统、深入地对我国跨区域污染进行治理。

此外，由于污染的自然边界和政府的行政边界并不总是一致的，一地的污染可能会越过当地的行政界线，对周边行政区产生影响。其中的代表是水污染和大气污染，水污染会借由河道对该流域内的行政区产生影响，而大气污染则由于气象等方面的原因，往往会产生更为广泛的影响，所以针对跨区域污染治理的生态补偿方式应以政府主导的横向转移支付为核心。

政府间的转移支付制度是分级预算体制的重要组成部分，从转移支付资金的来源和目标层级划分，可以分为横向转移支付、纵向转移支付和横向—纵向混合转移支付。具体而言，横向转移支付指存在于多级政府中同级政府间以平衡项目收支差额为主要目的的转移支付。而纵向转移支付则指中央政府对地方政府进行的财力转移，其中，纵向一般性转移支付主要目的是弥补地方政府财力的不足，而纵向专项转移支付则是为实现上级政府，尤其是中央政府特定的政策目标而进行的财力转移。在世界各国的财政实践中，绝大多数国家建立了纵向转移支付机制，而仅有以德国为代表的少数国家建立了横向转移支付机制，此外，部分国家建立了横向和纵向转移支付相结合的混合转移支付机制。

横向转移支付主要有两方面的目标。首先，横向转移支付相比于纵向转移支付更关注地区间财力均衡和基本公共服务均等化。所谓地区间的财力均衡和基本公共服务均等化并不意味着各地区间财力完全相同、公共服务供给完全相等，而是应使各地区的财力基本满足自身需求、各地公共服务大体相同，在不损害发达地区积极性的基础上通过转移支付解决横向财政均衡问题。其次，横向转移支付更关注将公共产品的外部性内部化。如区域内生态环境物品的提供者或生态环境的保护者产生的正外部性应由区域内生态环境物品的消费者或生态环境的损害者予以补偿。具体而言，在跨区域水污染治理中，上游地区为了保证水质而牺牲本地发展所带来的机会成本，应由下游地区以横向转移支付的形式予以补偿，从而实现外部性的内部化。这样以生态补偿为目的的横向转移支付一方面有利于地区间的协调发展，另一方面有利于我国整体的生态文明建设。

我国目前使用的是单一的纵向转移支付模式，这是一种将财力集中于中央后，由中央进行再分配的模式。其优点在于：将财力集中于中央，强化了中央政府的权威以及对财政的控制力，纵向一般性转移支付的形式化解了地方政府财力与支出责任的矛盾，并可以通过纵向专项转移支付达成特定宏观政策目标。但是，单一的纵向转移支付模式存在一些问题，即无法有效地将区域性公共物品的外部性内部化。一国范围内的生态环境物品既有全国的属性，也有地域的属性，且在多数情况下地域属性要强于全国属性。针对地域属性较强的跨区域污染，其外部性应由地区间解决。而纵向转移支付的两端是中央政府和地方政府，这显然与跨区域污染中存在的横向维度的收益和补偿关系不匹配，所以其无法有效地解决现有跨区域污染问题。

综上，我国需要建立适当的横向转移支付机制以对跨区域污染治理给予制度支持。在本书讨论的范围内，对横向转移支付这一概念的阐释偏向于关注将公共物品和公共服务的外部性内部化，尤其是关注将生态环境公共物品和公共服务的外部性内部化，而非关注财力失衡地区间的横向转移支付。同时，所谓跨区域污染生态补偿的横向转移支付，是同级地方政府间以内部化跨区域污染所带来的外部性为目的的财政资金转移支付模式。其本质上是在同一污染区域内，造成污染的地方政府对受到污染的同级地方政府，或受益于污染治理的同级地方政府对提供污染治理的同级地方政府的转移支付。

（二）利益让渡：横向补偿方式治理跨区域污染的理论内核

利益让渡是指社会主体中的一方根据特定的规则向另一方让渡部分利益，以期增进社会整体福利，这是使用生态补偿横向转移支付方式治理跨区域污染的理论内核。在跨区域污染生态补偿的横向转移支付中，造成污染的地方政府按照协商的标准向受该污染影响的地方政府进行利益让渡。纯粹的利益让渡是一种存量改革，即在改革过程中不产生新的、额外的利益，仅对既得利益进行再分配，在此过程中一定存在利益受损的一方，同时存在获利的一方。利益让渡主要以两种方式存在，即"削峰填谷"式与"协商妥协"式。这两种方式的不同之处在于，"削峰填谷"式是在确定各社会群体的利益存量后，使利益从现有获利较多方直接转移至获利较少方，这种利益再分配方式简单直接，但也容易导致出让方与受让方的矛盾；而"协商妥协"式则是基于多方平等对话，就出让额度、出让方式等要素达成共识后进行利益让渡，这种方式虽然有较高的谈判成本，但较为平和，是存量改革中最为典型的形式。

生态补偿横向转移支付从形式上来看是一方政府向另一方政府让渡利益，但与纯粹的利益让渡有所不同的是，让渡方的既得利益往往是由在发展过程中的利益错误配置产生的。如在流域中，上游政府为流域环境额外付出了成本，导致当地经济发展滞后，下游政府享受了由上游政府提供的优质环境，却没有付出相应的成本，使经济高速增长。显然，下游政府经济发展所带来的部分收益应归于上游政府对流域环境的保护，这是一种利益的错配，需要通过协商的方式进行利益让渡，使利益实现合理配置。生态补偿横向转移支付中的利益让渡是符合卡尔多-希克斯改进的，即在利益分配中受益者的所得足以弥补受损者的损失，实现总体利益的增加。如果能在利益再分配的过程中，使社会福利总体增进，那么以利益让渡为内核的生态补偿横向转移支付方式就是可以推进的，其关键仍在于明确补偿的主客体、合理设定补偿标准以及使高一级政府协调推进。

四　本章小结

明确跨区域污染问题的理论本质是全面系统地解决跨区域污染问题的逻辑起点，本部分首先从外部性理论和公共物品理论切入，对跨区域污染问题的理论内核进行了深入的剖析。外部性的存在一方面导致环境污染行为难以抑制，另一方面导致环境保护行为难以被支持。环境物品的需求和供给不均衡，是跨区域污染问题产生的根本原因。而长期以来，我国以辖区划分的污染治理模式难以适应跨区域污染治理的要求。环境治理作为一种公共物品，其非排他性使各地区之间缺乏为环境保护提供激励的动力，从而产生"搭便车"现象，进一步造成跨区域污染治理投入的不足，导致跨区域污染问题的恶化。其次，我国跨区域污染问题的产生和加剧有其深刻的体制原因。改革开放后，一系列财政分权改革和行政分权改革使我国出现了广泛而激烈的地方政府竞争。在以经济增长为核心目的的地方政府竞争中，地方政府过度关注经济增长而忽视了以环境保护为代表的公共服务职能，从制度上导致了我国现有的跨区域污染问题。以上内容探究了财政分权的理论因循，分析了我国地方政府竞

争的体制基础以及财政竞争对跨区域污染造成的影响，从而为后文开展
财政竞争与跨区域污染的实证分析提供了理论依据。最后，从生态补偿
的界定、分类及模式选择等方面进行了阐述，并深入剖析了生态补偿的
理论内核，为后文构建以横向转移支付为核心、多元化、市场化的跨区
域污染生态补偿体系奠定了理论基础。

第二章

横向支出竞争与跨区域污染治理

在以经济增长为重要指标的绩效考核机制下，地方政府为争夺稀缺的流动性生产要素展开激烈的府际横向竞争，而财政支出结构调整是地方政府进行横向竞争的重要政策手段（傅勇、张晏，2007；王永钦等，2007；贾俊雪、梁煊，2020）。那么，横向竞争引致的支出结构变动对跨区域污染造成了怎样的影响，又应怎样规范地方政府的竞争行为，以达到跨区域污染治理与经济高质量发展的统一，是本章关注的核心问题。有鉴于此，本章的第一部分考察了以支出结构变化为表现的财政支出竞争对跨区域污染的影响，进而分析其影响机制。在此基础上，进一步分析横向支出竞争的具体形式以及其对跨区域污染造成的叠加影响，从而为协调和引导地方政府间建立良性的竞争模式提供切入点。本章的第二部分则聚焦财政环境支出对跨区域污染的影响，在明确环境支出的跨区域污染治理效应的基础上，从省级以下财政环境事权与支出责任的视角分析横向策略互动中存在的问题，为进一步厘清权责、推动建立科学长效的跨区域污染协同治理机制提供有益的思考。

另外需要说明的是，本章以及之后的第三章，均基于政府间选择单一同质的财政手段进行竞争的假设，也即本地地方政府会且仅会以变动支出（税收）政策的方式对其他地区的支出（税收）政策变动予以回应。这样的假设虽较为严格，但可以更为有效地屏蔽冗杂因素的影响，从而可以更有针对性地对特定政策（支出和税收）手段对跨区域污染所产生的影响展开深入的分析。

一 支出竞争与跨区域污染治理：基于支出结构的视角

本部分关注支出竞争引致的支出结构变动对跨区域污染的影响问题，该领域内现有研究仍存在以下几个可能改进的地方。第一，现有研究采用的支出结构划分方式具有局限性。现有研究多基于 Barro（1990）和 Devarajan 等（1996）的研究，将我国的财政支出二分为生产性支出和非生产性支出，这种分类方式虽然简化了分析，但仍存在一些问题。一方面，经典的财政支出二分法所隐含的一种支出占比增加另一种支出占比必须降低的假设过强，难以对现实进行很好的刻画。早期文献给出了我国存在生产性支出竞争现象的经验证据（周黎安，2007；傅勇、张晏，2007），之后的研究又发现了地方政府存在围绕教育、科学技术等非生产性支出进行竞争的现象（周亚虹等，2013；卞元超、白俊红，2017）。我国幅员辽阔，各地禀赋不同，地方政府完全有可能在进行生产性支出竞争的同时进行非生产性支出竞争，但二分法从根本上否定了这种可能，故该方法存在相当大的局限性。另一方面，二分法的划分方式过于宽泛，从而导致其对跨区域污染这一特定问题的解释力较弱，如非生产性支出中的文化传媒支出、社会保障和就业支出对跨区域污染的影响较为模糊，生产性支出中的外交支出和国防支出①对

---

① 外交支出和国防支出显然和生产性支出联系不强，但在二分法下，除去财政教育支出、财政社会保障和就业支出、财政文化传媒支出、财政医疗与卫生支出、财政科学技术支出和财政环境支出六项为非生产性支出，其他均为生产性支出，这就将政府服务类或维持类支出以及其他支出等包括在了生产性支出范围内。

跨区域污染的影响不甚显著,这样的划分方式会导致实证结果存在一定的偏误。第二,现有研究选择的跨区域污染衡量指标较为片面,跨区域污染是一个复杂的系统性问题,现有研究往往基于某个污染物排放量指标对跨区域污染进行衡量,难以对跨区域污染进行较为全面的分析。第三,现有研究在实证分析中往往不能同时控制空间相关性和内生性,基于空间视角的研究难以对模型中可能存在的内生性进行有效的控制,而基于面板数据的研究则较难控制支出竞争的空间相关性,这样可能使回归结果出现偏误。第四,现有研究对竞争导致的支出结构变化影响跨区域污染的机制分析较少。多谈其然而少谈其所以然,没有很好地解决"为什么这样"的问题,这使得现有研究对现实问题的讨论集中于效应分析,难以通过严谨的机制检验给出改革的路径和实践抓手,导致相关研究的现实意义有限。第五,现有研究普遍将某地因进行支出竞争而导致的支出结构变动视为外生给定的,忽略了其策略受相关地级市政策的影响。缺乏对空间相关性的控制,一方面会导致回归结果出现偏误,另一方面会削弱研究对现实的解释力。

针对以上问题,本章所做的针对性优化以及可能的边际贡献包括以下几点。第一,根据联合国《政府职能分类》将财政支出分为经济性支出、公共性支出、政府服务性支出和其他支出四部分,在此基础上针对所研究的问题对划分的细则进行进一步的优化。一方面,在底层的变量设定上,允许地方政府存在因横向支出竞争而导致的经济性支出和公共性支出占比同升同降的情况,使模型可以进一步贴合现实情况;另一方面,细分的财政支出结构也可以更好地聚焦跨区域污染这一特定问题,从而进行有针对性和深度的分析,进而得到更为稳健的结果。第二,本章具体选择化学需氧量排放量(COD)和氨氮污染物排放量(AN)作为跨区域污染中水污染物排放量的衡量指标，选择二氧化硫排放量（SO_2）作为跨区域污染中大气污染物排放量的衡量指标，并使用工业废水排放量（IWW）和工业废气排放量（IWG）两项指标进行稳健性检验。使用以上五个指标，从地级市跨区域污染物排放量这一跨区域污染的代理变量的间接视角，以及 PM2.5 浓度这一衡量大气污染程度的直接视角，全景式地对跨区域污染问题进行了衡量。同时，选择 2011—2020 年作为样本期，一方面使用了最新的"二污普"数据，增强了数据的准确性和研究的时效性；另一方面对"十二五"和"十三五"两个发展时期进行了全面的考察和细致的对比，可以更为直观地得出我国近十年来发展方式转变对跨区域污染产生的影响。第三，在实证分析中本章同时控制了空间相关性、时间相关性和内生性。具体而言，基于"标尺竞争"理论假设，使用空间权重矩阵规定地方政府竞争的参照系，进而构造经济性支出竞争强度和公共性支出竞争强度两个指标，在控制支出结构的空间相关性基础上对支出竞争进行了刻画。同时，构建动态面板模型对跨区域污染的时间相关性进行了控制，并通过系统广义矩估计（SGMM）方式对模型可能存在的内生性进行有效的控制。在对空间相关性、时间相关性和内生性进行有效控制的基础上，得到了更为稳健的回归结果。第四，对经济性支出竞争和公共性支出竞争对跨区域污染的影响机制进行了分析，特别是引入了地级市层面的绿色技术创新指数对公共性支出竞争的作用机制进行了深入的研究，明确了公共性支出竞争对跨区域污染影响的作用机制，从而增强了其对现实的指导意义。第五，在明确经济性支出竞争强度和公共性支出竞争强度对跨区域污染影响效应的基础上，进一步对两种类型的支出竞争策略互动进行分析，明确了策略互动的形式以及影响因素。其意义不仅在于深化了既有研究，也明确了策略互动对跨区域污染的叠加效应。本章认为，仅研究支出竞争与跨区域污染之间的关系固然重要，但其无法跳出被动效应研究的窠臼，如果不能明确支出竞争的具体形式及其影响因素，就不能进一步主动对扭曲的横向竞争进行协调，对过当的政府行为予以匡正。所以本章对于引导和协调地方政府竞争，缓和环境保护和经济发展的内在矛盾，具有重要的现实意义。

(一)理论模型与假设

本部分借鉴 López 等（2011）的研究，构建包括生产部门、消费部门和政府部门的三部门模型，基于财政支出结构的视角分析财政生产性支出和非生产性支出对跨区域污染产生的影响。假设一国境内存在数个地区，且各地区均为独立封闭的经济体；生产机构中存在三个独立机构，即污染机构、清洁机构和知识机构。其中，污染机构包括制造业、冶金业等生产过程伴随污染物产出的资本密集型产业企业，政府机构的生产性支出流向污染机构。清洁机构和知识机构在生产中不发生污染，指代现实中的服务业、教育业等人力密集型行业企业。

1. 生产机构

令污染机构产出为 y_d，同时污染排放量为 Z。企业将全部资本分为生产投资和治污投资两部分，设治污投资占总投资的比重为 θ，相应地，生产投资的比重为 $1-\theta$。污染机构的生产函数与污染排放函数为：

$$y_d = (1-\theta)F(K, l_d) \tag{2-1}$$

$$Z = \varphi(\theta)F(K, l_d) \tag{2-2}$$

其中，生产函数 F 是单调递增的线性齐次函数，满足边际产出递减以及二阶连续可微的条件，且二阶导小于零。θ 的定义域为 $[0, 1]$，且 $\varphi'(\theta) < 0$。当 θ 取 0 时，$\varphi(0) = 1$，代表污染机构将全部资本投入生产，此时产品产出为 $F(K, l_d)$，污染物排放为 $F(K, l_d)$。其中，K 表

示资本，l_d 表示劳动，当 θ 取 1 时，$\varphi(1)=0$，代表污染机构将全部资本投入污染治理，此时产品产出与污染物排放均为 0。为简化模型，假设：

$$\varphi(\theta)=(1-\theta)^{1/\beta} \tag{2-3}$$

其中，$0<\beta<1$，将式（2-3）代入式（2-2），得到 θ 关于 Z 的函数，再代入式（2-1），得：

$$y_d=Z^\beta F(K,l_d)^{1-\beta} \tag{2-4}$$

式（2-4）即为污染机构的生产函数。

进一步将人力资本效率 h 和生产性财政支出 g 加入模型，并假设财政生产性支出和其他资本 k 可以完全替代，有：

$$y_d=D(hl_d)^\alpha Z^\beta(g+k)^{1-\alpha-\beta} \tag{2-5}$$

其中，D 为全要素生产率，hl_d 是污染机构的有效人力资本，Z 为生产过程中的必要污染物产出，$g+k$ 为总计资本投入，并且：

$$\alpha>0,\beta>0,0<\alpha+\beta<1 \tag{2-6}$$

同理，将清洁机构和知识机构的生产函数以柯布－道格拉斯形式表示为：

$$y_c=A(hl_c) \tag{2-7}$$

$$h=Bl_rg_{2\mu} \tag{2-8}$$

其中，A 和 B 分别为清洁机构和知识机构的全要素生产率，hl_c 是清洁机构的有效人力资本，且 $h>1$。财政非生产性支出 $g_{2\mu}$ 仅流入知识机构，且 $\mu>0$。

劳动力市场均衡时，有：

$$\bar{L}=l_d+l_c+l_r \tag{2-9}$$

2. 消费机构

设代表性消费者的效用函数为 $u(c)$，$u(c)$ 一阶导大于零，二阶导小于零，即 $u(c)$ 为单调递增的凹函数。污染机构产出的污染物 Z 会对消费者产生 γZ 单位的负效用，由此，代表性消费者的总效用为：

$$U = u(c) - \gamma Z \qquad (2\text{-}10)$$

设消费者面对的税率为 t，将代表性消费者的税后收入视作可支配收入，此时消费者的预算约束可表示为：

$$c = (1-t)(py_d + y_c) \qquad (2\text{-}11)$$

其中，p 为污染产品的价格。进一步简化模型，将清洁产品价格标准化为 1，此时，$py_d + y_c$ 即表示社会总产出。

3. 政府机构

为简化分析，将一般公共服务支出、外交支出、国防支出以及公共安全支出等基本不影响污染水平的政府服务类支出剔除后，将剩余的政府支出分为经济性财政支出 g_1 和公共性财政支出 g_2 两部分。同时，设定税收为唯一的地方政府收入来源，且地方政府无法改变税率，税率由中央政府统一设定。设仅存在税率固定的所得税和环境税，其中，所得税税率为 t，环境税税率为 τ^*。将所得税纳入地方政府预算，环境税先征后返，作为对辖区内消费者因环境污染而受到的负效用的补偿，最终返还给消费者。地方政府实施平衡预算，中央政府的纵向转移支付为 G_t。地方政府的收支可表示为：

$$g_1 + g_2 = G = t(py_d + y_c) + G_t \qquad (2\text{-}12)$$

中央政府设定环境税的目的是将污染的负外部性内部化，各地禀赋不同，将其内部化所需的税率不同，假设中央政府使用最低的环境税税率作为全国统一税率 τ^*：

$$\tau_i = \frac{\gamma}{u'(c_i)} \tag{2-13}$$

$$\tau^* = \min(\tau_1, \cdots, \tau_n) \tag{2-14}$$

地方政府基于本地消费者对环境的偏好程度，也即本地消费者认为污染所带来的负效用大小对环境税征收力度进行调整，所以地方实际环境税税率 τ 大于等于 τ^*。

$$\tau = \tau^* \xi(h) \tag{2-15}$$

其中 $\xi(h) \geqslant 1$，表示居民对环境质量的偏好。$\xi'(h) \geqslant 0$，即以居民素质为核心的人力资本效率提升将导致其对环境质量的要求提高。

4. 均衡结果

为便于分析，本部分在模型求解中假定 g_1、g_2、k、p 外生，Z、y、y_d、y_c、c、t、w、h、l_d、l_c、l_r 和 τ 内生，可由 g_1、g_2、k 来求解。污染机构的竞争性均衡表明，企业通过选择最优人力资本投入 hl_d 和污染物排放量 Z，进而实现成本收益最大化的最终目标，即：

$$\begin{cases} \min TC_d = whl_d + \tau Z \\ \text{s. t. } y_d = D(hl_d)^\alpha Z^\beta (g_1 + k)^{1-\alpha-\beta} \end{cases} \tag{2-16}$$

解得：

$$Z = \left(\frac{\beta}{\alpha}\right)^{\frac{\alpha}{\alpha+\beta}} D^{\frac{-1}{\alpha+\beta}} (g_1 + k)^{\frac{\alpha+\beta-1}{\alpha+\beta}} \left(\frac{w}{\tau}\right)^{\frac{\alpha}{\alpha+\beta}} y_d^{\frac{1}{\alpha+\beta}} \tag{2-17}$$

显然，污染物排放量 Z 的变动同时受到 $g_1 + k$、w、τ 和 y_d 的影响。为便于进一步分析财政支出 G 对污染物排放量 Z 产生的效应，设 φ 为财政支出结构变量，φ 为不变常数且 $0 \leqslant \varphi \leqslant 1$。那么，财政经济性支出 g_1 可表示为 $g_1 = (1-\varphi)G$；相应地，财政公共性支出 g_2 可表示为 $g_2 = \varphi G$。

同时对 G 求偏导，得：

$$\frac{\partial \ln Z}{\partial G} = -\frac{1-(\alpha+\beta)}{\alpha+\beta} \times \frac{1-\varphi}{(g_1+k)} - \frac{\alpha\varphi}{\alpha+\beta} \times \frac{\partial \ln \tau}{\partial g_2} + \frac{1-\varphi}{\alpha+\beta} \times \frac{\partial \ln y_d}{\partial g_1} \qquad (2-18)$$

由此，本章提出以下命题。

命题 1：财政公共性支出增加促使地方政府提高当地环境税的征管强度，从而降低当地的污染水平，也即政府公共性支出与污染水平负相关。

命题 2：经济性支出增加一方面增加了污染机构的生产资本投入，提高了当地的污染水平，另一方面增加了污染机构的污染治理资本投入，抑制了当地的污染，也即政府经济性支出对污染的影响不确定。

进一步地，本章将使用 2011—2020 年我国 274 个地级市的数据，建立计量经济模型，给出我国实践中由横向支出竞争引致的财政支出结构偏向影响跨区域污染的经验证据。

（二）实证设计

1. 变量选取与数据来源

（1）被解释变量

就本书所研究客体——跨区域污染而言，在实证研究中对其具体程度进行量化存在一定的难度，故应从跨区域污染的定义和内涵出发，选择合适的指标进行实证研究。跨区域污染是指一地具有外溢性的污染物排放所造成的污染影响超过了该地的行政边界（如省界、市界等）的现象，其代表为水污染和大气污染。所以，以水污染和大气污染为代表的跨区域污染可以被视为由具体污染物（如二氧化硫、化学需氧量和氨氮污染物等）排放量和污染扩散载体（水、大气）两方面构成。这两方面的要素都可以影响跨区域污染的程度。例如，假定自然和气象条件（如降雨量、风速等）也即扩散载体情况一定，则污染物排放增加会导致跨区域污染程度增加，反之亦然；再如，假定污染物排放量不变，丰水期河流污染被稀释，跨区域水污染程度降低，空气流动速度加快则跨区域大气污染程度下降。本章主要关注跨区域污染物排放对跨区域污染程度的影响，即从财政学的视角出发，分析地方政府具体的财政竞争手段和形式如何影响其跨区域污染物排放量，进而影响跨区域污染程度。

综上，"跨区域污染物排放量"与本书的研究客体"跨区域污染"显著正相关，且易于量化。所以，本章选择"地级市跨区域污染物排放量"作为"跨区域污染程度"的代理变量。具体而言，选择化学需氧量排放量（COD）和氨氮污染物排放量（AN）作为跨区域污染中水污染物排放量的衡量指标，选择二氧化硫排放量（SO_2）作为跨区域污染中大气污染物排放量的衡量指标，同时选择 PM2.5 浓度作为跨区域污染中大气污染程度的直接衡量指标，并使用工业废水排放量（IWW）和工业废气排放量（IWG）两项指标进行稳健性检验。

这样的衡量指标选择是出于以下几点考虑。第一，所选变量具有显著的外溢性，符合形成跨区域污染的要求。如二氧化硫、氨氮污染物等排入大气和水的污染物首先对本地造成负面影响，但这些污染物所造成的影响显然不以行政区划为界，也即这些污染物具有显著的外溢性特征。众多研究基于化学需氧量排放量（COD）、氨氮污染物排放量（AN）和二氧化硫排放量（SO_2）对环境污染的"边界效应"[1]进行研究（Cai et al.，2016；沈坤荣、周力，2020；赵阳等，2021）。如果二氧化硫、化学需氧量以及氨氮污染物排放所造成的废气和废水污染仅对本辖区造成

---

[1] 所谓污染的"边界效应"是指关注自身利益最大化的地方政府，倾向于将具有强外溢性这一特质的污染物的污染源（如排放废气、废水的工厂）转移至辖区边界，或直接减小边界区域的环境监管力度，人为造成环境规制"洼地"，"引导"高污染企业向边界迁移（Kahn et al.，2015；Cai et al.，2016），其本质原因是分权体制与污染的外部性。

影响，那么大费周折地将污染源引至辖区边界便无法解释，从而证明这些污染物具有显著的外溢性特征，可以形成跨区域污染。第二，所选变量对跨区域污染问题的刻画具有典型性和全面性。本章的样本期完整覆盖了"十二五"和"十三五"两个发展时期（2011—2020年），这一选择意在全面考察这两个关键时期财政竞争与跨区域污染的关系，进行发展时期的横向比较，给出较为全面、完整、动态和具有时效性的结论。根据《国家环境保护"十二五"规划》以及《"十三五"节能减排综合工作方案》，化学需氧量排放量（COD）、氨氮污染物排放量（AN）和二氧化硫排放量（SO_2）是国家重点监测和控制的主要污染物指标，显然具有典型性。而出于对跨区域污染问题研究和分析的全面考虑，本章将上述三个指标全部纳入模型中。第三，考虑所研究的问题和理论模型的要求。由本部分理论模型得出，生产过程中伴随污染产出的资本密集型产业，如冶金业、制造业等是本部分研究关注的重点。相应地，应选取集中反映工业部门所产生污染的指标，所以，本部分关注的化学需氧量排放量（COD）、氨氮污染物排放量（AN）和二氧化硫排放量（SO_2）均来自工业源排放。第四，相较于水污染只能在特定区域开展水质监测不同，大气污染可以考察全域的空气质量，在环境经济学的研究范式中，PM2.5浓度是经典的空气质量衡量指标，所以本章同时将PM2.5浓度纳入考量，作为对大气污染程度的直接衡量指标。综上，从间接的代理变量（COD、AN、SO_2）和直接的污染程度变量（PM2.5浓度）两方面对大气污染产生的效应进行考察。第五，考虑到工业跨区域污染物排放集中体现在工业废气排放量和工业废水排放量这两项指标中，所以使用工业废水排放量（IWW）和工业废气排放量（IWG）进行稳健性检验。

需要说明的是，本章中 2016—2020 年的化学需氧量排放量（COD）、氨氮污染物排放量（AN）和二氧化硫排放量（SO_2）均采用第二次全国污染源普查（简称"二污普"）成果更新后的数据[①]，这一数据在更为贴近现实的同时给本章的实证工作带来了新的困难，由于统计口径出现了变化，更新前（2011—2015 年）与更新后（2016—2020 年）的统计数据不可比。有鉴于此，本章实证模型均设置为两时期制模型，一方面遵循统计与计量经济研究的规范，另一方面也便于对两个发展阶段进行横向比较。

本章中地级市化学需氧量排放量（COD）、氨氮污染物排放量（AN）和二氧化硫排放量（SO_2）数据来自各省份统计年鉴、环境统计年鉴，部分缺失数据由地级市统计年鉴补齐。PM2.5 浓度数据来源于华盛顿大学大气成分分析组，该数据通过将美国国家航空航天局（NASA）的 MODIS、MISR、SeaWIFS 和 VIIRS 的气溶胶光学深度（AOD）检索结果与 GEOS-Chem 化学传输模型相结合，对地面 PM2.5 浓度进行估计，并进一步使用地理加权回归（GWR）进行观测值的校准。

（2）核心解释变量

本部分基于财政支出结构的视角分析支出竞争对跨区域污染的影响，构造经济性支出竞争强度（EDEC）和公共性支出竞争强度（PGEC）指标衡量支出结构视角下的支出竞争强度。其构造表达式为：

$$EDEC = \frac{EDE_{it}}{\sum_{j=1}^{n} W_{ij} EDE_{jt}} \tag{2-19}$$

---

① 生态环境部以第二次全国污染源普查成果为基准，依法组织对 2016—2019 年污染源统计初步数据进行了更新。

$$PGEC = \frac{PGE_{it}}{\sum_{j=1}^{n} W_{ij} PGE_{jt}} \tag{2-20}$$

其中，EDE_{it} 和 PGE_{it} 分别表示财政支出四分法下各地级市当年经济性支出占比和公共性支出占比，分别以经济性支出和公共性支出占一般公共预算支出的比例衡量。$\sum_{j=1}^{n} W_{ij} EDE_{jt}$ 和 $\sum_{j=1}^{n} W_{ij} PGE_{jt}$ 分别表示经济性支出和公共性支出的空间滞后项，衡量空间相关地级市的经济性支出占比平均值和公共性支出占比平均值。W 为空间权重矩阵，用于确定进行比较的地级市的集合。经济性支出竞争强度（$EDEC$）或公共性支出竞争强度（$PGEC$）的值大于 1，则意味着本地相应类型的支出竞争强度高，小于 1 则表明本地相应类型支出竞争强度低，等于 1 则表明竞争强度相同。

具体而言，式（2-19）和式（2-20）中的经济性支出占比和公共性支出占比根据财政支出四分法进行计算。所谓财政支出四分法，是指参照联合国《政府职能分类》将财政支出分为政府服务性支出、经济性支出、公共性支出和其他支出四大类的分类方式。本章选择以四分法划分财政支出，进而对支出竞争引起的结构偏向进行衡量，主要是基于以下原因。经典的二分法，即将财政支出二分为财政生产性支出和财政非生产性支出的方式，其优势在于简化了实证分析，可以用一个变量刻画两种支出的效应。在二分法下，财政生产性支出占比和财政非生产性支出占比之和恒等于 1，这样就可以仅构造一个变量（如非生产性支出结构）同时考察两种支出的效应，从而提高了分析的效率。但这一划分方式具有显著的局限性，其根本在于两分法隐含的假设是一种支出占比增加，另一种支出占比必然减少。这一假设意味着地方政府的经济类支出偏向和公共类支出偏向不能共存，这一假设显然过于严格，无法对现实中的竞争模式进行更为细致的刻画。因此，本章选择采用四分法开展研究，具体划分方式如表 2-1 所示。

表 2-1　财政支出分类

	政府服务性支出	经济性支出	公共性支出	其他支出
具体科目	一般公共服务支出、外交支出、国防支出、公共安全支出	城乡社区支出、农林水支出、交通运输支出、资源勘探工业信息等支出、商业服务业等支出、金融支出	教育支出、科学技术支出、文化旅游体育与传媒支出、卫生健康支出、节能环保支出、社会保障和就业支出	其他支出

　　结合本书的主题，本书中的经济性支出包括城乡社区支出、农林水支出、交通运输支出、资源勘探工业信息等支出、商业服务业等支出、金融支出等六类支出[①]，公共性支出包括教育支出、科学技术支出和节能环保支出[②]。

　　式（2-19）、式（2-20）中的分母项分别为经济性支出占比和公共性支出占比的空间滞后项，该项构建的核心在于空间权重矩阵的选择。[③]既有研究对空间权重矩阵的选择大体有两个方向，即通过使用地理邻接空间权重矩阵与地理距离空间权重矩阵对空间个体间地理维度的距离进行刻画，或通过使用经济距离矩阵对空间客体之间的"经济发展程度"进行考察。空间权重矩阵的选取需十分谨慎，且必须从所研究的问题出

[①]　依照 2023 年政府收支分类科目规定，经济性支出包括：212 城乡社区支出、213 农林水支出、214 交通运输支出、215 资源勘探工业信息等支出、216 商业服务业等支出以及 217 金融支出。

[②]　依照 2023 年政府收支分类科目规定，公共性支出包括：205 教育支出、206 科学技术支出以及 211 节能环保支出。考虑到 207 文化旅游体育与传媒支出、210 卫生健康支出以及 208 社会保障和就业支出与跨区域污染的相关性较弱，故予以剔除。

[③]　由于本部分仅在空间滞后项的构造中间接地使用了空间权重矩阵，并未直接使用空间计量模型从而将空间权重矩阵直接纳入模型，所以本部分仅对空间权重矩阵的选取略作叙述，关于空间权重矩阵选取方式的具体论述见本章第二部分。

发。本部分旨在分析支出竞争对跨区域污染的影响，首先，使用刻画地理距离的空间权重矩阵是必要的，因为污染物的空间外溢性以及政策的空间外溢性均对地理距离敏感；其次，财政政策受到经济发展程度的影响，如横向财政竞争策略互动的双方在决策中在相当程度上受到财政预算约束的影响，而财政预算约束显然与当地经济发展程度存在强相关关系。综上，本部分选择地理邻接空间权重矩阵（WGA）构造空间滞后项，即当地区 i 与地区 j 相邻时，WGA_{ij} 等于1；当地区 i 与地区 j 不相邻时，WGA_{ij} 等于0。同时，使用基于经济地理距离空间权重矩阵（$WEGD$）构造的支出竞争强度变量进行稳健性检验。另外，遵循经典的支出结构研究范式，使用教科文卫社环等六类支出[①]之和除以一般预算内支出这一非生产性支出竞争的衡量方式构造广义非生产性支出竞争强度（$BSNPEC$）[②]，从而进行稳健性检验。

（3）控制变量

为缓解模型遗漏变量所带来的内生性问题，同时也为增强模型的解释能力和论证力度，结合前文分析与已有研究，本部分在回归模型中控制了一组城市特征变量。具体而言，控制变量的选取说明如下。

人均GDP（$\ln GDPpc$）：人均GDP可以直观地反映城市的经济发展水平（包群、彭水军，2006），从而与跨区域污染形成复杂且紧密的联系。同时，为验证环境库兹涅茨曲线假说，将人均GDP的二次项（$\ln GDPpc2$）同时纳入模型。该指标使用各地级市当年GDP与同年末常

① 广义非生产性支出包括教育支出、科学技术支出、文化与传媒支出、医疗卫生支出、社会保障和就业支出以及节能环保支出等六类支出。

② 具体构造方式为：$BSNPEC = \frac{BSNPEC_{it}}{\sum_{j=1}^{n} W_{ij} BSNPEC_{jt}}$，其中，$BSNPEC$ 为广义非生产性支出竞争强度，使用地级市教科文卫社环等六类支出之和占当年一般公共预算支出的比重衡量。

住人口的比值衡量，并以 2011 年为基期进行价格调整。

外商投资实际使用金额（$\ln FDI$）：经济开放程度对跨区域污染有双向的影响。一方面，"污染避难所"假说认为，经济发展程度较低的城市为吸引流动资本，倾向于降低本地的环境规制强度，从而吸引经济发展程度较高地区因当地环境规制强度提高而被迫转出的高污染企业，从而提高了本地的污染水平；另一方面，由经济发展程度较高地区转入的企业同时带来了环境友好的生产技术和管理技术，从而降低了本地的污染程度（Eskeland and Harrison，2003）。该指标使用地级市外商投资实际使用金额衡量，并以 2011 年为基期进行价格调整。

产业结构（$\ln IS$）：化石能源的使用是污染的重要来源之一（陈诗一，2009），第二产业作为化石能源的主要消耗方，其在产业结构中的占比往往与污染水平呈正相关关系（He，2006）。本部分使用地级市第二产业增加值与当年该市生产总值的比值来衡量产业结构。

广义口径税负水平（$\ln BSTBL$）：地区税负水平会影响企业决策，使企业向税负水平较低的地区迁移，从而造成迁入地污染程度的提高（Oates and Schwab，1988）。同时，低税负水平会导致环境治理类公共物品供给不足、环境规制强度降低（Kim and Wilson，1997）等一系列问题，从而进一步加剧环境污染。税负水平的衡量方式较为丰富，本部分使用地级市税收收入与当地当年生产总值的比值这一广义口径进行衡量。

人口密度（$\ln PD$）：人类活动与人口集聚对污染物排放和环境质量会产生显著的影响（童玉芬、王莹莹，2014）。本部分使用地级市年末常住人口与地级市面积的比值来衡量人口密度。

人均道路面积（$\ln RApc$）和人均绿地面积（$\ln GSpc$）：用以衡量城市的基础设施建设程度，使用城市道路面积和绿地面积与该市当年年末常住人口的比值进行衡量。

（4）机制变量

为进一步明确支出结构对跨区域污染的影响机制，本部分引入城市绿色技术创新能力（ln*GTIC*）作为机制变量。在目前衡量绿色技术创新能力的方法中，从工艺和产品层面进行衡量以及采用 DEA 等方式计算绿色创新效率进而作为绿色技术创新的代理变量的方法均只适用于微观层面，难以推广至地区层面。有鉴于此，本部分借鉴董直庆和王辉（2019）的研究，使用绿色技术发明专利授权数作为城市绿色技术创新能力的代理变量。具体而言，使用世界知识产权组织（WIPO）所提供的绿色专利清单[①]中的绿色专利国际专利分类（IPC）编码对我国国家知识产权局公布的所有专利申请信息进行筛选，得到各地级市当年的绿色专利申请数。进一步地，使用地级市绿色发明专利和绿色实用新型专利申请数在当年该市发明专利和实用新型专利的申请总数中的占比来衡量该市的绿色技术创新能力。

（5）样本选择

本部分选取了 2011—2020 年我国 274 个地级市[②]（不包含直辖市、计划单列市以及西藏所辖各地级市）作为研究样本。在充分考虑数据可得性以及有针对性地对"十二五""十三五"两个发展阶段进行考察等一系列约束条件的基础上，尽可能将各省份所辖地级市纳入模型，以提升其对现实的拟合程度以及解释力，同时可以更好地减小样本选择偏误对本部分实证研究的影响。地级市样本分布详情见表 2-2。

---

① 世界知识产权组织网站，http：//www.wipo.int/classifications/ipc/en/est，最后访问日期：2022 年 9 月 10 日。

② 考虑到直辖市与计划单列市具有省一级的经济管理权限，并且其主要与中央政府进行财政收支权责划分。因此，直辖市与计划单列市与我国其他地级市不具有可比性，故在模型中予以剔除。

表 2-2 地级市样本分情况统计

单位：个,%

省份	地级市	比例	省份	地级市	比例
河北	11	100	湖北	12	100
山西	11	100	湖南	13	100
内蒙古	9	100	广东	21	100
辽宁	14	100	广西	14	100
吉林	8	100	海南	1	50
黑龙江	12	100	四川	18	100
江苏	13	100	贵州	6	100
浙江	11	100	云南	1	14.3
安徽	16	100	陕西	10	100
福建	9	100	甘肃	12	100
江西	11	100	青海	1	100
山东	17	100	宁夏	5	100
河南	17	100	新疆	1	50

注：海南省现辖 4 个地级市，其中，三沙市于 2012 年成为地级市，儋州市于 2015 年成为地级市，其数据并未覆盖整个研究周期（2011—2020 年），故在计算地级市样本比例时予以剔除。由此，海南省在样本期内辖 2 个地级市，本书选取一个地级市作为样本，样本比例为 50%。青海省现辖 2 个地级市，其中海东市于 2013 年成为地级市，予以剔除，故青海省的样本比例为 100%。新疆维吾尔自治区现辖 4 个地级市，其中吐鲁番市于 2015 年成为地级市，哈密市于 2016 年设市，在计算地级市样本比例时予以剔除，故样本比例为 50%。

如表 2-2 所示，除云南、新疆、海南以外，其余各省份的样本比例均为 100%。具体而言，本章选取的地级市样本数占相关省份地级市总数的比重约为 96.8%，同时，地级市样本占对应省份地级市总数比例的中位数为 100%。可见，本章所选取的地级市样本有效包含了我国绝大多数地级市，可以进一步保障实证分析结果的可靠性以及有效性。

（6）描述性统计

本部分涉及的地级市数据主要来自《中国城市统计年鉴》《中国区域经济统计年鉴》，缺失数据由对应省份统计年鉴以及地级市统计年鉴补齐。为消除异方差的影响，对所有变量取对数。本部分主要变量的描述性统计如表 2-3 所示。

表 2-3　主要变量描述性统计

符号	变量名	样本数	平均值	标准差	最小值	最大值
lnCOD	化学需氧量排放量	2740	8.011	1.301	4.099	10.360
lnAN	氨氮污染物排放量	2740	5.146	1.475	1.486	7.954
lnSO_2	二氧化硫排放量	2740	9.878	1.182	6.863	12.190
ln$PM2.5$	PM2.5 浓度	2740	3.695	0.335	2.958	4.459
lnIWW	工业废水排放量	2740	8.116	1.065	5.176	10.310
lnIWG	工业废气排放量	2740	7.135	1.006	4.030	9.100
ln$EDEC$	经济性支出竞争强度	2740	-0.587	0.383	-1.863	2.123
ln$PGEC$	公共性支出竞争强度	2740	-0.403	0.285	-1.345	1.610
ln$BSNPEC$	广义非生产性支出竞争强度	2740	-0.328	0.253	-1.261	1.480
ln$GDPpc$	人均 GDP	2740	10.710	0.549	9.441	12.020
lnFDI	外商投资实际使用金额	2740	9.850	2.082	3.912	13.530
lnPD	人口密度	2740	5.765	0.872	2.926	7.202
lnIS	产业结构	2740	0.377	0.073	0.168	0.538
ln$RApc$	人均道路面积	2740	2.794	0.414	1.474	3.657
ln$GSpc$	人均绿地面积	2740	2.407	0.962	0.367	5.067
ln$BSTBL$	广义口径税负水平	2740	0.053	0.020	0.020	0.122
ln$GTIC$	城市绿色技术创新能力	2740	0.100	0.028	0.043	0.191

2. 模型设定与识别策略

为缓解由遗漏变量导致的内生性问题，本部分使用双向固定效应模型，具体模型形式为：

$$Y_{it} = \alpha + \beta X_{it} + \theta Z_{it} + \mu_i + \tau_t + \varepsilon_{it} \tag{2-21}$$

其中，Y_{it} 为跨区域污染物排放量，即 i 地区 t 期化学需氧量排放量（lnCOD）、氨氮污染物排放量（lnAN）、二氧化硫排放量（lnSO_2）以及 PM2.5 浓度（ln$PM2.5$）；X_{it} 为解释变量，即 i 地区 t 期经济性支出竞争强度和公共性支出竞争强度；β 为本地经济性支出竞争强度和公共性支出竞争强度对跨区域污染的影响；Z_{it} 为控制变量；μ_i 和 τ_t 分别为个体固定效应和时间固定效应；ε_{it} 为服从独立同分布假设的随机扰动项。本部分的识别策略为：经济性支出竞争强度和公共性支出竞争强度对跨区域污染的影响根据 β 的符号识别，如果 $\beta<0$，则经济性支出竞争强度和公共性支出竞争强度对跨区域污染有抑制作用；如果 $\beta>0$，则经济性支出竞争强度和公共性支出竞争强度加剧了跨区域污染。

(三)实证结果及分析

1. 基准回归

表 2-4 报告了基准模型式（2-21）的回归结果，为控制可能存在的个体异质性和时间趋势，所有模型均控制个体（城市）固定效应和时间（年份）固定效应，并使用城市层面的聚类稳健标准误计算。

表 2-4　支出竞争对跨区域污染的当期影响：基准回归

变量	(1)	(2)	(3)	(4)	(5)	(6)	(7)	(8)
	lnCOD		lnAN		lnSO$_2$		lnPM2.5	
	十二五	十三五	十二五	十三五	十二五	十三五	十二五	十三五
lnEDEC	-0.135*	0.280***	-0.062	0.349**	-0.190	0.308**	-0.016	0.045**
	(-1.882)	(2.726)	(-0.599)	(2.585)	(-1.634)	(2.493)	(-0.513)	(2.026)
lnPGEC	0.149*	0.003	-0.094	-0.027	-0.426***	-0.185	0.016	-0.068**
	(1.679)	(0.016)	(-0.653)	(-0.113)	(-2.708)	(-1.001)	(0.396)	(-1.976)
控制变量	控制	控制	控制	控制	控制	控制	控制	控制
常数项	是	是	是	是	是	是	是	是
个体固定效应	控制	控制	控制	控制	控制	控制	控制	控制
时间固定效应	控制	控制	控制	控制	控制	控制	控制	控制
观测值	1370	1370	1370	1370	1370	1370	1370	1370
R^2	0.116	0.371	0.174	0.389	0.060	0.474	0.192	0.642

注：*、** 和 *** 分别表示 10%、5% 和 1% 的显著性水平；括号内为 t 值，根据城市聚类稳健标准误计算。

由表 2-4 可知，经济性支出竞争强度（lnEDEC）的增加总体上提高了城市的跨区域污染程度，这一效应在"十三五"时期（2016—2020年）更为显著。而公共性支出竞争强度（lnPGEC）的增加则总体上降低了城市的跨区域污染程度，这一效应在"十三五"时期更为显著。但总体上来讲统计显著性较低，其原因可能有以下两个方面。第一，财政支出对城市跨区域污染程度的影响可能存在滞后性，根据前文分析可知，经济性支出影响跨区域污染程度的主要路径之一为扩大生产，而扩大生产显然需要一定的建设周期才能最终对跨区域污染程度产生影响，所以当期经济性支出与当期跨区域污染程度之间的关系可能不具有统计显著性和现实意义；第二，财政支出的结构性偏向可能与城市的跨区域污染程度存在双向因果关系，进而引致内生性问题，从而对统计显著性产生影响。考虑到以上两方面因素，将经济性支出竞争强度和公共性支出竞争强度变量滞后一期，具体回归结果如表 2-5 所示。

表 2-5　支出竞争对跨区域污染的跨期影响：基准回归

变量	(1)	(2)	(3)	(4)	(5)	(6)	(7)	(8)
	lnCOD		lnAN		$lnSO_2$		lnPM2.5	
	十二五	十三五	十二五	十三五	十二五	十三五	十二五	十三五
L. lnEDEC	0.125*	0.248**	−0.032	0.343***	−0.188	0.303***	0.037*	0.041**
	(−1.715)	(−2.523)	(−0.308)	(−2.625)	(−1.463)	(−2.698)	(−1.728)	(−2.021)
L. lnPGEC	−0.149*	−0.199**	−0.113	−0.188***	−0.445***	−0.15	−0.055**	−0.062*
	(−1.689)	(−2.371)	(−0.783)	(−4.758)	(−2.771)	(−0.818)	(−2.088)	(−1.807)
控制变量	控制	控制	控制	控制	控制	控制	控制	控制
常数项	是	是	是	是	是	是	是	是
个体固定效应	控制	控制	控制	控制	控制	控制	控制	控制
时间固定效应	控制	控制	控制	控制	控制	控制	控制	控制
观测值	1096	1370	1096	1370	1096	1370	1096	1370
R^2	0.080	0.374	0.123	0.390	0.060	0.472	0.171	0.638

注：*、** 和 *** 分别表示 10%、5% 和 1% 的显著性水平；括号内为 t 值，根据城市聚类稳健标准误计算；L. 表示滞后一期。

由表 2-5 可见，滞后一期的经济性支出竞争强度（L. ln$EDEC$）与滞后一期的公共性支出竞争强度（L. ln$PGEC$）的统计显著性要整体优于当期，说明财政支出确实存在滞后效应，本章后续研究将基于滞后一期的竞争强度展开。

2. 内生性问题

经济性支出竞争强度、公共性支出竞争强度与跨区域污染物排放量之间可能存在因双向因果关系而导致的内生性问题，同时，城市的跨区域污染物排放量可能存在"滚雪球"效应，也即存在时间相关的特性，如果不对以上问题进行有效的控制，则参数估计会存在偏误。为进一步控制模型中可能存在的内生性以及时间序列相关问题，本部分建立动态面板模型，并使用系统广义矩估计（SGMM）方法对参数进行估计，其原因如下：经典的 OLS 估计在内生性的影响下会出现有偏且不一致的情况，静态空间计量模型中经典的极大似然估计（MLE）方法严格假定误差项独立且满足正态分布或泊松分布等特定分布，如果不满足，就会导致极大似然估计结果缺乏稳健性，这导致其也无法适用于动态空间自回归模型的参数估计。在这种情况下，广义矩估计（GMM）是目前较合适的估计方法，相比差分广义矩估计（Diff-GMM）固有的样本流失问题，系统广义矩估计（SGMM）是更优的解决方案。一方面，使用系统广义矩估计方法对动态空间自回归模型进行估计比用极大似然估计法估计更为有效；另一方面，系统广义矩估计可以利用既有变量的时间趋势项构造工具变量，从而免去从外部引入工具变量的工作，使其操作相较于工具变量广义矩估计（IV-GMM）方法更为简便。综上，本部分将使用 SGMM 对动态空间自回归模型进行参数估计，从而在考虑城市跨区域污染程度时间相关性的基础上对模型的内生性问题进行有效的控制，同时，基于前文对支出结构影响具有滞后性的分析结果，使用滞后一期的竞争强度进行回归。由于过多纳入工具变量会使估计不准确、存在标准误有偏等问题，本部分最高使用因变量的三阶滞后作为估计变量，且使用Collapse技术限制工具变量的数量。具体回归结果报告于表2-6。

表2-6　支出竞争对跨区域污染的跨期影响：内生性问题

变量	(1)	(2)	(3)	(4)	(5)	(6)	(7)	(8)
	$\ln COD$		$\ln AN$		$\ln SO_2$		$\ln PM2.5$	
	十二五	十三五	十二五	十三五	十二五	十三五	十二五	十三五
L. 污染物	0.317**	0.580***	-0.072	0.746***	0.516***	0.788***	0.243***	0.147***
	(2.025)	(17.966)	(-0.255)	(18.218)	(8.715)	(12.237)	(3.624)	(9.095)
$\ln EDEC$	0.419**	0.762***	-0.065	0.954***	1.146**	2.307***	1.647**	3.035***
	(1.992)	(4.018)	(-0.143)	(3.906)	(2.045)	(4.293)	(2.074)	(-3.491)
$\ln PGEC$	-1.194***	-0.892***	-3.101***	-0.924***	-0.499**	-1.168***	-0.209***	-0.335***
	(-2.743)	(-2.815)	(-2.582)	(-3.596)	(-3.418)	(-2.134)	(-4.802)	(-2.039)
控制变量	控制	控制	控制	控制	控制	控制	控制	控制
常数项	是	是	是	是	是	是	是	是
个体固定效应	控制	控制	控制	控制	控制	控制	控制	控制
时间固定效应	控制	控制	控制	控制	控制	控制	控制	控制
AR (1) -P 值	0.028	0.000	0.020	0.000	0.058	0.000	0.000	0.000
AR (2) -P 值	0.481	0.421	0.200	0.101	0.211	0.629	0.184	0.458
Hansen 检验	0.254	0.471	0.144	0.189	0.344	0.113	0.217	0.553
观测值	1072	1340	1072	1340	1072	1340	1072	1340
R^2	0.066	0.392	0.123	0.398	0.066	0.489	0.145	0.655

注：** 和 *** 分别表示5%和1%的显著性水平；括号内为 Z 值，根据城市聚类稳健标准误计算；L. 表示滞后一期。

表2-6中的 Hansen、AR（1）、AR（2）检验结果的合意条件是：Hansen 检验 P 值应为 0.1~0.25，AR（1）检验显著且 AR（2）检验不显著。此处的检验结果显示，Hansen、AR（1）、AR（2）均符合要求，表明工具变量数量恰当且参数估计的结果可靠。由表2-6可知，跨区域污染物排放量的一阶滞后项显著，说明跨区域污染物的排放存在显著的

路径依赖特征。其符号为正，则说明我国的跨区域污染物排放存在显著的棘轮效应，这一连续的、自我增强的污染势头如果不能得到有效的控制，那么我国的跨区域污染问题将越发严重。另外，该项具有良好的统计显著性也说明应将污染物的时间相关性纳入考虑范围，建立动态模型是合理的。相较于表 2-5 中所报告的基于静态面板回归得到的滞后一期的经济性支出竞争强度和公共性支出竞争强度对跨区域污染物排放量的跨期影响参数，表 2-6 中使用动态面板并采用 SGMM 估计方法所得出的结果显然具有更好的统计显著性，这表明不考虑时间相关性和内生性均有可能导致有偏的估计结果。如果要得到更为稳健的估计结果，必须同时控制内生性问题和时间相关性问题。具体而言，首先，滞后一期的经济性支出竞争强度与跨区域污染间存在正相关关系，某地提高其经济性支出竞争强度既可以增加跨区域污染物的排放，导致跨区域污染的加重，也可以直接提高以 PM2.5 浓度衡量的大气污染程度。这表明在滞后一期的时间维度内，由经济性财政支出竞争导致的经济性支出占比提高使扩大生产对污染产生的扩大效应要强于生产部门增加治污投入对污染产生的抑制效应。同时，相较于"十二五"时期，经济性支出竞争强度在"十三五"期间对跨区域污染程度有更大的影响。其次，滞后一期的公共性支出竞争强度与跨区域污染间存在负相关关系，也即某地提高其公共性支出竞争强度既可以减少跨区域污染物的排放从而抑制跨区域污染问题，也可以直接降低当地的大气污染程度（PM2.5 浓度下降）。分时期来看，从"十二五"时期到"十三五"时期，公共性支出竞争强度提高对水污染的抑制程度有所下降，但对大气污染的抑制程度则有所提高，这可能与社会公众对大气污染的敏感程度和关注程度相较于水污染更高，从而导致资源向大气污染治理领域倾斜有关。

3. 稳健性检验

为进一步增强结论的可靠性，本章进行了一系列稳健性检验，具体有以下几个方面。第一，替换被解释变量。使用总量维度的工业废水排放量（$\ln IWW$）和工业废气排放量（$\ln IWG$）作为城市跨区域污染程度的衡量指标。第二，替换解释变量。使用广义非生产性支出竞争强度（$\ln BSNPEC$）作为支出竞争的衡量指标；此外，将原经济性支出竞争强度（$\ln EDEC$）和公共性支出竞争强度（$\ln PGEC$）中空间滞后项的权重矩阵由地理邻接空间权重矩阵（WGA）替换为经济地理距离空间权重矩阵（$WEGD$），从而对地方政府间"标尺竞争"理论进行验证。第三，滞后控制变量。前文分析主要关注核心解释变量与被解释变量之间因存在双向因果关系而导致的内生性问题，而本章中的控制变量与被解释变量间可能也存在双向因果问题的影响，为排除这一影响，将控制变量滞后一期。第四，剔除特殊年份。2020年发生的新冠疫情对财政支出结构形成了冲击，同时，疫情管制客观上对生产形成了限制，从而影响了跨区域污染程度（Brodeur et al.，2021；Dang and Trinh，2021）。有鉴于此，本部分将样本期内受疫情影响显著的2020年予以剔除。第五，控制交互固定效应。在原模型控制的个体（城市）固定效应和时间（年份）固定效应的基础上，进一步加入了个体—时间（城市—年份）固定效应。以上稳健性检验所得结论的显著性和符号与前文结果基本一致，可以认为本章结论稳健。

（四）机制分析

经济性支出对跨区域污染的影响较为直观，现有研究在其机制方面已基本达成共识，即经济性支出通过流向可以较快提高经济的基础设施建设和高污染生产领域从而产生明显的跨区域污染问题。而相较于经济性支出的影响机制，公共性支出对跨区域污染的影响机制则相对模糊。

本部分认为，公共性支出通过提高城市的绿色技术创新能力进而影响跨区域污染。具体而言，第一，公共性支出中的财政科技支出对绿色技术创新的影响路径较为直观，其本质上是通过优化绿色创新资源配置，提高绿色创新效率，从而提高绿色技术创新能力。与其他生产要素类似，绿色创新要素同样具有稀缺性和流动性，它会向创新环境更友好、边际产出更高的地区流动（杨省贵、顾新，2011）。地方政府的财政科技支出能吸引绿色创新要素流入，通过集聚效应降低绿色创新成本和风险，同时通过知识溢出效应提高区域绿色创新效率，最终提高区域绿色技术创新能力。对于企业这一重要的创新主体而言，绿色技术创新因同时具有生产效率提高和生态环境友好两个维度的约束，相较于一般技术创新，研发周期更长、投入更高、风险更大，开展清洁生产技术的研发活动，在短期内难以促进企业绩效增加（谢荣辉，2017）。地方政府的科技支出可以从微观上降低企业的绿色技术研发风险（Bosetti et al.，2006），从而提高企业的绿色创新活跃度、产出以及效率，最终提高区域的总体绿色创新绩效。第二，财政教育支出通过提升人力资本水平进而对绿色创新产生积极影响（钱雪亚等，2014）。具体而言，随着财政教育支出的提高，人力资本水平提高，即人才具有更高的综合素质，这降低了绿色创新成果推广的成本，同时，人力资本通过"干中学"可以进一步推动企业绿色技术创新能力提升。第三，财政环境支出可以通过主观和客观两条路径对区域绿色技术创新能力产生影响。具体而言，财政环境支出在客观上可以通过环境保护管理、环境监测和监察等对绿色技术创新市场的失灵予以校正（唐大鹏、杨真真，2022），充分发挥财政资金的引导作用，吸引社会资本向绿色创新领域流动，通过加快区域内相应基础设施的建设，为企业开展绿色创新活动降低成本和风险；而在主观上，财政环境支出则可以充分传递政府保护环境的决心，从而增强辖区内各经济主体的环境保护意识（原毅军、孔繁彬，2015），进而引导优质人力资本向绿色创新领域流动，增强辖区内企业决策主体承担绿色技术创新风险的意愿。所以，财政环境支出可以从改善制度环境、优化资源配置等方面对辖区内绿色技术创新能力产生显著的影响。

有鉴于此，本部分使用城市绿色技术创新能力（$\ln GTIC$）指标作为机制变量，对公共性支出影响跨区域污染的机制进行分析，回归结果报告于表2-7。

表2-7 公共性支出竞争与跨区域污染：机制分析

变量	(1)	(2)	(3)	(4)	(5)	(6)	(7)	(8)	(9)	(10)
	公共性支出竞争强度对绿色技术创新能力的影响		绿色技术创新能力对城市跨区域污染程度的影响							
	$\ln GTIC$		$\ln COD$		$\ln AN$		$\ln SO_2$		$\ln PM2.5$	
	2011—2020年		十二五	十三五	十二五	十三五	十二五	十三五	十二五	十三五
$\ln PGEC$	0.059 * (1.724)									
L. $\ln PGEC$		0.075 ** (2.157)								
L. $\ln GTIC$			−0.075 *** (−2.610)	−0.231 ** (−2.061)	0.066 (1.518)	−0.328 ** (−2.557)	0.038 (1.326)	−0.267 ** (−2.204)	−0.040 *** (−3.144)	−0.063 ** (−2.113)
控制变量	控制	控制	控制	控制	控制	控制	控制	控制	控制	控制
常数项	是	是	是	是	是	是	是	是	是	是
个体固定效应	控制	控制	控制	控制	控制	控制	控制	控制	控制	控制
时间固定效应	控制	控制	控制	控制	控制	控制	控制	控制	控制	控制
观测值	2740	2466	1370	1370	1370	1370	1370	1370	1370	1370
R^2	0.064	0.088	0.117	0.369	0.163	0.386	0.060	0.466	0.192	0.633

注：*、** 和 *** 分别表示10%、5%和1%的显著性水平；括号内为 t 值，根据城市聚类稳健标准误计算；L. 表示滞后一期。

由表 2-7 中第（1）、（2）列可知，公共性支出竞争强度（lnPGEC）的提高推动了城市绿色技术创新能力的提高，且滞后一期的公共性支出竞争强度（L.lnPGEC）对于城市绿色技术创新能力有更大的边际效用，其统计显著性也更高，说明公共性支出竞争强度对城市绿色技术创新能力的影响存在一定的时间滞后性。由第（3）~（10）列可知，滞后一期的城市绿色技术创新能力（L.lnGTIC）总体上降低了城市的跨区域污染程度，且相较于"十二五"时期，"十三五"时期绿色技术创新能力有更强的污染抑制作用。其原因可能在于：首先，我国一直以来在科教领域的大量投入在社会平均知识水平和人力资本积累方面的效果开始显现，从而一方面显著增强了全社会绿色创新能力和意识，另一方面也降低了绿色技术创新的推广成本，进而促进了绿色技术创新能力的提高，最终增强了对跨区域污染的治理效果；其次，我国始终坚持开放，使市场环境得到改善。王惠等（2016）研究发现，市场环境的成熟度与地区绿色创新效率的提高显著正相关，成熟的市场环境形成了完善的退出机制，逐渐淘汰市场中高污染、低绿色创新水平的企业，从而不断提高整个市场的绿色技术创新水平。综上，绿色技术创新能力的提高是我国公共性支出竞争强度影响跨区域污染程度的重要机制。

（五）进一步讨论

根据前文分析可知，经济性支出通过扩大生产等方式整体上提高了城市的跨区域污染程度，从而加剧了整体的跨区域污染，而地方政府间的公共性支出竞争则通过提高城市的绿色技术创新能力抑制了跨区域污染程度，从而对跨区域污染产生了抑制作用。在明确不同类型的支出竞争对跨区域污染影响效应的基础上，仍需考察的一个问题是，地方政府间存在怎样的策略互动形式。如果地方政府间经济性支出竞争存在相互增强的逐顶竞争形式，这显然对跨区域污染形成了不利的叠加效应，而如果地方政府间存在良好的逐顶公共性支出竞争，则有利于跨区域污染治理成果的扩大。因此，本部分借鉴 Fredriksson 和 Millimet（2002）提出的非对称反应模型，对我国横向支出竞争的具体形式进行分析，模型如式（2-22）所示。

$$y_{it} = \varphi_0 + \varphi_1 I_{it} W y_{it} + \varphi_2 (1 - I_{it}) W y_{ijt} + \beta X_{it} + \mu_i + v_t + \varepsilon_{it} \qquad (2\text{-}22)$$

$$I = \begin{cases} 1, & W y_{i,t-1} > W y_{it} \\ 0, & W y_{i,t-1} < W y_{it} \end{cases}$$

其中，y_{it} 即被解释变量，为 t 年 i 地级市的经济性支出竞争强度或公共性支出竞争强度；X_{it} 为控制变量；W 为空间权重矩阵。I 是虚拟变量，其定义方式为：当 $W y_{i,t-1} > W y_{it}$ 时 $I = 1$，也即与本地级市空间相关的地级市上一期的同类支出竞争强度低于本期支出竞争强度时，该项赋值为 1，此时 φ_1 即为逐底竞争系数；当 $W y_{i,t-1} < W y_{it}$ 时 $I = 0$，也即与本地级市空间相关的地级市上一期的同类支出竞争强度高于本期支出竞争强度时，该项赋值为 0，此时 φ_2 为逐顶竞争系数。本模型的识别策略为：先比较显著程度，如果 φ_1 显著而 φ_2 不显著，那么地级市间存在以逐底竞争为模式的经济性支出竞争或公共性支出竞争策略互动，反之，则存在以逐顶竞争为模式的经济性支出竞争或公共性支出竞争策略互动。如果 φ_1、φ_2 均显著，则转而比较其系数绝对值大小。若 φ_1 系数的绝对值大于 φ_2 系数的绝对值，那么虽然本地的经济性支出竞争或公共性支出竞争策略同时受空间相关地级市逐顶和逐底倾向的影响，但是受逐底倾向影响的强度大于受逐顶倾向影响的强度，所以此时依然可以说明地级市间存在逐底的经济性支出竞争或公共性支出竞争。反之，如果 φ_1 系数绝对

值小于 φ_2 系数绝对值，则表明地级市间存在逐顶的经济性支出竞争或公共性支出竞争。

　　表 2-8 中的第（1）列和第（4）列是所有城市的支出竞争模式情况，总体来看，地级市间经济性支出竞争存在显著的逐顶倾向，而公共性支出竞争则呈现显著的逐底倾向。根据前文的分析，逐顶的经济性支出竞争在短期内有利于经济的增长，但也导致了跨区域污染问题的恶化，跨区域污染问题将在长期对经济增长产生负面作用，地级市间单纯以经济性支出进行竞争的模式虽然在短期内可能对经济有较为明显的促进作用，但不利于经济发展方式的转型，且这一粗放的外延型经济增长方式会进一步激化经济增长和跨区域污染治理之间的矛盾。而公共性支出竞争则表现出显著的逐底倾向，根据前文给出的公共性支出竞争通过提高城市绿色技术创新能力进而抑制跨区域污染的机制，这一逐底倾向显然不利于跨区域污染的治理。更为重要的是，逐底的公共性支出竞争不利于城市绿色技术创新能力的提升，这一提升不仅在于其"绿色"属性对跨区域污染的治理作用，更在于其"创新"属性对地级市经济发展方式转型和经济高质量发展的作用。进一步地，对支出竞争模式的影响因素进行分析，财政支出与地方经济发展程度显著相关。有鉴于此，本部分将样本期内地级市按经济发展程度分为高发展程度城市和低发展程度城市，具体划分方式为：如果本地级市当年人均 GDP 大于等于当年所有地级市样本人均 GDP 的平均值，则该城市为高发展程度城市，反之则为低发展程度城市。为了选择"一贯的"高发展程度城市，选择起始的 2011 年、结束的 2020 年以及中间的 2015 年共三年作为典型年份，对高发展程度地级市与低发展程度地级市分组，其中，高发展程度地级市组为在 2011 年、2015 年以及 2020 年均为高发展程度的城市集合，反之则归入低发展程度地级市组。

表 2-8 支出竞争与跨区域污染：竞争方向分析

变量	(1)	(2)	(3)	(4)	(5)	(6)
	经济性支出竞争			公共性支出竞争		
	总体	高发展程度地级市	低发展程度地级市	总体	高发展程度地级市	低发展程度地级市
逐顶倾向	-1.528 ***	-1.496 ***	-1.945 ***	-1.432 ***	-1.834 ***	-1.773 ***
	(-18.092)	(-13.542)	(-10.070)	(-17.955)	(-6.612)	(-4.265)
逐底倾向	-1.502 ***	-1.347 ***	-1.583 ***	-1.457 ***	-1.807 ***	-1.829 ***
	(-17.684)	(-13.125)	(-7.723)	(-20.168)	(-3.309)	(-4.107)
控制变量	控制	控制	控制	控制	控制	控制
常数项	是	是	是	是	是	是
个体固定效应	控制	控制	控制	控制	控制	控制
时间固定效应	控制	控制	控制	控制	控制	控制
观测值	2740	870	1870	2740	870	1870
R^2	0.558	0.667	0.629	0.610	0.436	0.367

注：*** 表示 1% 的显著性水平；括号内为 t 值，根据城市聚类稳健标准误计算。

表 2-8 中的第 (2)、(3) 列报告了发展程度异质性视角下地级市的经济性支出竞争强度，第 (5)、(6) 列则报告了发展程度异质性视角下地级市的公共性支出竞争强度。可见，对于经济性支出竞争强度而言，不论是高发展程度地级市还是低发展程度地级市，都存在显著的逐顶倾向，但低发展程度地级市的逐顶竞争绝对强度要高于高发展程度地级市（1.945>1.496），也即低发展程度地级市有更激烈的逐顶竞争倾向。而在公共性支出竞争中，高发展程度地级市与低发展程度地级市出现了方向性的区别，高发展程度地级市呈现出显著的逐顶倾向，而低发展程度地级市则存在逐底倾向，且其逐底倾向高于全国样本的逐底倾向（1.829>1.457）。

从城市层面来看，高发展程度地级市有着相对较弱的经济性支出逐顶倾向和显著的公共性支出逐顶倾向，而低发展程度地级市则有着更为显著的经济性支出逐顶倾向和公共性支出逐底倾向。两相比较可以得出，低发展程度地级市相较于高发展程度地级市，其支出竞争的结构合理性较差，短期内可能保持一定的经济发展速度，但滞后的公共性支出导致公共物品和公共服务的供给不足，可能导致跨区域污染治理的效果不显，进而导致资本和人才流失，使地方经济发展方式难以向高质量发展方向转型，从而激化经济发展和跨区域污染治理的长期矛盾。此种模式长期发展则积重难返，最终导致跨区域污染恶化和经济发展失速。其可能有以下原因：经济发展程度高的城市，一般而言具有较高的市场化程度和城市化程度，或具有较好的资源禀赋，这使得地方政府官员可以将关注点更多地转移至跨区域污染治理等公共服务方面，进而获得经济增长和环境保护的双重政绩。而经济发展程度较低的地级市面临的首要问题是经济增长，也即"吃饱饭"的问题，所以地方政府官员无暇关注经济发展之外的事务，较低的经济发展程度也限制了地方的可支配财政收入，地方政府需要将有限的财政资金向优先度更高的方面倾斜，从而不得不弱化对本地跨区域污染物排放量的关注。同时，地方政府为了保障财政收入，倾向于对本地企业进行政治庇护，也即为了保证本地企业在市场竞争中获得竞争优势，地方政府倾向于通过降低本地的环境规制强度（如降低跨区域污染物的排放标准，或降低环境督察的强度等）来降低本地企业的生产成本，提升企业的竞争力。企业对本地的税收贡献度越高，越易受到当地政府的"特殊照顾"。

在基于结构视角对我国横向支出竞争进行考察的基础上，我国经济发展程度较高的地级市已经出现了经济增长和跨区域污染治理有机结合的支出竞争模式，这有利于其向经济高质量绿色增长的道路转型，不仅可以有效地对域内的跨区域污染物排放形成有效的抑制，进而为跨区域污染治理做出显著贡献，同时也可以促进经济的进一步发展。但经济发展程度较低的地级市仍然无法调和经济增长和跨区域污染治理之间的矛盾，对于这些城市，治理跨区域污染"非不为也，实不能也"。不是这些地方不想要"绿水青山"，是现实情况尤其是经济发展情况不允许。这一结论不仅揭示了经济发展程度低是扭曲我国地方政府支出竞争模式、阻碍跨区域污染治理的重要原因。更为重要的是，它提示我们可以从经济层面入手，通过建立长效的横向资金、技术和人才的转移模式，对地方政府尤其是低发展程度城市的地方政府的行为予以校正，只有解决了其后顾之忧，才能从根本上扭转其行为模式，最终对跨区域污染形成长期有效的治理，使我国走上绿色高质量发展道路。

二 环境支出竞争、策略互动对跨区域污染治理的影响

我国现有的环境治理模式仍以属地治理为主，即地方政府对本辖区内的污染进行治理，并为之负责。但跨区域污染的复杂性及生态环境的整体性使得区域生态环境问题逐渐超出行政区政府的治理意愿和能力，需要政府间协同共治。跨区域污染协同治理的重点在于明确划分地方政府间横向事权与支出责任。自党的十八大以来，事权与支出责任的划分就是改革的重中之重，生态环境领域的权责划分改革是整体改革的重要政策领域。国务院办公厅于 2020 年发布《生态环境领域中央与地方财政事权和支出责任划分改革方案》[①]，对财政事权与支出责任进行了明确划分，但该文件对权责的划分以纵向维度为主，缺乏横向维度的划分。生态环境领域的权责划分改革局限于纵向维度，限制了我国跨区域污染治

---

① 《国务院办公厅关于印发生态环境领域中央与地方财政事权和支出责任划分改革方案的通知》（国办发〔2020〕13 号），中国政府网，http://www.gov.cn/zhengce/content/2020-06/12/content_5519063.htm，最后访问日期：2022 年 9 月 10 日。

理工作的进一步推进。厘清地方政府间横向支出责任是当下跨区域污染治理中亟待解决的关键问题。财政环境支出与污染的外溢性导致地方政府间存在财政环境支出策略互动行为，这扭曲了横向支出责任，进一步加大了划分横向权责的难度。明确地方政府间财政环境支出策略互动的具体形式，不仅对于准确把握财政环境支出这一重要治污政策的效果是必要的，而且对于进一步明确跨区域污染治理中的横向权责、建立科学的协同治理机制也是至关重要的。有鉴于此，本部分从空间视角出发，对财政环境支出和地方政府策略互动对跨区域污染的治理效应进行分析，在此基础上，对跨区域污染治理中横向事权与支出责任划分以及协同治理机制建设提出针对性的建议。这对于深化我国政府间财政关系改革、更好地发挥财政对生态文明建设的支撑作用均具有重要意义。

本部分研究可能存在的边际贡献有以下几点。首先，使用 Han-Phillips 广义矩估计（HP-GMM）的参数估计方法，对动态空间面板杜宾模型中存在的内生性问题、空间相关问题同时进行控制，从而得到更为稳健的估计结果。其次，分析地方政府间环境支出策略互动的现状和影响因素，从而将分析重点由现有研究的"被动分析效应"转向"主动匡正竞争"。具体而言，本章深化了有关分析，明确了地方政府行为及其约束条件，从而有针对性地对过度的、非理性的竞争形式进行协调，从根本上为跨区域污染的治理提供理论依据和现实切入点。最后，结合我国支出和预算等方面的现实情况，重点考察地方政府间财政环境支出的跨期策略互动而非同期策略互动，在更有针对性的分析基础上得出了更具现实意义的研究结论。

（一）实证设计

1. 变量选取与数据来源

本部分选取财政环境支出（lnEE）作为解释变量，用各地级市财政环境支出来衡量,并取对数以消除异方差的影响。同样使用 2007 年 1 月 1 日起实施的《政府收支分类改革方案》[①] 中增设的"211 节能环保支出"科目作为解释变量的口径。进一步地,使用人均财政环境支出($\ln AEE$)进行稳健性检验。为保证本部分研究结果的一贯性和可比性,被解释变量和控制变量的选择及衡量方式与本章第一部分相同,变量的描述性统计报告于表 2-9。

表 2-9　主要变量描述性统计

符号	变量名	样本数	平均值	标准差	最小值	最大值
$\ln COD$	化学需氧量排放量	2740	8.011	1.301	4.099	10.360
$\ln AN$	氨氮污染物排放量	2740	5.146	1.475	1.486	7.954
$\ln SO_2$	二氧化硫排放量	2740	9.878	1.182	6.863	12.190
$\ln PM2.5$	PM2.5 浓度	2740	3.695	0.335	2.958	4.459
$\ln IWW$	工业废水排放量	2740	8.116	1.065	5.176	10.310
$\ln IWG$	工业废气排放量	2740	7.135	1.006	4.030	9.100
$\ln EE$	财政环境支出	2740	11.272	0.817	9.308	13.392
$\ln AEE$	人均财政环境支出	2740	5.378	0.707	4.137	6.644
$\ln GDPpc$	人均 GDP	2740	10.710	0.549	9.441	12.020
$\ln FDI$	外商投资实际使用金额	2740	9.850	2.082	3.912	13.530
$\ln PD$	人口密度	2740	5.765	0.872	2.926	7.202
$\ln IS$	产业结构	2740	0.377	0.073	0.168	0.538
$\ln RApc$	人均道路面积	2740	2.794	0.414	1.474	3.657
$\ln GSpc$	人均绿地面积	2740	2.407	0.962	0.367	5.067
$\ln BSTBL$	广义口径税负水平	2740	0.053	0.020	0.020	0.122

[①]《财政部关于印发政府收支分类改革方案的通知》(财预〔2006〕13 号),财政部网站,http://www.mof.gov.cn/gkml/caizhengwengao/caizhengbuwengao2006/caizhengbuwengao20062/200805/t20080519_ 23693.htm,最后访问日期:2022 年 9 月 10 日。

2. 空间相关性检验

莫兰检验（Moran's I Test）[1] 是由 Moran 在 1950 年提出的一种针对全域空间自相关的检验，Moran's I 统计量也是目前应用最广泛的空间自相关统计量。其取值范围在-1 和 1 之间，Moran's I 符号为正，则为正向空间自相关，其值越接近 1，其正向自相关程度越显著，也即空间集聚；若其符号为负，则为负向空间自相关，且值越接近-1，则负向自相关程度越显著，也即空间分散；若为零，则代表空间随机分布，即不存在空间自相关。表 2-10 为财政环境支出考察期内的 Moran's I 检验结果，所有年度结果均通过了 1% 的显著性检验，且 Moran's I 值均为正，意味着我国地级市层面财政环境支出在空间上有显著的空间集聚效应，这违背了经典的空间独立假设，支持本部分使用空间计量工具进行研究。

表 2-10 财政环境支出 Moran's I 检验结果

年份	Moran's I	Z 值	P 值
2011	0.133	3.462	0.001
2012	0.155	4.032	0.000
2013	0.095	2.499	0.013
2014	0.108	2.818	0.005
2015	0.110	2.876	0.004

---

[1] 莫兰检验是一种空间自相关检验，所谓空间自相关是指某一空间单元的某个属性值或者一个变量的观察值与相邻空间单元的某个属性值或某个变量的观察值非常相似甚至相同，这种在地理空间上相互邻近的空间单元的某个属性值或某个变量的观察值表现出的相似性，指示其中可能存在空间依赖性，这些与空间位置有关的属性值或者变量的观察值之间存在相似的现象被称为空间自相关（Spatial Autocorrelation）。而判断空间依赖性和检验这些与空间位置有关的属性值或者变量的观察值之间的相似现象被称为空间自相关检验（Spatial Autocorrelation Test）。莫兰检验包括全局莫兰检验（Global Moran's I Test）以及局部莫兰检验（Local Moran's I Test）。前者由 Moran 于 1950 年提出，后者由 Anselin 于 1995 年对 Moran's I 统计量进行修正后提出。本书中出现的莫兰检验均为全局莫兰检验。

年份	Moran's I	Z 值	P 值
2016	0.074	1.970	0.049
2017	0.144	3.753	0.000
2018	0.134	3.493	0.001
2019	0.075	2.006	0.045
2020	0.122	3.178	0.002

3. 空间权重矩阵的设定

空间权重矩阵是空间计量经济学中最重要、最核心的元素，其本质上是一种近似的、数量化模拟地理空间结构的方法。具体而言，空间权重矩阵量化了地理空间中单元 i 对单元 j 的相对空间位置和空间交互影响。但遗憾的是，至今没有任何经济学理论、区域科学理论或者计量经济学的统计检验方法可以用来判断空间权重矩阵的设定问题（姜磊，2020）。空间权重矩阵的优势在于它是外生的，而它最大的缺点是只能预先设定空间权重矩阵，而无法对其进行判定（Leenders，2002；Elhorst，2010）。所以，对空间权重矩阵的选择应小心谨慎（Anselin，1988a）。有些学者如 Bodson 和 Peeters（1975），尝试引入更多参数以构造更贴合某一特定现实的、特殊的空间权重矩阵。但这样的过度设定导致原本外生的空间权重矩阵不再具有强外生性，甚至存在潜在的伪回归问题[①]。

虽然在当下的空间计量研究中，流行的空间权重矩阵有五六种，但应根据所研究的问题选择合适的空间权重矩阵，盲目堆砌使用会导致结论偏误甚至失真。跨区域污染领域内，既有研究对空间权重矩阵的选择大体有两个方向，即通过使用地理邻接空间权重矩阵或地理距离空间权

---

① 伪回归问题（Spurious Regression）是指变量之间不存在任何具有现实意义的关系，而回归结果的统计检验却给出统计意义上"相关"的现象。

重矩阵对空间个体间地理维度的距离进行刻画，或通过使用经济距离矩阵对空间客体之间的"经济发展程度"进行考察。在分析财政政策对跨区域污染的影响问题时，使用基于地理距离的空间权重矩阵是必要的，因为污染物的空间外溢性以及政策的空间外溢性均对地理距离敏感。从本质上讲，地理邻接空间权重矩阵与地理距离空间权重矩阵都是基于空间个体间物理距离构造的，属于同一类矩阵。由于污染的外溢程度与空间距离显著相关，这样的空间矩阵设定是合理的。本章选择使用地理邻接空间权重矩阵分析地理距离的影响，其原因在于我国东中部省份的地级市与西部省份的地级市存在显著的空间结构差异①，东中部省份的地级市面积要普遍小于西部省份的地级市面积②。在这种情况下，使用地理距离空间权重矩阵衡量空间交互效应，显然受到行政区划面积差异的影响，进而对实证研究的结果产生一定程度的扭曲。有鉴于此，本节使用地理邻接空间权重矩阵对地理维度的空间相关关系进行分析。

此外，财政政策同时也受到经济发展程度的影响，如横向财政竞争策略互动的双方在决策中受到财政预算约束的影响，而财政预算约束显然和当地经济发展程度存在强相关关系。故此，应将地方政府间的经济发展程度纳入空间权重矩阵的考量范围。但如果单纯地在地理距离空间权重矩阵之外使用经济距离矩阵对地方政府的政策策略进行研究，可能

---

① 依照国家统计局对我国东部、中部、西部以及东北地区的划分，将东北地区视作东部地区后，东部地区包括北京、天津、河北、上海、江苏、浙江、福建、山东、广东、海南、辽宁、吉林和黑龙江 13 个省份；中部地区包括山西、安徽、江西、河南、湖北和湖南 6 个省份；西部地区包括内蒙古、广西、重庆、四川、贵州、云南、西藏、陕西、甘肃、青海、宁夏和新疆 12 个省份。

② 如东中部省份中的湖北省鄂州市，面积约 1504 平方公里；福建省厦门市，面积约 1699 平方公里；广东省珠海市，面积约 1711.24 平方公里。西部省份中的西藏自治区那曲市，面积约 43 万平方公里；内蒙古自治区呼伦贝尔市，面积约 26.3 万平方公里；甘肃省酒泉市，面积约 19.2 万平方公里。

会存在两处不妥。其一，同时选取多个不同形式的空间权重矩阵可以视为稳健性检验在空间计量经济学中在某种意义上的应用，在研究问题和数据对空间权重矩阵不敏感时，这样的研究方法给出了更多对现实的解释。但是如果研究的问题对空间权重矩阵敏感，则极有可能出现不同矩阵设定下不同研究结论的情况，尤其当结论出现完全相悖的情况时，这不但降低了模型的解释效力，也削弱了整体研究的现实意义。其二，经济距离矩阵对空间个体间关系的定义只考虑了经济层面，忽略了地理距离因素，也即单纯地将发展程度相近的两地赋予高权重。这样的空间结构设定顾此失彼，无法全面研究问题。基于以上考虑，本部分选择使用同时表示地理邻近与经济邻近关系的空间权重矩阵，这样所得研究结果既考虑了污染的距离敏感性，又考虑了地方政府之间经济发展程度差异对财政竞争策略互动的影响，还尽可能避免了对空间权重矩阵过度设定可能引起的伪回归问题。综上，本部分将使用地理邻接空间权重矩阵（WGA）进行基准回归分析，使用经济地理距离空间权重矩阵（$WEGD$）进行稳健性检验。

（1）地理邻接空间权重矩阵（WGA）

若两地区有共同边界，则赋值为 1；否则为 0。地理邻接空间权重矩阵表达式为：

$$WGA = \begin{cases} 1, \text{两地区存在共同边界} \\ 0, \text{两地区不存在共同边界} \end{cases} \tag{2-23}$$

（2）经济地理距离空间权重矩阵（$WEGD$）

本部分认为，经济联系紧密，或发展程度相近的地区之间会产生更强的地方政府策略相关性，且这种相关性随距离衰减，也即距离相近且发展程度相同的地区之间有更强的财政政策行为模式相关性。据此，本部分将地理距离和经济距离相乘，构建了经济地理距离空间权重矩阵，其表达式为：

$$WEGD = \begin{cases} \dfrac{1}{\left| \overline{GDP_i} - \overline{GDP_j} \right|} \times \dfrac{1}{DIS_{ij}^2}, i \neq j \\ 0, i = j \end{cases}$$

（2-24）

其中，$\overline{GDP_i}$ 是 i 地区 2018 年的人均 GDP，DIS_{ij}^2 是 i、j 两地区行政中心间直线距离的平方。

4. 模型形式与识别策略

使用空间杜宾模型作为空间计量经济学实证研究的起点得到了学界的普遍支持（LeSage and Pace，2009）。该模型有诸多的优势：首先，Greene（2007）指出，空间杜宾模型包含了因变量的空间滞后项 Wy 和自变量的空间滞后项 Wx，这样的设定与现实中多数情况相符；其次，虽然空间杜宾模型不包含误差项的空间滞后项 $W\varepsilon$，而且即便出现了对误差项空间滞后项的忽略，也只会造成一些效率的损失，这相比于忽略自变量和因变量的空间滞后项所可能造成的遗漏偏误问题，几乎可以忽略不计，因为此时估计量虽不是有效的，但仍然具有一致性。也就是说，即使使用了空间杜宾模型对数据的真实生成过程以及除一般嵌套空间模型之外的其他空间回归模型进行分析，其结果仍然是无偏的，所谓"错误设定"的代价仅仅是一些效率的损失。此外，从本部分所研究的特定事实出发，本部分研究的现实问题包含对异质性污染物的空间外溢效应与财政环境支出的空间效应的讨论，使用的模型是包含了因变量和自变量空间滞后项的空间计量模型。综上，本部分决定使用空间杜宾模型来进行研究，使用 LM 检验从统计角度辅助选择模型形式，检验结果报告于表 2-11。

表 2-11 LM 检验结果

指标	水污染		大气污染	
	化学需氧量	氨氮污染物	二氧化硫	PM2.5
LM-error	621.259***	737.770***	569.242***	691.135***
Robust-LM-error	529.919***	536.062***	511.050***	662.365***
LM-lag	109.852***	217.844***	79.400***	37.554***
Robust-LM-lag	18.512***	16.135***	21.208***	8.784***

注：*** 表示1%的显著性水平。

LM 检验结果在各模型设定情况下均显著，即支持将模型形式设定为空间杜宾模型。

空间面板数据模型包含固定效应和随机效应问题，通常来讲，如果用于推断的样本几乎是总体，那么应选择固定效应模型。若以随机抽样样本对总体进行推断，则应使用随机效应模型。这是模型形式选择的理论因循。目前空间计量经济研究中普遍倾向于使用固定效应模型，因为如果进行样本抽取，则很难构建空间权重矩阵以描述空间相关关系。本部分样本是全国 274 个地级市，用以研究全国性问题，故样本近似总体。所以从理论上来讲，本部分所研究的问题支持使用固定效应模型。此外，对于固定效应模型或随机效应模型的选择有相应的统计检验，即 Hausman 检验。本节 Hausman 检验的结果指向固定效应模型，这与理论推断相同。综上，基于理论推断与统计检验，本节选择固定效应模型。

进一步地，本节使用 LR 模型对空间杜宾模型的稳健性进行检验，结果报告于表 2-12。

表 2-12　LR 检验结果

指标	水污染		大气污染	
	化学需氧量	氨氮污染物	二氧化硫	PM2.5
LR-SAR	85.14***	127.33***	140.38***	99.51***
LR-SEM	403.37***	460.41***	519.59***	474.83***

注：*** 表示 1% 的显著性水平。

可见，所有情况下 LR 检验结果均显著拒绝了"空间杜宾模型可以简化为空间滞后模型"和"空间杜宾模型可以简化为空间误差模型"两种假设，统计检验佐证了前述理论分析。综上，本部分基于所研究的现实情况，决定使用空间杜宾模型进行进一步研究。本部分选择双向固定空间杜宾模型，模型具体形式为：

$$\ln y_{it} = \alpha_1 + \rho_1 \sum_{j=1}^{n} W_{ij} \ln y_{jt} + \beta_1 \ln EE_{it} + \beta_2 \ln Z_{it} + \theta_1 \sum_{j=1}^{n} W_{ij} \ln EE_{jt} + \theta_2 \sum_{j=1}^{n} W_{ij} \ln Z_{jt} + \mu_{1i} + \lambda_{1t} + \varepsilon_{1it}$$

$$(2-25)$$

$$\ln PM2.5_{it} = \alpha_2 + \rho_2 \sum_{j=1}^{n} W_{ij} \ln PM2.5_{it} + \beta_3 \ln EE_{it} + \beta_4 \ln Z_{it} + \theta_3 \sum_{j=1}^{n} W_{ij} \ln EE_{jt} + \theta_4 \sum_{j=1}^{n} W_{ij} \ln Z_{jt} + \mu_{2i} + \lambda_{2t} + \varepsilon_{2it}$$

$$(2-26)$$

其中，$\ln y_{it}$ 和 $\ln PM2.5_{it}$ 分别为 i 地区 t 期跨区域污染物排放量和 PM2.5 浓度指标；$\ln EE_{it}$ 为 i 地区 t 期财政环境支出；Z_{it} 为控制变量；ρ_1 和 ρ_2 分别为跨区域污染物排放量和 PM2.5 浓度的空间溢出系数；β_1 和 β_3 分别为本地财政环境支出对本地跨区域污染物排放量和 PM2.5 浓度的影响；β_2 和 β_4 分别为本地控制变量对本地跨区域污染物排放量和 PM2.5 浓度的影响；θ_1 和 θ_3 分别为空间相关的地区财政环境支出对本地跨区域污染物排放量和 PM2.5 浓度的影响；θ_2 和 θ_4 分别为空间相关的地区控制变量对跨区域污染物排放量和 PM2.5 浓度的影响；W_{ij} 为空间权重矩阵 W 中的非负权数；μ_{1i} 和 μ_{2i} 为个体固定效应；λ_{1t} 和 λ_{2t} 为时间固定效应；ε_{1it} 和 ε_{2it} 为服从独立同分布假设的随机扰动项。进一步地，按上节叙述的原理对空间杜宾模型进行分解，从而对自变量的空间交互效应进行分析。

虽然空间杜宾模型可以直接估计出自变量及其空间滞后项的系数，但是数值大小却并非对被解释变量的偏效应，如果直接使用这些系数来描述空间交互效应有可能得出错误的结论。可以通过求偏微分的方式，将影响进一步分解为直接效应和间接效应，以分析自变量的空间交互效应，其分解原理为先将经典空间杜宾模型转化为式（2-27）。

$$y = (I-\rho W)^{-1}(X\beta+WX\theta)+(I-\rho W)^{-1}\varepsilon \tag{2-27}$$

式（2-27）中，$(I-\rho W)^{-1}$ 即空间乘子矩阵（Spatial Multiplier Matrix）。进一步求解释变量关于第 k 个解释变量的偏微分，可得：

$$\left[\frac{\partial y}{\partial x_{1k}},\cdots,\frac{\partial y}{\partial x_{nk}}\right] = \begin{bmatrix} \frac{\partial y_1}{\partial x_{1k}} & \frac{\partial y_1}{\partial x_{2k}} & \cdots & \frac{\partial y_1}{\partial x_{nk}} \\ \frac{\partial y_2}{\partial x_{1k}} & \frac{\partial y_2}{\partial x_{2k}} & \cdots & \frac{\partial y_2}{\partial x_{nk}} \\ \vdots & \vdots & & \vdots \\ \frac{\partial y_n}{\partial x_{1k}} & \frac{\partial y_n}{\partial x_{2k}} & \cdots & \frac{\partial y_n}{\partial x_{nk}} \end{bmatrix} = (I-\rho W)^{-1} \begin{bmatrix} \beta_k & w_{12}\theta_k & \cdots & w_{1n}\theta_k \\ w_{21}\theta_k & \beta_k & \cdots & w_{2n}\theta_k \\ \vdots & \vdots & & \vdots \\ w_{n1}\theta_k & w_{n2}\theta_k & \cdots & \beta_k \end{bmatrix}$$

$$\tag{2-28}$$

在式（2-28）中，右端矩阵中主对角线元素平均值即被定义为第 k 个解释变量分解后的空间直接效应；而该矩阵中主对角线元素以外所有元素平均值即为第 k 个解释变量偏效应分结构的空间间接效应。

对于模型结果中的空间直接效应、空间间接效应和空间总效应的意义，此处以邻接状态（若两区域存在公共边界则赋值为 1，否则为 0）的空间权重矩阵为例进行解释。空间直接效应为某个地区自变量的变动导致自身因变量的改变，即在第 t 年第 k 个解释变量在第 i 个地区出现一单位变动对第 i 个地区的被解释变量 y_{it} 的平均影响。它可以分为两条影响路径：一是自变量对本地区因变量的直接影响，二是自变量影响空间相关地区因变量后进一步出现的反馈效应。这一反馈效应的量是自变量回归系数和其直接效应回归系数之差。间接效应就是解释变量的空间溢出效应，即与第 i 个地区相邻的每个地区中第 k 个解释变量发生一单位变动，通过溢出效应对第 i 个地区被解释变量 y_{it} 的平均影响。其有两条作用路径：一是空间相关地区自变量变动对本地因变量产生的影响；二是空间相关地区自变量变动引致自身因变量的变动，进而影响本地因变量。在不考虑诱发效应时，第 k 个解释变量的总效应等于其直接效应与间接效应的和。

本部分的识别策略为：财政环境支出的直接治污效应根据 β_1 和 β_3 的符号识别。如果 $\beta<0$，则财政环境支出对跨区域污染物排放量和 PM2.5 浓度有抑制作用；如果 $\beta>0$，则财政环境支出的提高增加了跨区域污染物排放量和 PM2.5 浓度。而地方政府间财政环境支出策略互动行为则根据 ρ_1 和 ρ_2、θ_1 和 θ_3 共同识别。具体识别策略为：当 ρ_1 和 ρ_2 不显著时，如果 θ_1 和 θ_3 显著，则地方政府间存在财政环境支出策略互动行为，进一步地，若 θ_1 和 θ_3 显著且为正，则地方政府间策略互动的具体形式为策略互补。本部分对地方政府间策略互动的识别基于 ρ_1 和 ρ_2 不显著这一条件，这是因为当模型显示出财政环境支出空间效应显著，即 θ_1 和 θ_3 显著时，严格的结论是"相邻地区的财政环境支出变动对本地区跨区域污染物排放量产生了影响"。现有文献大多将这一结论扩展成"财政环境支出存在策略互动"，本部分认为这样的扩展是不恰当的。由于财政环境支出和污染均具有空间相关性，"相邻地区的财政环境支出变动对本地区跨区域污染物排放量产生了影响"这一结论背后有两条逻辑进路：一是相邻地区财政环境支出变动，通过污染的空间相关性对本地污染产生影响；二是相邻地区财政环境支出变动，通过影响本地财政环境支出进而对本地污染产生影响。后者才确实给出了地方政府间存在策略互动的证据。

（二）实证结果及分析

1. 基准回归

当模型仅包含自变量的空间交互效应 WX 时，使用 OLS 估计是可行的。但当模型存在空间自相关误差项时，OLS 估计的参数虽然是无偏的，但无效。此外，如果模型存在因变量的空间滞后项，则 OLS 估计量不仅有偏而且不一致。在这种情况下，Anselin（1988b）推荐使用极大似然估计（MLE）方法，因为对以上情况使用 MLE 法进行估计可以得到一致估计量。有鉴于此，本部分对模型使用极大似然估计方法进行估计，为控制可能存在的个体异质性和时间趋势，所有模型均控制个体（城市）固定效应和时间（年份）固定效应，并使用城市层面的聚类稳健标准误计算，结果报告于表 2-13。

表 2-13　财政环境支出空间治污效应：基准回归

变量	(1)	(2)	(3)	(4)	(5)	(6)	(7)	(8)
	ln*COD*		ln*AN*		ln*SO*$_2$		ln*PM*2.5	
	十二五	十三五	十二五	十三五	十二五	十三五	十二五	十三五
ln*EE*	-0.041	-0.007	-0.070 **	-0.047 *	-0.093 ***	-0.049 **	-0.002	-0.003
	(0.026)	(0.025)	(0.028)	(0.028)	(0.024)	(0.023)	(0.004)	(0.004)
$W \times$ln*EE*	-0.119 ***	-0.198 ***	-0.173 ***	-0.284 ***	-0.322 ***	-0.313 ***	-0.058 ***	-0.020 **
	(0.043)	(0.058)	(0.045)	(0.066)	(0.038)	(0.055)	(0.006)	(0.009)
ρ	0.589 ***	0.752 ***	0.673 ***	0.774 ***	0.685 ***	0.706 ***	0.772 ***	0.844 ***
	(0.016)	(0.018)	(0.015)	(0.018)	(0.014)	(0.019)	(0.011)	(0.015)

变量	(1)	(2)	(3)	(4)	(5)	(6)	(7)	(8)
	lnCOD		lnAN		lnSO_2		ln$PM2.5$	
	十二五	十三五	十二五	十三五	十二五	十三五	十二五	十三五
控制变量	控制	控制	控制	控制	控制	控制	控制	控制
常数项	是	是	是	是	是	是	是	是
个体固定效应	控制	控制	控制	控制	控制	控制	控制	控制
时间固定效应	控制	控制	控制	控制	控制	控制	控制	控制
观测值	1370	1370	1370	1370	1370	1370	1370	1370
R^2	0.168	0.169	0.162	0.225	0.108	0.095	0.046	0.401

注：＊、＊＊和＊＊＊分别表示10%、5%和1%的显著性水平；括号内为标准误，根据城市聚类稳健标准误计算。

从污染物的空间自相关指标来看，各地级市的各类跨区域污染物排放量在全时期均呈现显著的空间正向自相关性，即无论以化学需氧量和氨氮污染物排放量为代表的水污染物排放量还是以二氧化硫排放量为代表的大气污染物排放量均存在显著的正向空间外溢性。这一污染的空间集聚现象可能有以下两方面的原因。一方面，相邻地级市之间存在策略互动。具体而言，虽然对以 GDP 增长为核心的官员绩效考核机制进行了多次改革，但不可否认的是，促进经济增长仍是地方政府最为重要的工作之一，地方政府为促进经济增长仍会使用财政手段吸引资本，甚至区域内一些地方政府可能存在环境政策的"逐底竞争"，从而造成资本向区域内地级市流动，形成污染排放集聚现象。另一方面，环境污染行为在地方的执行层面受到软约束。近些年我国推行的环境保护垂直管理改革虽然在某种程度上改善了之前地方环保部门隶属于地方政府从而造成软约束的情况，但是也产生了如管理权限不清、职责清单不明等新的管理难题，导致对地方政府原有的污染软约束的改善作用有限。这导致地方政府牺牲环境发展经济的行为实质上并未杜绝，也在某种程度上造成了污染的空间集聚现象。

进一步将表 2-13 中的回归结果进行分解，以直接效应和间接效应来描述自变量的空间交互效应，具体分解结果报告于表 2-14。

表 2-14　财政环境支出空间治污效应：基准回归结果分解

变量	(1)	(2)	(3)	(4)	(5)	(6)	(7)	(8)
	lnCOD		lnAN		lnSO$_2$		lnPM2.5	
	十二五	十三五	十二五	十三五	十二五	十三五	十二五	十三五
环境支出直接效应	−0.064 **	−0.033	−0.117 ***	−0.090 ***	−0.181 ***	−0.088 ***	−0.020 ***	−0.074 ***
	(0.029)	(0.028)	(0.033)	(0.032)	(0.027)	(0.025)	(0.005)	(0.011)
环境支出间接效应	−0.317 ***	−0.781 ***	−0.617 ***	−1.360 ***	−1.131 ***	−1.134 ***	−0.242 ***	−0.165 ***
	(0.094)	(0.209)	(0.126)	(0.262)	(0.092)	(0.160)	(0.020)	(0.052)
环境支出总效应	−0.382 ***	−0.813 ***	−0.734 ***	−1.451 ***	−1.312 ***	−1.222 ***	−0.262 ***	−0.172 ***
	(0.110)	(0.221)	(0.146)	(0.276)	(0.108)	(0.170)	(0.023)	(0.054)
控制变量	控制	控制	控制	控制	控制	控制	控制	控制
常数项	是	是	是	是	是	是	是	是
个体固定效应	控制	控制	控制	控制	控制	控制	控制	控制
时间固定效应	控制	控制	控制	控制	控制	控制	控制	控制
观测值	1370	1370	1370	1370	1370	1370	1370	1370
R^2	0.168	0.169	0.162	0.225	0.108	0.095	0.046	0.401

注：** 和 *** 分别表示 5% 和 1% 的显著性水平；括号内为标准误，根据城市聚类稳健标准误计算。

对于各类跨区域污染物排放量，财政环境支出直接效应均为负，且具有较好的统计显著性，同时对 PM2.5 浓度也有显著的负向相关性，这表明在样本期内，地级市财政环境支出一方面通过抑制本地的跨区域污染物排放量从而间接降低了跨区域污染的水平，另一方面直接降低了大气污染程度。进一步地，相邻地级市环境支出对各类跨区域污染物排放量也具有显著的抑制作用，同时也直接降低了大气污染的程度，即财政环境支出存在显著的空间治污效应。这一现象存在两条可能的传导路径。第一，基于跨区域污染物本身存在的外溢性特质，邻接或相邻且经济发展水平相近的地区增加污染治理支出，降低了自身的污染排放强度，从而导致本地污染减少。第二，地方政府间可能存在财政环境支出的策略互动行为，具体为策略互补行为，也即当周边地区采用提高财政环境支出的策略时，本地也倾向于提高财政环境支出，从而降低了本地的跨区域污染程度。

2. 内生性问题

为进一步控制模型中由互为因果或遗漏变量等原因导致的内生性问题，本部分同时对跨区域污染物的内生性和时间相关性进行控制，建立动态空间面板杜宾模型（DSDM）进行分析。同时，使用 Han 和 Phillips（2010）提出的 Han-Phillips 广义矩估计（HP-GMM）方法对参数进行估计，这一估计方法可以有效地改善存在于传统的工具变量法（IV）和差分广义矩估计法（Diff-GMM）中的弱工具变量问题，同时还可以避免使用系统广义矩估计法（SGMM）估计时出现的因时间自回归系数接近单位 1 和时间 T 较大时出现的估计不一致问题。Han-Phillips 广义矩估计对样本的截面个体数 N 和时间 T 的要求较为宽松。有鉴于此，本部分使用 Han-Phillips 广义矩估计方法对动态空间面板杜宾模型进行估计，估计结果报告于表 2-15。

表 2-15 中跨区域污染物排放量的一阶滞后项全时期统计显著，表明样本期内跨区域污染物排放量具有显著的路径依赖性，前一期的跨区域污染物排放量增加将导致本期的污染物排放量增加，说明地方政府忽

表 2-15　财政环境支出空间治污效应：内生性问题

变量	(1)	(2)	(3)	(4)	(5)	(6)	(7)	(8)
	$\ln COD$		$\ln AN$		$\ln SO_2$		$\ln PM2.5$	
	十二五	十三五	十二五	十三五	十二五	十三五	十二五	十三五
L. 污染物	0.545***	0.537***	0.579***	0.569***	0.527***	0.442***	0.427***	0.409***
	(10.309)	(10.774)	(11.831)	(12.309)	(7.276)	(6.663)	(11.792)	(12.477)
$\ln EE$	−0.112***	−0.076**	−0.082**	−0.078**	−0.187***	−0.133**	−0.135***	−0.146***
	(−3.687)	(−2.329)	(−2.379)	(−2.099)	(−3.665)	(−2.168)	(−7.953)	(−7.009)
$W \times \ln EE$	−0.261***	−0.147***	−0.259***	−0.202***	−0.508***	−0.367***	−0.169***	−0.163***
	(−4.562)	(−2.679)	(−3.985)	(−3.289)	(−6.836)	(−6.425)	(−11.533)	(−12.506)
控制变量	控制	控制	控制	控制	控制	控制	控制	控制
常数项	是	是	是	是	是	是	是	是
个体固定效应	控制	控制	控制	控制	控制	控制	控制	控制
时间固定效应	控制	控制	控制	控制	控制	控制	控制	控制
观测值	1370	1370	1370	1370	1370	1370	1370	1370

注：** 和 *** 分别表示 5% 和 1% 的显著性水平；括号内为 Z 值，根据城市聚类稳健标准误计算；L.表示滞后一期。

视环境发展经济的方式具有自我增强的属性，这意味着跨区域污染治理和转变政府的经济发展方式具有相当大的紧迫性。此外，这也提示我们使用动态空间面板杜宾模型进行考察是合适的。在控制了内生性问题和时间相关性问题后，表 2-15 中财政环境支出的治污效应统计显著性有了明显的改善，这意味着内生性问题和忽视时间相关性将导致估计结果出现偏误。具体而言，财政环境支出对本地各种跨区域污染物排放量的影响在全时期均表现出有效的抑制作用，这显然对跨区域污染产生了治理作用，同时，财政环境支出对本地的空气质量产生了显著的优化作用。从时间维度看，"十三五"时期，财政环境支出抑制本地跨区域污染物排放的效应要弱于"十二五"时期，但是财政环境支出对跨区域污染的直接治理效应却在增强（对 PM2.5 浓度的抑制作用从"十二五"时期的 0.135 增加到"十三五"时期的 0.146），这可能是由于财政环境支出对污染物排放的边际效应已经进入递减阶段，但总体上，财政环境支出对跨区域污染的治理效应仍然存在，财政环境支出可能存在除抑制跨区域污染物排放之外的影响方式。进一步地，财政环境支出存在显著的空间治理效应，即空间相关地级市的财政环境支出增加，导致本地的跨区域污染物排放量下降，或直接降低本地的大气污染程度。这说明地级市之间很可能存在环境支出的策略互动行为。

3. 稳健性检验

为确保研究结论的可靠性，本部分做了以下一系列稳健性检验。第一，替换被解释变量。使用总量维度的工业废水排放量（$\ln IWW$）和工业废气排放量（$\ln IWG$）作为城市跨区域污染程度的衡量指标。第二，替换解释变量。控制人口效应对财政环境支出的影响，使用人均财政环境支出（$\ln AEE$）作为解释变量。第三，将空间权重矩阵由地理邻接空间权重矩阵（WGA）替换为经济地理距离空间权重矩阵（$WEGD$），在"标尺竞争"的假设下对环境支出的治污效应进行考察。第四，滞后控制变量。前文分析主要关注核心解释变量与被解释变量之间因存在双向因果关系而导致的内生性问题，而本章中的控制变量与被解释变量间可能也存在双向因果问题，为排除这一问题，将控制变量滞后一期。第五，剔除特殊年份。2020 年发生的新冠疫情对财政支出结构形成了冲击，同时，疫情管制客观上对生产形成了限制，从而影响了跨区域污染。有鉴于此，将样本期内受疫情影响显著的 2020 年予以剔除。第六，控制交互固定效应。在原模型控制的个体（城市）固定效应和时间（年份）固定效应的基础上，进一步加入了个体—时间固定效应（城市—年份）。以上稳健性检验所得结论的显著性和符号与前文结果基本一致，可以认为本节结论稳健。

（三）进一步讨论

由前文分析可知，样本期内财政环境支出存在显著的空间治污效应，且跨区域污染物排放具有显著的空间相关性，这给出了地方政府间存在财政环境支出策略互动行为的可能性。如果存在策略互动，则意味着地方政府环境支出受相关地级市政策的影响，对这一现象进行考察是十分必要的。一方面，策略互动行为通过影响本地的支出策略，进而对跨区域污染产生影响，这意味着策略互动对跨区域污染存在某种意义上的叠加效应。另一方面，仅分析财政环境支出的治污效应，只能考察治污效应是否存在，或治污效应的规模如何，这是一种"知其然"的、被动的效应分析，其现实意义有限。但对策略互动进行考察则是一种"知其所以然"的尝试，一旦明确了地方政府间策略互动的具体形式及其影响因素，就可以有的放矢地对横向财政竞争进行协调，从根本上控制地方政府行为的环境后果。那么，我国地方政府间是否存在财政环境支出策略互动？如果存在，其具体形式是什么？对跨区域污染产生了怎样的叠加治理效应？其受什么因素的影响？这些问题是本节重点关注的问题。

财政环境支出能为流动资本，尤其是人力资本带来更多的利益，从而成为地方政府争夺流动资本的重要手段之一，资本的稀缺性为地方政府间财政环境支出的策略互动，也即财政环境支出竞争提供了可能。关于地方政府间财政支出策略互动，或者说财政支出竞争的研究建立在 Tiebout（1956）提出的"以足投票"理论以及 Besley 和 Case（1995）提出的"标尺竞争"理论之上。在财政支出竞争的成因方面，"以足投票"理论建立在劳动力可以在区域间自由流动等一系列假设之上，提出若一地居民对居住地政府提供的税收和公共物品供给组合不满意，则可以通过在地区间流动从而找到自己满意的税收与公共物品供给组合，这样的流动会导致地方政府税收和支出政策的趋同，最终达到帕累托最优。而"标尺竞争"理论建立在委托—代理框架下的信息不对称基础上，居民使用邻近地区地方政府政策的绩效与本地进行比较，从而对本地政府形成激励，导致地方政府之间存在策略互动行为。显然，无论是建立在居民完全流动假设上的"以足投票"理论，还是自下而上的"标尺竞争"理论都不能贴合我国的现实，但是我国仍存在类似的机制。在财政分权与行政集权的体制下，地方政府有财政政策上有限的自由裁量权，这是财政竞争的基础。在中央对地方政府官员的以 GDP 为主要标准的绩效考核机制下，地方政府官员为追求晋升机会，有强烈的动机促进当地经济的发展。在我国以投资带动为主的经济增长模式下，地方政府会自然转向对资本的竞争。显然，资本总量是有限的，当市场上所有政府都参与对资本的争夺，就会出现地方政府财政政策的策略互动（李涛、周业安，2009），财政支出政策作为重要的财政政策，自然出现了地方政府间的财政支出竞争。财政环境支出作为财政非生产性支出中的重要组成部分，可以有效地吸引流动资本，尤其是高质量人力资本。地方政府的决策并非独立的，从财政环境支出竞争的视角出发进行研究，有利于我们更全面地认识财政环境支出。本节研究的重要意义在于，策略互动作为地方财政环境支出的重要影响因素，其具体形式显然对跨区域污染治理效果产生了重要影响。所以，准确地把握地级市层面竞争的具体形式，对综合分析财政环境支出的微观治污效应、进一步深化省级以下地方政府间权责改革，以及更好地发挥财政这一推进我国生态文明建设的重要力量的作用均具有重要意义。有鉴于此，本部分将建立空间自回归模型，对地级市层面财政环境支出的存在性与具体模式进行分析，进而对地级市间的财政环境支出策略互动对跨区域污染治理的影响进行讨论。

1. 模型设定与识别策略

空间自回归（SAR）模型被认为是分析地方政府间策略互动的经典实证模型，其基本形式为：

$$y_{it} = \rho W y_{it} + \beta X_{it} + \mu_i + \tau_t + \varepsilon_{it} \tag{2-29}$$

其中，y_{it} 为财政环境支出。ρ 为空间自回归系数，W 为空间权重矩阵，X_{it} 表示解释变量与控制变量，β 为自变量的待估参数，μ_i 和 τ_t 分别为个体固定效应和时间固定效应，ε_{it} 表示误差项。对于财政环境支出政策而言，其可能存在跨期的策略互动（Elhorst et al.，2012），尤其在我国，各地区的年度实际财政支出虽然会根据当年具体情况进行调整，但这一调整程度相当有限，总体而言，当年的实际财政支出与当年的预算高度相关。预算的制定一般有三个重要的参考依据：上一年的预算执行情况、本年度经济形势预测情况以及中央政府的特殊要求（李涛、周业安，2009）。同时，《预算法》规定财政预算于每年第一季度由人民代表大会审批，这一方面意味着我国财政支出存在路径依赖，另一方面意味着本地政府在制定预算时，能参照的只有相关地区上一年的支出数据。所以相较于当期的策略互动，跨期策略互动更符合我国的基本现实。有鉴于此，本部分将财政环境支出的一阶时间滞后项与一阶时空滞后项纳入模型，优化后的模型形式为：

$$y_{it} = \gamma W y_{i,t-1} + \alpha y_{i,t-1} + \beta X_{it} + \mu_i + \tau_t + \varepsilon_{it} \tag{2-30}$$

在式（2-30）中，$W y_{i,t-1}$ 为当地财政环境支出的一阶时空滞后项，其对应参数为 γ。如果 γ 显著，则代表地级市之间存在跨期的财政环境支出竞争策略互动，即本地级市本期的财政环境支出策略与空间相关地级市上期的财政环境支出策略相关。若 γ 为正，则地方政府间存在跨期的策略互补；若 γ 为负，则存在跨期的策略替代。$y_{i,t-1}$ 为本地财政环境支出的一阶时间滞后项，也即本地上一期的财政环境支出。其系数 α 显著则意味着地级市财政环境支出政策存在路径依赖或政策黏性，α 为正则代表本年度环境支出政策与上年度环境支出政策正相关，α 为负则代表本年度环境支出政策与上年度环境支出政策负相关。

此外，为了更为全面地考察本问题，在前文地理邻接空间权重矩阵（WGA）和经济地理距离空间权重矩阵（$WEGD$）的基础上，进一步构建行政邻接空间权重矩阵（WAA）和地理距离空间权重矩阵（WGD），对行政因素和地理因素影响下环境支出策略互动的存在性和异质性进行考察，具体构建方式如式（2-31）和式（2-32）所示。

（1）行政邻接空间权重矩阵（WAA）

$$WAA = \begin{cases} 1, \text{地级市 } i \text{ 与地级市 } j \text{ 同属一个省级行政区} \\ 0, \text{地级市 } i \text{ 与地级市 } j \text{ 不同属一个省级行政区} \end{cases} \tag{2-31}$$

（2）地理距离空间权重矩阵（WGD）

$$WGD = \begin{cases} \dfrac{1}{DIS_{ij}^2}, i \neq j \\ 0, i = j \end{cases} \tag{2-32}$$

其中，DIS_{ij}^2 为 i 市地理中心与 j 市地理中心连线的距离，该值越大，意味着两地间距离越远，权重越低。

2. 实证结果分析

本部分将使用系统广义矩估计法（SGMM）对动态空间自回归模型进行参数估计，同时对模型中存在的内生性问题、时间相关性问题和空间相关性问题进行控制，从而得到无偏的估计结果。鉴于过多纳入工具变量会出现估计不准确、标准误有偏等问题，本部分最高使用因变量的三阶滞后作为估计变量，且使用 Collapse 技术限制工具变量的数量。回归结果报告于表 2-16。

表 2-16　环境支出策略互动与跨区域污染：存在性检验

变量	(1)	(2)	(3)	(4)
	WGA	WAA	WGD	WEGD
L. lnEE	0.498***	0.559***	0.560***	0.601***
	(10.871)	(11.537)	(11.999)	(14.934)
L. W×lnEE	−0.465***	−0.594***	−0.548***	−0.695***
	(−6.570)	(−7.232)	(−6.887)	(−8.771)
控制变量	控制	控制	控制	控制
常数项	是	是	是	是
个体固定效应	控制	控制	控制	控制
时间固定效应	控制	控制	控制	控制
AR (1) −P 值	0.000	0.000	0.000	0.000
AR (2) −P 值	0.271	0.187	0.132	0.176
Hansen 检验	0.708	0.517	0.200	0.189
观测值	2466	2466	2466	2466

注：***表示1%的显著性水平；括号内为 Z 值，根据城市聚类稳健标准误计算；L. 表示滞后一期。

由表 2-16 可知，财政环境支出的时间滞后项和时空滞后项在所有空间关系设定下均显著，表明地级市财政环境支出存在显著的路径依赖。同时，地级市层面的财政环境支出竞争存在显著的策略替代，即当空间相关的地级市增加其财政环境支出时，本地倾向于降低财政环境支出，也即发生"搭便车"行为。环境支出在地级市政府间出现"搭便车"问题的理论根源在于，跨区域污染的公共物品属性、跨区域污染治理的受益范围难以确定、区域外溢性测度难度大等问题，使自利的地方政府出现"搭便车"的动机。但出现"搭便车"这一现象的核心现实原因在于：财政环境领域内普遍存在的权责不清现象，尤其是省级以下财政环境领域未能从制度上明确各级政府在跨区域污染治理中的事权和支出责任，以限制地方政府的"搭便车"行为，导致地方政府不仅想"搭便车"而且能够"搭便车"。"搭便车"现象对跨区域污染治理的负面影响是不言而喻的，跨区域污染治理是一个系统性的工程，需要区域内城市长期协同。如果空间相关的地级市环境支出增加，也即增加了治理的投入，而本地降低环境支出和跨区域污染治理的努力程度，享受相邻地级市治理的正向外部性，这不仅对跨区域污染总体的治理产生了显著的削弱效果，长此以往会显著打击地级市治理跨区域污染的积极性，在降低跨区域污染治理投入的基础上，甚至会造成以邻为壑的恶性转化。一旦形成了这种循环，扭转这一恶性循环就需要投入更高的成本。想要对这一现象进行匡正，就必须从这一模式的影响因素入手。进一步比较不同空间关系设定下的"搭便车"现象，可知在经济地理距离空间权重矩阵设定下，地级市政府间相较于地理距离和行政邻接这两个仅考虑地理因素和行政因素的空间权重矩阵设定下存在更高的策略替代强度，所以经济发展程度可能是影响地方政府策略互动的重要因素。因此，本部分基于经济发展程度对策略互动进行异质性分析[①]，结果报告于表2-17。

表2-17中第（1）、（2）列分别考察高发展程度地级市组内策略互动和低发展程度地级市组内策略互动，我国的环境支出政策有明显的路径依赖特征，较好地印证了本年支出很大程度上取决于上一年支出的现实。另外，存在显著的组内跨期策略替代，且相较于低发展程度地级市，高发展程度地级市间的"搭便车"程度更高。第（3）、（4）列分别考察发展程度组间策略互动，其中，第（3）列表示高发展程度地级市对低

---

① 经济发展程度分组方式与上文相同。

表 2-17 环境支出策略互动与跨区域污染：经济发展程度异质性分析

变量		（1）高发展程度地级市	（2）低发展程度地级市	（3）高发展程度地级市	（4）低发展程度地级市
		财政环境支出（lnEE）			
同发展程度	L. lnEE	0.518 *** (−4.099)	0.588 *** (−9.284)		
	L. W×lnEE	−0.617 *** (−4.008)	−0.568 *** (−5.689)		
异发展程度	L. W×lnEE			0.264 ** (−2.001)	−0.843 *** (−6.911)
控制变量		控制	控制	控制	控制
常数项		是	是	是	是
个体固定效应		控制	控制	控制	控制
时间固定效应		控制	控制	控制	控制
AR（1）−P 值		0.000	0.000	0.021	0.001
AR（2）−P 值		0.228	0.406	0.202	0.211
Hansen 检验		0.115	0.743	0.362	0.258
观测值		783	1683	783	1683

注：** 和 *** 分别表示 5% 和 1% 的显著性水平；括号内为 Z 值，根据城市聚类稳健标准误计算；L. 表示滞后一期。

发展程度地级市的跨期策略跟随，其现实意义有限；第（4）列表示低发展程度地级市对高发展程度地级市的跨期策略跟随，即高发展程度地级市上一年增加 1% 的财政环境支出，低发展程度地级市本年将降低 0.843% 的财政环境支出。对于这一现象可能的解释是，如果地方政府的支出行为很大程度上基于官员对支出所带来的政绩等方面效用的判断，那么，对于高收入地区，其在经济发展上的支出所带来的边际效用较低，而公共物品和公共服务等方面的支出则具有较高的边际效用。所以，发展程度较高的地级市可以将相对更多的精力从发展经济上转到跨区域污染治理上。此外，较高的发展程度也能支持地级市探索发展方式的转变，从牺牲环境发展经济的方式向绿色发展方式转变。对于高发展程度地级市的官员，在取得经济发展政绩的同时也得到了环境保护的政绩，有限的支出获得了更多的晋升资本，显然对其晋升更有利。而低发展程度地级市则乐享其成，通过享受高发展程度地级市的跨区域污染治理外部性，在优化本地环境的同时，可以节省更多的如跨区域污染治理等公共类支出，将节省的资金投入如基础设施建设等其他更紧迫的领域。由于经济发展较为落后的地区存在低基数效应，同等资金投入所能带来的边际效用更高。

匡正"搭便车"竞争行为，形成稳定长效的跨区域污染治理财政资金供应机制，首先，应从明确省级以下地方政府财政环境权责入手，从制度上进一步限制地方政府逃避其应有支出责任的可能，使地方政府"不可为"，进而化解跨区域污染区域协同治理中存在的政府间的内在张力，形成稳定的政府间协同治理机制。其次，应建立以横向转移支付为核心的、政府和社会资本合作为有益补充的长效复合型资金、技术和人才转移机制。一方面，有效地内部化跨区域污染所带来的外部性，维护跨区域污染协同治理机制的运转；另一方面，有效地帮助化解落后地区经济发展和跨区域污染治理之间的矛盾，促使其向绿色发展模式转变，从而解决我国内部产业转移中所形成的跨区域污染问题。

三 本章小结

本章基于空间相关假设[①]，首先从宏观视角切入，明确了地方政府间经济性支出竞争和公共性支出竞争对跨区域污染的影响；进一步地，

---

① 本书研究的水污染、大气污染以及财政政策均具有空间外溢性，故基于空间相关假设建立模型。

基于环境领域财政事权与支出责任划分视角，分析了财政环境支出对跨区域污染的典型治理效应，并得出了财政环境支出治污效应可能受政府间环境支出策略互动影响的结论①；在此基础上，建立空间自回归模型对地级市政府间环境支出策略互动的存在性和具体模式，以及对环境支出跨区域污染治理效果的影响进行了深入分析。

具体而言，本章的研究结论如下。第一，本章在结构视角下，对地方政府间经济性支出竞争和公共性支出竞争对跨区域污染的影响进行了考察，结果发现，首先，经济性支出竞争强度的增加不仅显著提高了地级市的跨区域污染物排放量，从而间接提高了跨区域污染程度，而且直接对大气污染程度造成了负面影响；而公共性支出增加则通过直接和间接的方式对跨区域污染形成了总体上的抑制，同时，两种支出竞争的跨区域污染治理效应均具有显著的时间滞后性。进一步地，给出了公共性支出竞争通过影响城市绿色技术创新能力进而对跨区域污染形成抑制作用的经验证据，从而给出了公共性支出竞争的治污机制。异质性分析表明，相较于"十二五"时期，这一机制在"十三五"时期表现得更为显著。其次，地方政府间存在经济性支出和公共性支出的策略互动行为，总体而言，这一策略互动模式不利于我国跨区域污染的治理。异质性分析表明，经济发展程度较高的地级市间存在良性的支出竞争模式，总体上形成了绿色发展的趋势，有利于跨区域污染问题的控制；但经济发展程度较低的地级市间的支出竞争模式则恰恰相反，反映出部分地级市受经济发展程度制约，无法推进发展方式的转型，从而化解经济发展和跨

---

① 本章基于空间杜宾模型进行研究，在空间杜宾模型下，得出财政环境支出具有空间治污效应的结论。但由于模型的被解释变量（大气污染和水污染）和核心解释变量（财政环境支出）均具有空间外溢性，所以无法确定这一空间治污效应是不是由财政环境支出的策略互动引起的。受限于模型解释力，此处只能得出可能存在"策略互动"的结论。

区域污染治理之间的矛盾，在跨区域污染治理工作中存在"非不为也，实不能也"的困境。如不能对这一问题进行有效的控制，将增强地方政府间的马太效应，这不仅不利于跨区域污染的治理，甚至可能形成严重极化的社会问题。

第二，基于省级以下地方政府间财政事权与支出责任划分视角，对财政环境支出横向竞争的跨区域治污效应进行考察后，得出如下结论。①财政环境支出具有显著的治污效应，在控制了内生性、空间相关性和时间相关性后，这一结论仍然显著。②财政环境支出策略互动存在显著的跨期策略替代现象，也即"搭便车"问题。"搭便车"一方面降低了当期总体的跨区域污染治理资金供应；另一方面也会形成"鞭打快牛"效应，从而增强财政环境支出规模预期的不确定性，导致财政跨区域污染治理资金的不稳定、不足额供给，最终不利于跨区域污染的协同治理。虽然"搭便车"问题的理论源头在于公共物品的属性，也即跨区域污染的外部性问题，但其现实中的根本制度原因在于省级以下地方政府间财政环境领域的事权与支出责任划分不明，使地方政府"想为，且可为"。进一步的异质性分析表明，这一"搭便车"问题在低发展程度地级市对高发展程度地级市的策略回应中最为显著，这同样表明经济发展程度是地方政府行为的重要约束条件。综上，为匡正"搭便车"这一不良的竞争行为，形成稳定长效的跨区域污染治理财政资金供应机制，首先，应从明确省级以下地方政府财政环境权责入手，从制度上进一步限制地方政府逃避其应有支出责任的可能，弱化跨区域污染区域协同治理中存在的政府间事权与支出责任方面的内在张力，形成稳定的政府间协同治理机制。其次，应建立以横向转移支付为核心、政府和社会资本合作为有益补充的长效复合型资金、技术和人才转移机制。一方面，有效地内部化跨区域污染所带来的外部性，维护跨区域污染协同治理机制的运转；另一方面，有效地帮助化解落后地区经济发展和跨区域污染治理之间的矛盾，促使其向绿色发展模式转变，从而降低我国内部产业转移中所形成的跨区域污染问题。

第三章

横向税收竞争与跨区域污染治理

与普遍意义上税收竞争指地方政府以降低税率为手段对资本进行争夺的概念不同,我国的税收立法权归中央政府统一管理,地方政府无权直接通过改变税率的方式进行税收竞争。但是,地方政府仍可以通过税收优惠和税收征管两种方式影响辖区内企业的实际税负[①],从而开展以吸引流动性生产要素和税基为目的的税收竞争。出于经济发展和晋升的需要,地方政府往往通过降低税收征管强度的方式为辖区内企业"减负",进而推动地方经济发展。经典的税收竞争模型认为,税收竞争引致的相对税率变动会导致资本由高税率地区向低税率地区流动,从而进一步引致污染在区域间流动。税收竞争可以显著影响企业的决策。低税率降低了企业的成本,这会导致企业从区域内的高税率地区向低税率地区迁移,企业的迁移加剧了迁入地的环境污染 (Oates and Schwab,

---

[①] 相较于税收优惠的方式,地方政府更倾向于使用税收征管的方式进行税收竞争(韩凤芹、张志强,2023)。其原因在于,一方面,税收优惠面临的限制条件较多,且滥用税收优惠可能招致行政处罚甚至刑事处罚,风险较高;另一方面,税收征管方式相对更为隐蔽和灵活,在国税和地税合并前,地方政府不但可以直接对地税局的税收征管进行干预,也能通过在国税局中的人事权力对国税局的税收征管产生影响(周黎安等,2012)。

1988）。在宏观角度上，国家间税率差异会导致跨国资本流动，从而引起资本输入国的污染加剧，资本输出国的污染减轻（Hadjiyiannis et al.，2014）。在中观角度上，省级税收竞争同样导致了税收竞争强度较高的省份污染加剧，税收竞争强度较低的省份污染减轻（李佳佳、罗能生，2016）。现有文献缺乏基于地级市这一微观视角的研究，有鉴于此，本部分将基于地级市数据，对我国由税收竞争引致的资本流动对跨区域污染的影响进行研究。

相较于现有文献，本部分的边际贡献可能在于：经典的税收竞争模型是基于企业迁移的条件，考察一地的污染增减情况，也即相对税率降低导致企业流入，进而导致流入地污染水平上升。这样的模型设定适用于考察大部分税收竞争对污染的影响问题，而在跨区域污染的语境下其解释力则有所减小。因为本书所关注的跨区域污染治理是指，区域内甚至我国整体的跨区域污染物排放量降低和跨区域污染水平下降，而企业（污染源）在区域间的流动与跨区域污染的总量之间并无强逻辑关系。有鉴于此，本部分首先基于经典模型考察了税收竞争对跨区域污染的影响，并通过一个易于证伪的"区域同质"命题增强了原模型的解释力，拓展了经典模型，使其可以解决跨区域污染问题。其次，建立了税收竞争通过影响支出结构进而影响跨区域污染的理论模型，并给出了"税收竞争—支出结构—跨区域污染"这一机制的分析和经验证据。其意义在于：一方面，尝试给出直接的、具有强逻辑解释力的"税收竞争—跨区域污染"的理论机制，对经典逻辑在跨区域污染这一细分领域进行了有益的补充；另一方面，将前文分开研究的财政支出与税收手段进行联系，说明财政支出与税收手段并不是孤立作用于跨区域污染的，从而对前文的研究形成了整合与扩展。

一 理论模型与假设

本部分在 Hayashi 和 Boadway（2001）提出的研究思路基础上，对标准税收竞争模型进行改进，并建立新的理论模型。设定工业企业的生产要素为资本和劳动，且资本可完全替代劳动。使用 η 表示产业，$\eta \in [0，1]$，产业污染程度越高，η 取值越大。产业在区域间的转移以资本的流动表示，因此，资本可视为产业 η 的函数，即 $K(\eta)$。

考虑地区 1、地区 2 和地区 3 三个相邻地区。为简化分析，我们首先假设地区 2 与地区 3 同质，先给出地区 1 和地区 2 的生产函数 $F_1[K_1(\eta_1)]$、$F_2[K_2(\eta_2)]$，生产函数为正且均为凹函数，即：

$$F_1[K_1(\eta_1)]>0, F_2[K_2(\eta_2)]>0 \tag{3-1}$$

$$F''_1[K_1(\eta_1)]<0, F''_2[K_2(\eta_2)]<0 \tag{3-2}$$

假设两地区生产成本为 c_1、c_2，税率为 t_1、t_2，在完全竞争市场假定下，商品价格统一为 p，则地区 1 和地区 2 的资本收益 ρ_1、ρ_2 可表示为：

$$\rho_1 = (p-t_1-c_1)F_1[K_1(\eta_1)] \tag{3-3}$$

$$\rho_2 = (p-t_2-c_2)F_2[K_2(\eta_2)] \tag{3-4}$$

由于两地政府间存在税收竞争，两地税率不同，资本可以在地区间迁移套利。由于两地产品生产不同，资本会对产品的生产成本进行调整。设其成本调节函数分别为 $b_1(\eta_1)$ 和 $b_2(\eta_2)$，$B(\eta_1+\eta_2)$ 是整个区域的成本调节函数，成本调节函数均为正且为严格凸函数，即：

$$b_1(\eta_1)>0, b_2(\eta_2)>0, B(\eta_1+\eta_2)>0 \tag{3-5}$$

$$b''_1(\eta_1)>0, b''_2(\eta_2)>0, B''(\eta_1+\eta_2)>0 \tag{3-6}$$

在各地收益率相等时，资本停止流动，令 r 为整个区域内的资本收益率，均衡条件可表示为：

$$r+B(\eta_1+\eta_2)=(p-t_1-c_1)F_1[K_1(\eta_1)]-b_1[K_1(\eta_1)]=(p-t_2-c_2)F_2[K_2(\eta_2)]-b_2[K_2(\eta_2)]$$

$$(3-7)$$

其中 r 为整个区域内资本收益率，在式（3-7）中对 t_1 求偏导，得：

$$\{(p-c_1-t_1)F'_1[K_1(\eta_1)]-b_1[K_1(\eta_1)]\}\frac{\partial \eta_1}{\partial t_1}=\{(p-c_2-t_2)F''_2[K_2(\eta_2)]-b_2[K_2(\eta_2)]\}\frac{\partial \eta_2}{\partial t_1}+F_1(\eta_1)$$

$$(3-8)$$

$$\{(p-t_2-c_2)F''_2[K_2(\eta_2)]-b_2[K_2(\eta_2)]\}\frac{\partial \eta_2}{\partial t_1}=B(\eta_1+\eta_2)\left[\frac{\partial \eta_1}{\partial t_1}+\frac{\partial \eta_2}{\partial t_1}\right] \quad (3-9)$$

令 $a=(p-c_1-t_1)F''_1[K_1(\eta_1)]-b_1[K_1(\eta_1)]$，$b=(p-c_2-t_2)\times F''_2[K_2(\eta_2)]-b_2[K_2(\eta_2)]$，因为 $p-c_1-t_1>0$，$F''_1[K(\eta_1)]<0$，$b_1[K_1(\eta_1)]<0$，所以 $a<0$，同理，$b<0$。又因为 $c=F_1(\eta_1)>0$，$d=B(\eta_1+\eta_2)>0$，所以式（3-8）、式（3-9）可简化为：

$$a\frac{\partial \eta_1}{\partial t_1}=b\frac{\partial \eta_2}{\partial t_1}+c \quad (3-10)$$

$$b\frac{\partial \eta_2}{\partial t_1}=d\frac{\partial \eta_1}{\partial t_1}+d\frac{\partial \eta_2}{\partial t_1} \quad (3-11)$$

由式（3-11），可得：

$$\frac{\partial \eta_1}{\partial t_1}=\frac{b-d}{d}\times\frac{\partial \eta_2}{\partial t_1} \quad (3-12)$$

将式（3-12）代入式（3-10），可得：

$$\frac{\partial \eta_2}{\partial t_1}=\frac{cd}{ab-ad-bd}>0 \quad (3-13)$$

由式（3-12）和式（3-13），可得：

$$\frac{\partial \eta_1}{\partial t_1}=\frac{c(b-d)}{ab-ad-bd}<0 \quad (3-14)$$

由此，本部分提出假设 1 和假设 2。

假设 1：如果其他地区税率不变，本地实际税率降低导致本地形成税收洼地，将使得污染密集型产业向本地迁移，致使本地污染排放量增加。

假设 2：如果本地税率不变，邻近地区实际税率下降将导致本地污染密集型产业向邻近地区转移，导致本地污染排放量下降，邻近地区污染排放量增加。

进一步放宽假定，假设地区 1、地区 2 和地区 3 异质，面临的税率分别为 t_1、t_2、t_3；三地区单位产品的成本相异，分别为 c_1、c_2、c_3。相应地，三地区面临的总成本为 C_1 (t_1，c_1)、C_2 (t_2，c_2)、C_3 (t_3，c_3)。若地区 1 提高实际税率，且其他条件不变，则地区 1 的产品生产成本高于地区 2 和地区 3，即 C_1 (t_1，c_1) > C_2 (t_2，c_2)、C_1 (t_1，c_1) > C_3 (t_3，c_3)，从而导致排污企业向地区 2 和地区 3 转移，具体的路径由地区 2 和地区 3 的相对成本大小决定，由此可得假设 3。

假设 3：污染密集型产业的转移路径受各地区实际税率影响，污染密集型产业总是从高税率地区向低税率地区转移。

二 实证设计

(一)变量选取与空间权重矩阵设定

1. 变量选取与数据来源

本部分研究的核心问题是税收竞争，税收竞争变量的选取是本部分建立实证模型最关键的问题之一。本部分使用实际税率来指代税收竞争强度，参考唐飞鹏 (2017) 的研究，使用地方财政增值税、营业税、企业所得税和城市维护建设税之和与当年第二、第三产业增加值的比值来衡量某地当年的税收竞争强度 ($lnTR$)，该比值越低，税收竞争强度越大。这样的税收竞争指标设定有以下几方面的考虑。首先，本部分以"税收"为研究对象，所以只考虑一般公共预算内的税收收入。其次，本部分语境下的税收竞争是地方政府为争夺流动资本而采取的税收优惠策略，地方政府可以有针对性地对流动资本敏感的税种实行优惠。企业作为最重要的流动资本来源，主要负担的税种为营业税、企业所得税、增值税和城镇维护建设税。其中，企业所得税是以来源地为基础征收的，这会导致地方政府为了争夺税基而进行税收竞争（王凤荣、苗妙，2015）。由于上述四种税收在地级市间的差异将直接对企业的流动产生影响，所以本部分选择这些与企业直接相关的税收作为企业的税负指标。最后，税基的选择将第一产业增加值排除在外，只使用第二、第三产业增加值之和，这减少了产业结构变化的干扰，使得对实际税率的衡量更为合理。此外，借鉴现有研究，用地级市税收收入和当年 GDP 的商构造广义口径税负水平（$\ln BSTBL$）指标进行稳健性检验。为保证研究结论的可比性和一贯性，被解释变量和控制变量均与前文相同。

本部分使用 2011—2020 年全国 274 个地级市的数据进行研究，所用数据主要来自《中国城市统计年鉴》《中国区域经济统计年鉴》，缺失数据由对应省份统计年鉴以及地级市统计年鉴补齐。

本部分主要变量的描述性统计报告于表 3-1。

表 3-1 主要变量描述性统计

符号	变量名	样本数	平均值	标准差	最小值	最大值
$\ln COD$	化学需氧量排放量	2740	8.011	1.301	4.099	10.360
$\ln AN$	氨氮污染物排放量	2740	5.146	1.475	1.486	7.954
$\ln SO_2$	二氧化硫排放量	2740	9.878	1.182	6.863	12.190
$\ln PM2.5$	PM2.5 浓度	2740	3.695	0.335	2.958	4.459
$\ln IWW$	工业废水排放量	2740	8.116	1.065	5.176	10.310
$\ln IWG$	工业废气排放量	2740	7.135	1.006	4.030	9.100

符号	变量名	样本数	平均值	标准差	最小值	最大值
lnTR	税收竞争强度	2740	0.036	0.015	0.012	0.084
ln$BSTBL$	广义口径税负水平	2740	0.053	0.020	0.020	0.122
ln$GDPpc$	人均 GDP	2740	10.710	0.549	9.441	12.020
lnFDI	外商投资实际使用金额	2740	9.850	2.082	3.912	13.530
lnPD	人口密度	2740	5.765	0.872	2.926	7.202
lnIS	产业结构	2740	0.377	0.073	0.168	0.538
ln$RApc$	人均道路面积	2740	2.794	0.414	1.474	3.657
ln$GSpc$	人均绿地面积	2740	2.407	0.962	0.367	5.067
lnFS	财政支出规模	2740	0.174	0.073	0.063	0.452
ln$BSNPE$	财政支出结构	2740	-0.328	0.253	-1.261	1.480

2. 空间权重矩阵的设定

本部分研究的问题与地理距离和经济发展程度均有关系，所以，本部分空间权重矩阵选择地理邻接空间权重矩阵（WGA）进行研究，并使用经济地理距离空间权重矩阵（$WEGD$）进行稳健性检验。关于空间权重的具体设定方式已报告于第二章第一部分，此处为便于阅读，仅简要表达。

（1）地理邻接空间权重矩阵（WGA）

若两地区地理邻接，则赋值为 1；否则为 0。

$$WGA = \begin{cases} 1, & \text{两地区地理相邻} \\ 0, & \text{两地区地理不相邻} \end{cases} \tag{3-15}$$

（2）经济地理距离空间权重矩阵（$WEGD$）

$$WEGD = \begin{cases} \dfrac{1}{|\overline{GDP_i} - \overline{GDP_j}|} \times \dfrac{1}{DIS_{ij}^2}, & i \neq j \\ 0, & i = j \end{cases} \tag{3-16}$$

其中，$\overline{GDP_i}$ 是 i 地区 2018 年的人均 GDP；DIS_{ij}^2 是 i、j 两地区之间距离的平方，该距离为各地区行政中心的直线距离。

（二）模型设定与识别策略

1. 空间相关性检验

Moran's I 统计量符号为正，表示存在显著的正向空间自相关；符号为负，则代表存在负向空间自相关，且绝对值越接近 1 则相关性越显著；为零则代表变量在空间随机分布，即不存在空间自相关。关于地级市税收竞争的空间相关性检验结果报告于表 3-2。

表 3-2　税收竞争 Moran's I 检验结果

年份	Moran's I	Z 值	P 值
2011	0.125	3.220	0.001
2012	0.146	3.755	0.000
2013	0.153	3.919	0.000
2014	0.158	4.056	0.000
2015	0.214	5.457	0.000
2016	0.163	4.178	0.000
2017	0.147	3.775	0.000
2018	0.150	3.847	0.000
2019	0.168	4.324	0.000
2020	0.137	3.531	0.000

从表 3-2 可以看出，所有年份地级市间税收竞争存在显著的正向空间自相关，这一结论支持下文进一步使用空间计量模型进行研究。

2. 模型形式与识别策略

本部分所研究的问题是税收竞争的空间效应对跨区域污染治理的影响，跨区域污染作为因变量，具有不被地级市行政区划影响的特点，有显著的空间相关性。税收竞争已经在理论模型中被证明有空间外溢性，自变量也可能存在显著的空间相关性，所以本部分仍使用空间杜宾模型建模。

使用 LM 检验在空间误差模型（SEM）、空间自回归模型（SAR）和空间杜宾模型（SDM）中进行选择，结果报告于表 3-3。

表 3-3　LM 检验结果

指标	水污染		大气污染	
	化学需氧量	氨氮污染物	二氧化硫	PM2.5
LM-error	433.175 ***	499.264 ***	426.722 ***	677.895 ***
Robust-LM-error	364.058 ***	352.206 ***	383.635 ***	649.365 ***
LM-lag	87.837 ***	165.752 ***	60.451 ***	37.538 ***
Robust-LM-lag	18.720 ***	18.694 ***	17.363 ***	9.008 ***

注：*** 表示 1% 的显著性水平。

使用 LR 检验对空间杜宾模型的稳健性进行检验，结果报告于表 3-4。

表 3-4　LR 检验结果

指标	水污染		大气污染	
	化学需氧量	氨氮污染物	二氧化硫	PM2.5
LR-SAR	163.62 ***	216.84 ***	163.15 ***	92.01 ***
LR-SEM	503.67 ***	538.28 ***	545.04 ***	465.94 ***

注：*** 表示 1% 的显著性水平。

显然，LM 检验在各种情况下均同时支持选择空间误差模型和空间自回归模型，同时，LR 检验在各种情况下均显著拒绝了"空间杜宾模型可以简化为空间滞后模型"和"空间杜宾模型可以简化为空间误差模型"两种假设，理论推断与统计结果均指向使用空间杜宾模型（SDM）建模，模型具体形式为：

$$\ln y_{it} = \alpha_1 + \rho_1 \sum_{j=1}^{n} W_{ij} \ln y_{jt} + \beta_1 \ln TR_{it} + \beta_2 \ln Z_{it} + \theta_1 \sum_{j=1}^{n} W_{ij} \ln TR_{jt} +$$

$$\theta_2 \sum_{j=1}^{n} W_{ij} \ln Z_{jt} + \mu_{1i} + \lambda_{1t} + \varepsilon_{1it} \qquad (3-17)$$

$$\ln PM2.5_{it} = \alpha_2 + \rho_2 \sum_{j=1}^{n} W_{ij} \ln PM2.5_{it} + \beta_3 \ln TR_{it} + \beta_4 \ln Z_{it} + \theta_3 \sum_{j=1}^{n} W_{ij} \ln TR_{jt} +$$

$$\theta_4 \sum_{j=1}^{n} W_{ij} \ln Z_{jt} + \mu_{2i} + \lambda_{2t} + \varepsilon_{2it} \qquad (3-18)$$

其中，$\ln y_{it}$ 和 $\ln PM2.5_{it}$ 分别为 i 地区 t 期跨区域污染物排放量和 PM2.5 浓度指标；$\ln TR_{it}$ 为 i 地区 t 期税收竞争强度；Z_{it} 为控制变量；ρ_1 和 ρ_2 分别为跨区域污染物排放量和 PM2.5 浓度的空间溢出系数；β_1 和 β_3 分别为本地税收竞争强度对本地跨区域污染物排放量和 PM2.5 浓度的影响；β_2 和 β_4 分别为本地控制变量对本地跨区域污染物排放量和 PM2.5 浓度的影响；θ_1 和 θ_3 分别为空间相关的地区税收竞争强度对本地跨区域污染物排放量和 PM2.5 浓度的影响；θ_2 和 θ_4 分别为空间相关的地区控制变量对跨区域污染物排放量和 PM2.5 浓度的影响；W_{ij} 为空间权重矩阵 W 中的非负权数；μ_{1i} 和 μ_{2i} 为个体固定效应；λ_{1t} 和 λ_{2t} 为时间固定效应；ε_{1it} 和 ε_{2it} 为服从独立同分布假设的随机扰动项。进一步地，按第二章叙述的原理对空间杜宾模型进行分解，从而对自变量的空间交互效应进行分析。

本部分的识别策略为：税收竞争强度对跨区域污染的影响根据 β_1 和 β_3 的符号识别。如果 $\beta < 0$，则税收竞争强度对跨区域污染物排放量和 PM2.5 浓度有抑制作用；如果 $\beta > 0$，则税收竞争强度的提高增加了跨区域污染物排放量和 PM2.5 浓度。而地方政府间税收竞争策略互动行为则根据 ρ_1 和 ρ_2、θ_1 和 θ_3 共同识别。具体识别策略为：如果 θ_1 和 θ_3 不显著，则地方政府间不存在策略互动行为；如果 θ_1 和 θ_3 显著，且 ρ_1 和 ρ_2 也显著，则不能排除地方政府间存在税收竞争策略互动行为的可能；如

果 θ_1 和 θ_3 显著且 ρ_1 和 ρ_2 不显著，则地方政府间存在税收竞争策略互动行为，进一步地，若 θ_1 和 θ_3 显著且为正，则地方政府间策略互动的具体形式为策略互补。

三　实证结果及分析

（一）基准回归

使用极大似然估计法（MLE）对式（3-17）和式（3-18）进行估计，为控制可能存在的个体异质性和时间趋势，所有模型均控制个体（城市）固定效应和时间（年份）固定效应，并使用城市层面的聚类稳健标准误计算，结果报告于表3-5。

表 3-5　税收竞争与跨区域污染：基准回归

变量	（1）	（2）	（3）	（4）	（5）	（6）	（7）	（8）
	$\ln COD$		$\ln AN$		$\ln SO_2$		$\ln PM2.5$	
	十二五	十三五	十二五	十三五	十二五	十三五	十二五	十三五
税收竞争	−0.196 ***	−0.107 ***	−0.377 ***	−0.016 ***	−0.279 ***	−0.137 ***	−0.345 ***	−0.009
	(5.581)	(2.902)	(12.125)	(3.267)	(6.558)	(2.904)	(8.707)	(1.547)
$W\times$税收竞争	0.100 ***	0.062 **	0.053 **	−0.003	0.144 ***	0.150 ***	0.149 ***	0.017 ***
	(4.191)	(2.478)	(2.510)	(0.783)	(3.791)	(3.433)	(4.345)	(3.112)
ρ	0.577 ***	0.730 ***	0.670 ***	0.730 ***	0.727 ***	0.710 ***	0.813 ***	0.866 ***
	(0.0165)	(0.019)	(0.0148)	(0.019)	(0.0128)	(0.0187)	(0.0096)	(0.0118)
控制变量	控制	控制	控制	控制	控制	控制	控制	控制
常数项	是	是	是	是	是	是	是	是
个体固定效应	控制	控制	控制	控制	控制	控制	控制	控制
时间固定效应	控制	控制	控制	控制	控制	控制	控制	控制
观测值	1370	1370	1370	1370	1370	1370	1370	1370
R^2	0.204	0.305	0.229	0.391	0.159	0.143	0.069	0.420

注：** 和 *** 分别表示5%和1%的显著性水平；括号内为标准误，根据城市聚类稳健标准误计算。

由表 3-5 可知，首先，各跨区域污染物排放量均在地级市层面表现出显著的空间正向自相关性，污染物排放存在显著的空间集聚效应，这导致我国跨区域污染存在空间集聚，与前文结论相同；其次，本地税收竞争强度提高，也即实际税率下降将导致本地跨区域污染物排放量提高，进而使环境恶化，税收竞争强度提高也直接使大气污染的程度加深（"十二五"期间）；最后，税收竞争存在显著的正向空间相关性，即空间相关的地区税收强度上升将对本地的污染产生抑制作用。进一步地，将空间杜宾模型直接效应和间接效应的分解结果报告于表 3-6。

表 3-6 税收竞争与跨区域污染：基准回归结果分解

变量	(1)	(2)	(3)	(4)	(5)	(6)	(7)	(8)
	$\ln COD$		$\ln AN$		$\ln SO_2$		$\ln PM2.5$	
	十二五	十三五	十二五	十三五	十二五	十三五	十二五	十三五
税收竞争直接效应	-0.320 *** (4.483)	-0.194 ** (2.553)	-0.313 *** (4.804)	-0.033 *** (3.180)	-0.304 *** (2.977)	-0.315 *** (2.727)	-0.170 * (1.81)	-0.513 ** (2.55)
税收竞争间接效应	0.173 *** (4.631)	0.176 *** (3.622)	0.094 *** (2.900)	-0.007 (0.794)	0.308 *** (4.223)	0.385 *** (4.425)	0.281 *** (4.728)	0.069 ** (2.549)
税收竞争总效应	-0.147 *** (4.455)	-0.018 *** (4.157)	-0.219 *** (2.970)	-0.04 (0.787)	0.004 *** (4.175)	0.07 *** (4.782)	0.111 *** (4.633)	-0.444 ** (2.313)
控制变量	控制	控制	控制	控制	控制	控制	控制	控制
常数项	是	是	是	是	是	是	是	是
个体固定效应	控制	控制	控制	控制	控制	控制	控制	控制
时间固定效应	控制	控制	控制	控制	控制	控制	控制	控制
观测值	1370	1370	1370	1370	1370	1370	1370	1370
R^2	0.204	0.305	0.229	0.391	0.159	0.143	0.069	0.420

注：*、** 和 *** 分别表示 10%、5% 和 1% 的显著性水平；括号内为标准误，根据城市聚类稳健标准误计算。

由表 3-6 可知，在地理邻接空间权重矩阵的设定下，本地税收竞争强度提高在全时期显著增加本地跨区域污染物排放量，从而间接提高了跨区域污染程度，同时显著提高了以 PM2.5 浓度衡量的大气污染程度，直接对跨区域污染形成了负面影响，从而给出了假设 1 的经验证据。进一步地，税收竞争存在显著的空间效应，相邻的地级市如果采取更为激进的税收竞争策略使其税率进一步降低，将导致本地跨区域污染物排放量的下降。这样的结果验证了假设 2 与假设 3，即资本会流向税收竞争更强、税率更低的地区，从而会导致资本迁入地的污染加剧。但是，仍不能排除地方政府之间存在税收竞争的策略互动这一可能，如果空间相关的地方政府为争夺稀缺流动资本而提高其税收竞争强度，使得本地资本受外地低税率影响从而出现外流倾向，那么，理性的本地政府将采取反制措施，即有可能通过税收优惠等方式进一步使本地实际税率下降，从而使资本留在本地。这样的税收逐底竞争显然将对跨区域污染产生相当不利的影响。最后，税收竞争所导致的实际税率下降通过提高大部分跨区域污染物排放量和影响 PM2.5 浓度，整体上从间接和直接两个方面对跨区域污染产生了不利的影响。

（二）内生性问题

为进一步控制模型中因内生性问题而导致的估计偏误，同时对跨区域污染物的时间相关性进行控制，建立动态空间面板杜宾模型（DSDM），并使用 Han-Phillips 广义矩估计（HP-GMM）方法对动态空间面板杜宾模型进行估计，估计结果报告于表 3-7。

表 3-7 中跨区域污染物排放量的一阶滞后项全时期统计显著，表明样本期内跨区域污染物排放量具有显著的路径依赖性，一方面要看到跨区域污染物排放量和 PM2.5 浓度均具有"滚雪球"的特性，从而从间接

和直接两个方面提示跨区域污染问题迫切需要治理；另一方面也要看到，"十三五"时期虽然这一自我加强的趋势没有改变，但其加强的程度显著低于"十二五"时期，也即自我加强的速度下降了，这可以视为一种显著的治理效果。其原因可能在于我国近年来对税收优惠进行规范，以及加强税收征管，压缩了地方政府的税收竞争空间。在控制了内生性、空间相关性和时间相关性的基础上，税收竞争的直接效应和空间效应在统计显著性上均有显著的提升，即说明上述问题使得估计结果出现了一定程度的偏误，使用 HP-GMM 方法对动态空间面板杜宾模型进行估计是合理的。

表 3-7　税收竞争与跨区域污染：内生性问题

变量	(1)	(2)	(3)	(4)	(5)	(6)	(7)	(8)
	$\ln COD$		$\ln AN$		$\ln SO_2$		$\ln PM2.5$	
	十二五	十三五	十二五	十三五	十二五	十三五	十二五	十三五
L.污染物	0.521*** (9.907)	0.467*** (9.606)	0.587*** (11.870)	0.560*** (11.868)	0.510*** (7.058)	0.398*** (6.172)	0.387*** (11.922)	0.351*** (10.218)
$\ln TR$	−0.272*** (−4.658)	−0.340*** (−5.298)	−0.448*** (−6.820)	−0.415*** (−5.807)	−0.289*** (−5.666)	−0.306*** (−5.545)	−0.031*** (−2.806)	−0.032*** (−2.813)
$W \times \ln TR$	0.132*** (5.951)	0.037*** (3.996)	0.171*** (6.886)	0.075*** (7.192)	0.107*** (5.545)	0.051*** (6.450)	0.004 (0.828)	0.007*** (3.567)
控制变量	控制	控制	控制	控制	控制	控制	控制	控制
常数项	是	是	是	是	是	是	是	是
个体固定效应	控制	控制	控制	控制	控制	控制	控制	控制
时间固定效应	控制	控制	控制	控制	控制	控制	控制	控制
观测值	1096	1370	1096	1370	1096	1370	1096	1370

注：*** 表示 1% 的显著性水平；括号内为 Z 值，根据城市聚类稳健标准误计算；L. 表示滞后一期。

（三）稳健性检验

为进一步保证研究结论的可靠性，本部分做了以下一系列稳健性检验。第一，替换被解释变量。使用总量维度的工业废水排放量（lnIWW）和工业废气排放量（lnIWG）作为城市跨区域污染程度的衡量指标。第二，替换解释变量。使用地级市税收收入与当年 GDP 之比衡量税收竞争。第三，将空间权重矩阵由地理邻接空间权重矩阵（WGA）替换为经济地理距离空间权重矩阵（$WEGD$），在"标尺竞争"的假设下对税收竞争对跨区域污染的影响进行考察。第四，滞后控制变量。前文分析主要关注核心解释变量与被解释变量之间因存在双向因果关系而导致的内生性问题，而本章中的控制变量与被解释变量间可能也存在双向因果问题，为排除这一问题，将控制变量滞后一期。第五，剔除特殊年份。2020 年发生的新冠疫情对实体经济产生了重大冲击，政府施行了一系列的税收优惠等纾难措施，客观上对地方政府税收收入产生了影响；同时，疫情管制客观上对生产形成了限制，从而影响了跨区域污染。有鉴于此，本部分将样本期内受疫情影响显著的 2020 年予以剔除。第六，控制交互固定效应。在原模型控制的个体（城市）固定效应和时间（年份）固定效应的基础上，进一步加入了个体—时间固定效应（城市—年份）。以上稳健性检验所得结论的显著性和符号与前文结果基本一致，可以认为本章结论稳健。

四 机制分析

上一节中，税收竞争对跨区域污染造成影响是由地区间相对税率的变化导致资本（也即排污企业）在区域间流动，对资源配置产生扭曲作用，从而造成污染的区际转移。这也是现有分析"税收竞争—污染"的经典底层逻辑，虽然对"税收竞争—跨区域污染"这一本书所关注的问题具有一定的解释力，但仍存在一定的理论缺陷。具体而言，税收竞争导致的实际税率变化确实使资本流动影响了某一地级市跨区域污染物排放量，即污染的"点变化"。当关注某一地级市污染时，实际税率提高导致的排污企业迁出可以被视为一种"治理"，因为它使本地污染物排放量降低。但将某一地级市的污染拓展至跨区域污染这一区域性、总量性的"面变化"概念时，其逻辑解释力明显下降，其原因有两方面。一方面，与经典逻辑适用的语境不同，本书所关注的污染客体是"跨区域污染物"，这一类污染物最为典型的特质在于它有显著的空间外溢性，所以即使排污企业迁出本地，其污染物排放仍可能影响本地的环境质量，甚至可能出现水污染企业迁至本地上游，本地排污量虽然下降，但仍导致本地环境污染程度加剧的情形，所以污染物空间外溢性的存在对这一经典逻辑在本书语境下的解释力形成了第一重削弱。另一方面，本书所关注的是"跨区域污染治理"，其内涵在于跨区域污染程度的总体降低，而非排污企业因各地实际税率的相对变化而在空间层面迁移，使污染物排放总量无变化，所以，经典逻辑如果要向本书所关注的问题推广，需要附加一个对"区域间禀赋完全相同，则'点变化'不会影响'面变化'"命题的证伪。虽然这一命题证伪并不难，但这样的逻辑结构显然没有给出"税收竞争—跨区域污染"的直接理论机制，从而形成了对其解释力和可信度的第二重削弱。有鉴于此，本部分尝试提出一个新的机制，力图建立一个"税收竞争"和"跨区域污染"之间直接且具有强逻辑解释力的逻辑路径，明确给出"税收竞争—跨区域污染"这一现象背后的理论机制和经验证据。

本部分提出的新的影响机制为：税收竞争通过扭曲支出结构从而对

跨区域污染产生影响，即"税收竞争—支出结构—跨区域污染"。在税收竞争通过扭曲支出结构影响跨区域污染的推断中，其逻辑路径实质是税收竞争行为导致地方政府收入的改变，偏好既定的地方政府的预算约束改变，自然会改变其对生产性产品和非生产性产品的消费组合，也即地方政府会调整支出结构，从而对跨区域污染产生影响。显然，地方政府支出行为对跨区域污染的影响是复杂的，非生产性支出如财政环境支出会直接抑制跨区域污染，教育和科技支出会间接抑制跨区域污染，而生产性支出则会显著加重跨区域污染。那么，税收竞争最终是否会导致跨区域污染加重取决于财政支出结构的变动方式，而支出结构的变动方式在很大程度上受地方政府偏好影响，而在地方政府偏好背后，是地方政府从利己角度出发对我国的财政分权和行政集权制度带来的追逐经济增长的晋升激励和从公共利益角度出发供给公共服务的矛盾的角力。本部分将对中介效应进行检验，首先检验税收竞争对支出结构的影响，进而研究支出结构对跨区域污染的影响，再检验税收竞争对跨区域污染的影响，最后尝试证明税收竞争通过扭曲财政支出结构影响跨区域污染物排放的中介效应的存在性。

（一）理论模型

关于支出结构与跨区域污染之间关系的理论模型已于第二章第一部分给出，本部分构建税收竞争和财政支出结构的理论模型，解释通过改变以实际税率为手段的税收竞争对支出结构产生的影响。设一国境内存在多个同质地区，每个地区均由地方政府、居民和企业三部门构成。其中，居民拥有资本、土地、劳动等生产要素，且除资本要素可流动外，其他生产要素均严格不可流动。企业利用资本产出完全同质的商品。地方政府的财政一般预算支出分为两个部分：旨在提升社会福利水平的支出为非生产性支出，记为 g；旨在提升要素边际生产率的支出为生产性支出，记为 p。同时，假定相同单位的最终产品、私人产品、非生产性支出以及生产性支出是等价的且可以自由转换。税收是地方政府的唯一收入来源，税率为 t，此时，地方政府的预算约束可表示为 $tk=g+p$。其中，k 为流动资本。

本国内所有地区的生产函数均为 $Y=F(k_i,p)$，该生产函数满足边际产出递减以及二阶连续可微的条件。生产性支出与私人资本正相关，且生产函数中的私人投入不变，即存在要素扩张支出。生产函数的约束条件为：

$$F_{kp}k-F_p<0 \tag{3-19}$$

企业的利润最大化一阶条件为 $r=F_k-t_i$，其中，r 为资本税后净收益。

对 r 求全微分，得：

$$\frac{\partial k_i}{\partial t_i}=\frac{1}{F_{kk}}<0\,;\frac{\partial k_i}{\partial p}=-\frac{F_{kp}}{F_{kk}}>0 \tag{3-20}$$

由上述假定可以推出，首先，非生产性支出水平与企业投资决策不相关，税率和财政生产性支出对企业投资决策会产生实质影响；其次，地区税率提高会导致资本净流出，而税率降低会导致资本流入；最后，生产性支出增加会导致资本流入，生产性支出降低则会导致资本流出。

基于给定的初始禀赋，地区内居民拥有 $\bar{k}$ 单位的资本以及非流动生产要素。由于居民不流动，所以其非流动要素投资于初始地区，且居民将相等的流动要素投入相同地区，这一总体投入的收益形成居民收入，假定居民不进行储蓄，其预算约束为：

$$c_i=F(k_i,p)-rk_i-t_ik_i+r\bar{k} \tag{3-21}$$

假设 $U(c_i,g)$ 为居民的效用函数，且满足二阶连续可微和严格拟凹两个条件。进一步假定地方政府以辖区内居民福利最大化为唯一目标，则其目标函数和约束函数如下：

$$\text{Max } U(c_i, g)$$

$$\text{s. t. } g + p = t_i k_i \tag{3-22}$$

代入居民消费，构建拉氏函数为：

$$L = U\left[F(k_i, p) - rk_i - t_i k_i + r\overline{k}, g \right] + \lambda(t_i k_i - g - p) \tag{3-23}$$

一阶条件为：

$$-k_i U_c + \lambda\left(k_i + t_i \frac{\partial k_i}{\partial t_i} \right) = 0 \tag{3-24}$$

$$U_g - \lambda = 0 \tag{3-25}$$

$$U_c F_p + \lambda\left(t_i \frac{\partial k_i}{\partial p} - 1 \right) = 0 \tag{3-26}$$

由式（3-25）和式（3-26）可得：

$$\frac{U_g}{U_c} = \frac{k_i}{k_i + t_i \dfrac{\partial k_i}{\partial t_i}} > 1 \tag{3-27}$$

根据式（3-27）可知，税收竞争使非生产性支出低于最优水平。政府如果使用一次性总量税为非生产性支出融资，则居民从一单位消费品中获得的边际效用等于一单位非生产性支出的效用，此时居民效用达到最大化，资源得到帕累托最优配置。而政府如果通过扭曲性税收获得财政收入，则造成资源错误配置，最终导致生产性支出不足。

由式（3-25）、式（3-26）、式（3-27）可知：

$$\frac{1 - t_i \dfrac{\partial k_i}{\partial p}}{F_p} = \frac{k_i + t_i \dfrac{\partial k_i}{\partial t_i}}{k_i} \tag{3-28}$$

将式（3-23）代入，并结合式（3-22）可得：

$$F_p - 1 = \frac{t_i}{F_{kk}k_i}(k_i F_{kp} - F_p) > 0 \qquad (3-29)$$

式（3-29）进一步说明了税收竞争条件下，不仅非生产性支出低于最优状态，生产性支出同样不足。

存在税收竞争时，公共支出结构可表示为：

$$F_p - \frac{U_g}{U_c} = -\frac{U_g}{U_c}t_i\frac{\partial k_i}{\partial p} < 0 \qquad (3-30)$$

在帕累托最优状态下，生产性支出的边际产出等于非生产性支出的边际收益。但在税收竞争状态下，地方政府财政支出结构出现扭曲，倾向于增加生产性支出。进一步地，结合第二章第一部分构建的三部门模型对支出结构和污染之间关系的分析，当存在税收竞争时，地方政府财政支出结构出现更偏重生产性支出的扭曲，一方面致使污染机构的生产资本增加，污染水平提高；另一方面使污染机构的污染治理资本投入增加，污染治理水平提高，总体影响不确定。由此，本部分提出以下研究命题。

命题：税收竞争通过扭曲支出结构影响污染水平，但影响方向不确定。

（二）实证设计

1. 变量选取与数据来源

财政支出结构（lnBSNPE）是本部分的机制变量，使用地级市财政非生产性支出与当年财政一般公共预算支出之比衡量。借鉴 Barro（1990）和 Devarajan 等（1996）的研究，将财政支出分为生产性支出和非生产性支出。根据我国 2007 年政府收支分类改革后的一般公共预算支出科目，将财政教育支出、财政社会保障和就业支出、财政文化传媒支出、财政医疗与卫生支出、财政科学技术支出、财政环境支出等六项作为财政非生产性支出。数据来源于《中国城市统计年鉴》《中国区域经济统计年鉴》，少数城市的数据来自所属省份的统计年鉴以及该城市的统计年鉴。

2. 中介效应的验证

解释变量通过中介变量对被解释变量产生的间接效应被称为中介效应（MacKinnon et al.，2000）。Baron 和 Kenny（1986）提出的逐步法是目前最为普遍采用的检验方法，其具体检验过程基于两个条件：第一，解释变量是否对被解释变量有统计显著的影响；第二，对于因果链上的任一变量，前置变量被控制后是否会出现对后置变量的显著影响。如果这两个条件同时成立，则可以认为存在中介效应。进一步地，中介效应可以根据加入中介变量后解释变量系数的显著性变化程度而具体分为部分中介效应和完全中介效应。具体而言，设解释变量为 X，被解释变量为 Y，中介变量为 M，对中介效应的考察可以表述为如下方程：

$$Y = cX + e_1 \qquad\qquad (3-31)$$

$$M = aX + e_2 \qquad\qquad (3-32)$$

$$Y = c'X + bM + e_3 \qquad\qquad (3-33)$$

借鉴温忠麟等（2004）以及温忠麟和叶宝娟（2014）的研究，设定中介效应检验步骤如下：第一步，观察式（3-31）的回归系数 c，如果统计显著，则以中介效应存在立论，但即使统计不显著，也要继续检验；第二步，观察式（3-32）中的 a 和式（3-33）中的 b，如果系数均显著，则存在显著的间接中介效应；第三步，观察式（3-33）中的系数 c'，如果不显著，则解释变量与被解释变量之间不存在显著的直接效应，只存在通过中介变量影响的间接效应，如果 c' 统计显著，则表明解释变量与被解释变量之间存在显著的直接效应，但也通过中介变量产生间接效应，此时，解释变量与被解释变量之间存在部分中介效应。

(三)结果分析

考虑到税收政策和支出结构变动对跨区域污染的影响存在一定的滞后性，将滞后一期税收竞争和支出结构变量纳入模型。关于税收竞争与跨区域污染中财政支出结构扭曲的中介效应检验结果报告于表 3-8（水污染）和表 3-9（大气污染）。

表 3-8 和表 3-9 分别汇报了税收竞争通过扭曲财政支出结构作用于水污染和大气污染这两种跨区域污染的中介机制验证结果。首先，两表中第（1）、（4）、（7）和（10）列均为式（3-31）的回归结果，可以看出税收竞争与污染存在显著负相关关系①，即上一期税收竞争强度增加，导致本地跨区域污染物排放量的上升和大气污染程度的增加，中介效应的第一步验证通过。其次，两表中第（2）、（5）、（8）和（11）列为式（3-32）的回归结果，即滞后一期的税收竞争强度对本期支出结构的影响，可见，上年度如果增加了税收竞争强度，财政非生产性支出占比上升，两者存在显著的正相关关系，即式（3-32）中回归系数 a 显著。最后，两表中第（3）、（6）、（9）和（12）列为式（3-33）的回归结果，将税收竞争和财政支出结构纳入同一方程后，财政支出结构系数在所有情况下均显著，税收竞争在两种污染情况下回归系数基本显著②，可以得出，存在税收竞争通过扭曲支出结构导致跨区域污染总量变动的中介效应。其具体作用路径为：税收竞争会导致财政非生产性支出占比下降（生产性支出占比提升），非生产性支出占比下降（生产性支出占

———

① 其中，仅 2011—2015 年税收竞争强度对二氧化硫排放量的影响统计不显著。
② 其中，仅 2011—2015 年税收竞争强度对二氧化硫排放量的影响统计不显著。

表3-8 税收竞争与跨区域污染机制分析：中介效应检验（水污染）

变量	(1)	(2)	(3)	(4)	(5)	(6)	(7)	(8)	(9)	(10)	(11)	(12)
	十二五			十三五			十二五			十三五		
	lnCOD	lnBSNPE	lnCOD	lnCOD	lnBSNPE	lnCOD	lnAN	lnBSNPE	lnAN	lnAN	lnBSNPE	lnAN
L. lnTR	-4.537** (-2.060)	1.700** (2.087)	-4.542** (-2.060)	-6.297** (-2.013)	1.798*** (4.846)	-6.090* (-1.957)	-6.353* (-1.708)	1.700** (2.087)	-6.348* (-1.705)	-7.835* (-2.149)	1.798*** (4.846)	-7.397** (-2.053)
lnBSNPE			-0.910*** (-4.397)			-1.523*** (-5.639)			-1.384*** (-5.320)			-0.199*** (-4.835)
控制变量	控制	控制	控制	控制	控制	控制	控制	控制	控制	控制	控制	控制
常数项	是	是	是	是	是	是	是	是	是	是	是	是
个体固定效应	控制	控制	控制	控制	控制	控制	控制	控制	控制	控制	控制	控制
时间固定效应	控制	控制	控制	控制	控制	控制	控制	控制	控制	控制	控制	控制
观测值	1096	1096	1096	1370	1370	1370	1096	1096	1096	1370	1370	1370
R^2	0.007	0.043	0.009	0.330	0.052	0.331	0.006	0.043	0.007	0.362	0.052	0.365

注：*、**和***分别表示10%、5%和1%的显著性水平；括号内为t值，根据城市聚类稳健标准误计算；L.表示滞后一期。

表 3-9 税收竞争与跨区域污染机制分析：中介效应检验（大气污染）

变量	(1)	(2)	(3)	(4)	(5)	(6)	(7)	(8)	(9)	(10)	(11)	(12)
	十二五			十三五				十二五			十三五	
	$\ln SO_2$	$\ln BSNPE$	$\ln SO_2$	$\ln SO_2$	$\ln BSNPE$	$\ln SO_2$	$\ln PM2.5$	$\ln BSNPE$	$\ln PM2.5$	$\ln PM2.5$	$\ln BSNPE$	$\ln PM2.5$
L. $\ln TR$	2.059 (1.131)	1.700** (2.087)	1.943 (1.076)	-5.860** (-2.123)	1.798*** (4.846)	-5.407** (-1.970)	-1.152** (-2.045)	1.700** (2.087)	-1.004* (-1.848)	-1.577*** (-3.588)	1.798*** (4.846)	-1.413*** (-3.280)
$\ln BSNPE$			-0.428** (-1.989)			-0.531** (-2.016)			-1.138*** (-7.279)			-0.184*** (-3.964)
控制变量	控制	控制	控制	控制	控制	控制	控制	控制	控制	控制	控制	控制
常数项	是	是	是	是	是	是	是	是	是	是	是	是
个体固定效应	控制	控制	控制	控制	控制	控制	控制	控制	控制	控制	控制	控制
时间固定效应	控制	控制	控制	控制	控制	控制	控制	控制	控制	控制	控制	控制
观测值	1096	1096	1096	1370	1370	1370	1096	1096	1096	1370	1370	1370
R^2	0.039	0.043	0.049	0.436	0.052	0.440	0.162	0.043	0.098	0.604	0.052	0.613

注：*，**和***分别表示10%、5%和1%的显著性水平，括号内为t值，根据城市聚类稳健标准误计算；L.表示滞后一期。

比提升），导致污染物排放量增加，即税收竞争通过扭曲支出结构对跨区域污染的总量产生影响，且实际税率提高，跨区域污染总量下降。通过建立理论模型，本部分论证了税收竞争通过扭曲支出结构从而对跨区域污染产生影响在理论上是可能的。进而通过逐步法给出了水污染和大气污染中财政支出结构中介效应存在的证据，为税收竞争对跨区域污染的影响给出了新的机制解释。税收竞争可以通过改变支出结构作用于跨区域污染，这进一步给出了税收竞争会对区域内污染总量产生影响这一论断的证据。本节给出了税收竞争对跨区域污染总量产生影响的现实证据，并进一步给出了税收竞争对跨区域污染总量影响的具体方向。在本章样本期内，税收竞争通过降低非生产性支出占比（提高生产性支出占比）进而导致跨区域污染减轻。这一结论通过明确税收竞争与跨区域污染之间的强逻辑联系，给出了税收竞争影响跨区域污染的有力证据。

五　地方政府间税收竞争策略互动的形式、原因及特征

上节的结论给出了地方政府间税收竞争存在空间外溢效应的经验证据，这一外溢现象显然对跨区域污染问题产生了非常显著的影响，确知这一外溢现象背后的成因、机制以及影响因素，对于“横向税收竞争影响跨区域污染”这一研究命题是重要的。一方面，这一现象极为显著地影响了跨区域污染；另一方面，如果这一对跨区域污染产生显著影响的外溢现象是由税收竞争策略互动引致的，则指示一地的税收政策并非独立和外生的，而是与空间相关的地方政府的税收政策相关，也即形成了“叠加效应”，从而对本地的跨区域污染问题产生了复合的影响。对这一问题进行深入的分析和研究，有助于系统而全面地对横向税收竞争对跨区域污染的影响进行认识和把握，从而能更有针对性地对现有的横向税

收竞争进行匡正。但受限于空间杜宾模型的解释能力，上一节的分析无法进一步明确这一外溢现象是不是由税收竞争策略互动导致的。有鉴于此，本节将首先对地方政府间税收竞争策略互动的存在性进行检验，从而结合上节研究结论，给出税收竞争策略互动对跨区域污染治理产生叠加效应的经验证据。其次，对税收竞争策略互动进行系统性分析，从同群效应视角出发，确定策略互动的具体模式；同时加入税收竞争的时间滞后项与时空滞后项，从时空维度考察地方政府税收竞争路径依赖及时空互动的存在性。在此基础上，使用非对称分析法对地方政府间税收竞争策略互动的具体方向，即"逐顶竞争"或"逐底竞争"进行识别。最后，考察省级行政因素对下辖地级市间税收竞争的影响，分析行政权威是否对地方政府间税收竞争策略互动产生正向的协调作用，从而有利于跨区域污染治理。本部分的研究意义在于，通过对地方政府间税收竞争策略互动的形式、原因以及特征进行系统的分析，深化对地方政府间税收竞争的认知与把握，有针对性地对我国地级市政府间税收竞争横向策略互动行为进行修正与协调，调和经济增长与跨区域污染治理之间的矛盾，从根本上寻找跨区域污染问题的治理之道。

（一）税收竞争策略互动存在性的验证

伴随市场化改革与财税制度改革的推进，地方政府在以 GDP 为主要考量的晋升激励下，对流动资本展开了激烈的竞争。税收政策因较为直接且灵活，已经成为地方政府竞争的重要政策手段（Tiebout，1956；Becker and Rauscher，2013）。在西方联邦体制下，地方政府有相对较大的税收立法权和征管权，所以西方国家一般将以立法方式对地方税率进行调整作为税收竞争的策略。与西方联邦体制不同，我国实行的分税制将税权高度统一于中央政府，这意味着我国地方政府虽然不能通过立法对税率进行直接干预以开展税收竞争，但仍可以灵活利用自由裁量权，对税收优惠、税收检查力度等进行微调，采取不易被上级政府监督的手段（范子英、田彬彬，2013；汤玉刚、苑程浩，2011）进行税收竞争。在以争夺流动资本为目的的税收政策制定中，简单地降低本地实际税率无法有效地吸引流动资本，必须将竞争对手的税收政策纳入考虑，因为流动资本倾向于流向区域内实际税率的相对低点，而非某地税率的绝对低点。在这样的现实背景下，地方政府的税收政策制定可能受到同群效应的影响。

同群效应（Peer Effects）发轫于社会学理论，其理论框架建立在对社会互动行为的分析上，社会互动宽泛地指社会中行为实体间相互影响的现象。在社会互动的框架下，Manski（2000）首先将同群效应定义为"体现了个体间决策相互影响的、一种内生的社会互动现象"。众多的文献表明，同群效应普遍存在于社会行为（如教育、犯罪、移民、劳动力流动等）中，邓慧慧和赵家羚（2018）通过分析地方政府间建设开发区背后的原因，证明了地方政府的决策受到同群效应的影响。社会中的"人"做出决策时会受到其他个体的影响，而地方政府的决策亦由"人"决定。在我国财政分权和行政集权的背景下，存在于"晋升锦标赛"模式中的地方政府的行为与决策几乎不可避免地存在相互关联。再加上税收政策需要制造区域"税收洼地"，才可以对流动资本产生吸引效果，所以地方政府在制定税收政策时很有可能存在策略上的互动行为，通过这种互动使自身在"同群"中取得更大的优势。有鉴于此，本部分提出假设1。

假设1：地级市政府并非独立制定税收政策，而是与其他地级市存在策略互动，地级市政府间税收竞争受同群效应的影响。

　　税收竞争的重要目的是争夺流动资本，资本迁移成本与资本迁移空间距离呈正向相关，所以资本更倾向于在邻近地区内流动。地级市进行税收竞争时会关注邻近地级市的税收政策，即相邻地级市间可能受同群效应影响而存在策略互动。此外，在"标尺竞争"的理论假设下，经济发展水平相近的地级市间也可能存在策略互动行为。由于我国幅员辽阔，各地禀赋不同，故而相较于全国范围内经济发展水平相近的地区，邻近且经济发展程度相近的地区更有可能存在税收竞争的策略互动行为。此外，在"晋升锦标赛"和自上而下的"标尺竞争"假设下，同属一省的地级市间可能存在显著的税收竞争策略互动。由此，本部分提出假设 2、假设 3 和假设 4。

　　假设 2：地理邻接的地级市政府间制定税收政策时，受同群效应影响显著，呈现策略互动行为。

　　假设 3：地理邻近且经济发展程度相近的地级市政府间制定税收政策时，受同群效应影响显著，呈现策略互动行为。

　　假设 4：同属一省的地级市间存在税收竞争的策略互动行为。

　　进一步地，在我国的财政分权和行政集权的体制下，地方政府间开展税收竞争的另一个重要原因是争夺官员晋升资格，提升政绩。这与为了追求流动资本而进行的税收竞争并不矛盾。事实上，在以 GDP 为官员绩效考核指标的晋升激励下，追逐流动资本，促进经济发展，以至于在有限任期内得到权重最高的晋升绩效是我国地方官员行为的自然逻辑。资本具有逐利的性质，如果地方政府有更为优惠的税收政策，就会吸引更多的资本涌入，从而引起地方政府间在税收政策上的策略互动。我国地方政府间的税收竞争有显著的正向效应，但过度的税收竞争也带来了许多负面效果。这使得上级政府有动机协调下级政府间的税收竞争，控制其竞争的强度。所以省内地级市税收竞争的强度应弱于无额外限制的地理邻近情况下的税收竞争强度。由此，本部分提出假设5。

假设5：受省级政府的影响，同省地级市间税收竞争强度较弱。

我国地方政府间的税收竞争有两个动机，即争夺流动资本和争取更大的晋升机会，从某种意义上来讲可以被包含在追求晋升这一个目的中。而在我国的行政结构中，上级人事机构的管辖范围决定了辖区内官员流动的边界（周雪光等，2018），地级市内低级别官员只能在本地级市内各部门或下辖各区县内流动，而地级市的主要官员则在本省内的各地级市间流动。这意味着以晋升为重要目的的地方政府间的税收竞争的范围被建立在行政区域基础上的政府内部人事机构划定了，即对于地级市而言，与其同属一省级政府管辖的其他地级市是其主要竞争对手。这意味着同省地级市之间可能存在更激烈的税收竞争，这种"白刃战"很有可能将税收竞争的模式推向"逐底竞争"。由此，本部分提出假设6。

假设6：同属一省的地级市间税收竞争呈现更为显著的"逐底"模式。

有鉴于此，本部分建立动态空间自回归模型，从微观视角对我国地方政府间税收竞争受同群效应而产生的策略互动进行验证，并考察在不同的"群"内，地级市政府间的策略互动强度异同，同时尝试对其影响因素进行分析，从而对我国地级市政府间税收竞争策略互动现象以及其对跨区域污染的影响进行更为全面的研究。此外，有别于支出的跨期策略互动，税收优惠政策等影响实际税率的政策手段更为灵活，所以应关注当期策略互动。

本部分使用系统广义矩估计法（SGMM）同时对动态空间自回归模型（DSAR）中存在的内生性问题、时间相关性问题和空间相关性问题进行控制，以获得无偏估计，结果报告于表 3-10。

表 3-10　税收竞争横向策略互动存在性验证

变量	(1) WGA	(2) WAA	(3) WGD	(4) WEGD
L. lnTR	0.966 *** (8.793)	0.917 *** (5.291)	0.573 *** (5.825)	0.600 *** (7.553)
$W \times \ln TR$	1.002 *** (19.210)	0.953 *** (19.835)	0.960 *** (21.686)	0.977 *** (20.742)
控制变量	控制	控制	控制	控制
常数项	是	是	是	是
个体固定效应	控制	控制	控制	控制
时间固定效应	控制	控制	控制	控制
AR（1）-P 值	0.000	0.000	0.000	0.000
AR（2）-P 值	0.417	0.433	0.458	0.388
Hansen 检验	0.162	0.290	0.238	0.305
观测值	2466	2466	2466	2466

注：*** 表示 1% 的显著性水平；括号内为 t 值，根据城市聚类稳健标准误计算；L. 表示滞后一期。

表 3-10 中的 Hansen、AR（1）、AR（2）检验结果的合意条件是：Hansen 检验 P 值应为 0.1~0.25，AR（1）检验显著且 AR（2）检验不显著。此处的检验结果显示，Hansen、AR（1）、AR（2）均符合要求，表明工具变量数量恰当且参数估计的结果可靠。回归结果中，L. lnTR 和 $W \times \ln TR$ 分别是税收竞争的一阶时间滞后项以及空间滞后项。在所有空间权重矩阵设定下，这两项指标均显著，这意味着本部分选择动态空间自回归模型是贴合现实的。税收竞争的时间滞后项在所有空间权重矩阵设定下均显著为正，这意味着我国地级市政府的税收政策存在显著的路径依赖，即本年度的税收政策受上年度税收政策的影响。进一步地，税

收竞争的空间滞后项在所有空间权重矩阵设定下均显著为正，这意味着我国地级市间存在显著的税收竞争的策略互动行为，且具体的互动形式为策略互补，即地级市之间会选择相同的税收竞争策略，从而验证了假设1~4。在地理邻接空间权重矩阵下，税收竞争空间滞后项系数显著，也即在资本流动地域限制下，地级市政府间存在以争夺流动资本为目的的税收竞争策略互动行为。进一步比较地理邻接空间权重矩阵与行政邻接空间权重矩阵设定下税收竞争空间滞后项的系数，发现前者系数大于后者，这表明同省地级市间的税收竞争强度小于地理邻接的地级市。也可以初步说明省级政府对下辖地级市之间的税收竞争产生了协调或者抑制作用，假设5得证。在经济地理邻接空间权重矩阵中存在显著的税收竞争的策略互动行为是符合实际的，这说明了邻近且经济发展程度相近的地方政府间存在以税收政策争夺流动资本的策略互动行为，也佐证了我国存在某种程度上的自上而下的"标尺竞争"。

（二）税收竞争策略互动的影响因素考察

对地方政府间税收竞争策略互动的研究通常是使用空间自回归模型（SAR）或空间杜宾模型（SDM）等常规空间计量经济模型，通过判断税收竞争的反应系数的正负来对税收竞争策略互动的具体类型予以判断。具体的识别方式为：若税收竞争的反应系数为负，则说明地级市政府间存在差异化的竞争模式；若税收竞争的反应系数为正，则表示地方政府间存在税收竞争的策略模仿行为，但是无法对模仿的具体形式（是"逐顶"还是"逐底"）进行确定。有鉴于此，本部分将对空间自回归模型进行改进，对我国地级市间税收竞争"逐顶"和"逐底"模式进行识别。

国内对地方政府税收竞争策略互动的研究大多局限于使用经典空间计量模型，从而只能将税收竞争的策略互动行为初步判断为"策略互补"或"策略替代"。沈坤荣和付文林（2006）选择分税制改革前后的典型年份（1992 年和 2003 年），通过空间自回归模型给出了我国省级层面存在显著的横向税收竞争策略替代行为的经验证据。该研究虽然得出了我国地方政府间存在税收竞争策略互动行为，以及策略互动的具体形式为策略替代的初步结论，但仍有明显的局限性，具体体现为该研究使用了截面数据，只能研究特定时点上的策略互动行为，对连续时段内的税收竞争策略互动行为无法研究。在此基础上，郭杰和李涛（2009）使用 1999—2003 年平衡面板数据，基于分税种的研究视角对省级层面税收竞争行为进行了考察。结果发现，空间策略特征因税种而异，如营业税等表现出策略替代特征，而财产税等表现出策略模仿特征。早期的研究多针对省级层面的税收竞争策略互动行为，未对省级以下的地方政府进行研究，龙小宁等（2014）使用我国 2000—2014 年的县级数据，针对企业所得税和营业税这两个税种的具体策略互动形式进行研究，结果发现，我国县级政府间也存在税收竞争策略互动行为，且具体形式为策略互补。上述研究表明，学界至今未对地方政府间税收竞争策略互动的具体模式得出统一的结论，并且在得出策略互补结论的研究中，对地方政府间税收竞争策略互补的具体方向的分析多基于理论推理而非实证研究。如贾俊雪和应世为（2016）认为，财政分权引致的横向财政竞争，使地方政府有降低实际税率、吸引流动性生产要素流入本地的行为倾向，所以，地方政府税收竞争策略互动的具体方向为"逐底"。而张军等（2007）则认为，地方政府间的税收竞争策略互动可能同时存在"逐顶"和"逐底"两种形式。一方面，地方政府倾向于对流动性资本影响较大的税种采取"逐底"竞争策略以争取资本流入；另一方面，对于税基相对固定的税种，地方政府则采取"逐顶"竞争策略以获得更多的税收收入、提高本地的公共物品供给水平，以及提升本地官员的政治资本。邓慧慧和虞义华（2017）通过对企业所得税的税收竞争策略互动进行分析，发现同样无法拒绝地方政府间同时存在"逐顶"和"逐底"竞争的可能。现有文献对地方政府间税收竞争策略互动的具体方向给出了诸多结论，但缺乏定量分析的支撑，并且税收竞争策略互动的具体方向对我国跨区域污染治理又有重要的影响。有鉴于此，本部分将建立一个非对称的空间模型，对我国地级市政府间横向税收竞争的具体方向进行定量分析。

本部分借鉴 Fredriksson 和 Millimet（2002）提出的非对称反应模型，对我国地级市间税收竞争的"逐顶竞争"和"逐底竞争"模式进行分析，模型形式为：

$$y_{it}=\varphi_0+\varphi_1 I_{it}Wy_{it}+\varphi_2(1-I_{it})Wy_{ijt}+\beta X_{it}+\mu_i+v_t+\varepsilon_{it} \tag{3-34}$$

$$I=\begin{cases}1, & Wy_{i,t-1}>Wy_{it}\\0, & Wy_{i,t-1}<Wy_{it}\end{cases}$$

其中，y_{it} 即被解释变量，表示 t 年 i 地级市的税收竞争强度；X_{it} 为控制变量；W 为空间权重矩阵。I 是虚拟变量，其定义方式为：当 $Wy_{i,t-1}>Wy_{it}$ 时 $I=1$，也即与本地级市空间相关的地级市上一期的税收竞争强度低于本期税收竞争强度时，该项赋值为 1，这时 φ_1 为逐底竞争系数；当 $Wy_{i,t-1}<Wy_{it}$ 时 $I=0$，也即与本地级市空间相关的地级市上一期的税收竞争强度高于本期税收竞争强度时，该项赋值为 0，此时 φ_2 为逐顶竞争系数。本模型的识别策略为：先比较显著程度，如果 φ_1 显著而 φ_2 不显著，那么地级市间存在以逐底竞争为模式的税收竞争策略互动；如果 φ_1、φ_2 均显著，则转而比较其系数大小。若 φ_1 的系数大于 φ_2 的系数，那么虽然本地的税收竞争策略同时受空间相关地级市逐顶倾向和逐底倾向的影响，但是受逐底倾向影响的强度大于受逐顶倾向影响的强度，

所以此时依然可以说明地级市间存在税收逐底竞争。同理，如果φ_1的系数小于φ_2的系数，则表明地级市间存在税收逐顶竞争。

本节将对模型设定进行改进，从而进一步明确省级行政因素对税收竞争横向策略互动方向的影响。使用行政邻接空间权重矩阵虽然可以刻画同属一省的地级市间税收竞争的模式，但是它不能很好地识别行政机制对税收竞争的作用，因为其与地理邻接空间权重矩阵存在重叠部分。有鉴于此，本部分借鉴李世刚和尹恒（2012）、龙小宁等（2014）以及邓慧慧和赵家羚（2018）的研究设置纯地理邻接空间权重矩阵（$PWGA$），其定义方式为：若两地级市有共同边界且不同属一省级行政区管辖，该矩阵元素为1；若两地级市无共同边界，或同属一省管辖，则该项为0。此外，设置地理—行政邻接空间权重矩阵（$WGA\text{-}WAA$）。其定义方式为：若两地级市同属一省，且拥有共同边界，则该矩阵元素赋值为1，反之为0。各空间权重矩阵具体形式如式（3-35）、式（3-36）所示。

（1）纯地理邻接空间权重矩阵（$PWGA$）

若两地级市邻接且不同属一省管辖，则赋值为1，否则为0。

$$PWGA_{ij}=\begin{cases}1,\text{地级市}\,i\,\text{与地级市}\,j\,\text{邻接，且不同属一省管辖}\\0,\text{其他}\end{cases} \quad (3\text{-}35)$$

（2）地理—行政邻接空间权重矩阵（$WGA\text{-}WAA$）

若两地级市既同属一省管辖，又邻接，则赋值为1，否则为0。

$$WGA\text{-}WAA_{ij}=\begin{cases}1,\text{地级市}\,i\,\text{与地级市}\,j\,\text{邻接，且同属一省管辖}\\0,\text{其他}\end{cases} \quad (3\text{-}36)$$

本部分的识别策略为：通过控制变量的方法，对比纯地理邻接空间权重矩阵（$PWGA$）和地理—行政邻接空间权重矩阵（$WGA\text{-}WAA$）的回归结果，即控制了"地理邻接"这一变量，分析"仅地理邻接"和"既地理邻接又同属一省管辖"这两种情况下税收竞争在强度和方向上的变化，从而可以识别行政因素对地级市间税收竞争的影响。由于模型中存在税收竞争的滞后项，所以依然使用系统广义矩估计（SGMM）方法进行分析，原因及估计策略同前文所述。省级行政因素对地级市间税收竞争强度影响的回归结果如表3-11所示。

表3-11 省级行政因素对地级市间税收竞争强度影响的回归结果

变量	(1) $PWGA$	(2) $WGA-WAA$
L. $\ln TR$	0.951 *** (14.140)	0.998 *** (15.363)
$W \times \ln TR$	1.040 *** (16.061)	1.335 *** (14.322)
控制变量	控制	控制
常数项	是	是
个体固定效应	控制	控制
时间固定效应	控制	控制
AR (1) -P值	0.000	0.000
AR (2) -P值	0.665	0.548
Hansen 检验	0.196	0.184
观测值	2192	1918

注：*** 表示1%的显著性水平；括号内为t值，根据城市聚类稳健标准误计算；L.表示滞后一期。

如表3-11所示，总体来看，在纯地理邻接及地理—行政邻接空间关系设定下，地级市间不仅存在显著的策略互动行为，且在时间维度上存在策略惯性。在纯空间视角下，行政因素影响下的地方政府间税收竞争强度由未控制地理邻接变量时的1.040显著提高至1.335，这意味着省级行政因素增大了辖区内地级市的税收竞争强度。在纯时间视角下，省级行政因素也增强了辖区内地级市税收竞争策略的黏性。这表明省级行政因素不但导致更为激烈的地方政府间税收竞争，还通过增强政策黏性，导致更为显著的税收竞争棘轮效应出现。这样的表现背后可能存在如下原因：首先，省内地级市存在显著的"标尺竞争"；其次，资本在省内邻接地级市间的迁移、文化适应、产业链承接等成本相对较低，导致同省邻接的地级市间竞争的强度很大；最后，省级政府管理缺位，省级政府没有很好地利用自己制定地方政府规章来限制辖区内的税收竞争行为的权力，或地方政府规章治理效果不显。

省级行政因素对地级市间税收竞争方向影响的非对称模型回归结果如表 3-12 所示。

表 3-12　省级行政因素对地级市间税收竞争方向影响的非对称模型回归结果

变量	(1)	(2)	(3)	(4)	(5)	(6)	(7)
	WGA	PWGA			WGA－WAA		
	2011—2020年	2011—2020年	十二五	十三五	2011—2020年	十二五	十三五
逐顶竞争倾向	0.247*** (7.067)	0.315*** (11.078)	-0.157** (-2.564)	0.159*** (3.691)	0.033 (1.164)	0.074 (1.501)	0.537*** (12.038)
逐底竞争倾向	0.270*** (8.214)	0.330*** (12.265)	-0.163*** (-2.857)	0.158*** (3.911)	0.060** (2.289)	0.137*** (3.055)	0.553*** (11.664)
控制变量	控制	控制	控制	控制	控制	控制	控制
常数项	是	是	是	是	是	是	是
时间固定效应	控制	控制	控制	控制	控制	控制	控制
个体固定效应	控制	控制	控制	控制	控制	控制	控制
观测值	2740	2192	1096	1096	1918	959	959
R^2	0.216	0.235	0.041	0.095	0.193	0.114	0.143

注：** 和 *** 分别表示5%和1%的显著性水平；括号内为 t 值，根据城市聚类稳健标准误计算。

表 3-12 中第（1）列是全时段（2011—2020 年）地理邻接空间关系设定下税收竞争的方向，可见，税收竞争呈现逐底趋势，其绝对逐底程度大约为 0.023①。这意味着，我国在"十二五"和"十三五"时期，总体上广泛存在逐底的税收竞争形式。比较而言，第（2）列和第（5）列分别是"仅地理邻接"和"既地理邻接又同属一省管辖"的地级市之间全时段的税收竞争方向，可见，在纯地理邻接空间关系设定下，税收竞争仍然呈现逐底趋势，但绝对逐底程度相较于地理邻接关系有所降低（0.015<0.023）。但在地理—行政邻接空间关系设定下，地方政府间逐顶竞争倾向统计不显著，也即出现了绝对的逐底竞争，这表明同属一省的地级市间存在更为激烈的逐底竞争，这显然不利于跨区域污染的治理，假设 6 得到了验证。第（3）、（4）、（6）、（7）列进一步展示了"十二五""十三五"时期的异质性分析结果，在纯地理邻接空间关系设定下，"十二五"时期的税收竞争仍存在显著的逐底倾向（绝对逐底程度约为 0.006），但"十三五"时期，这一逐底倾向得到了根本性的扭转，纯相邻的地级市间转向了逐顶竞争，已经发生了质的转变。而在地理—行政邻接的空间关系设定下，"十二五"时期已存在的逐底竞争倾向虽然在"十三五"时期没有从根本上改变，但是已经从绝对逐底竞争转向了相对逐底竞争，省级行政因素给地级市的非理性税收竞争带来的负面影响有了显著的减弱。

六　本章小结

首先，本章通过构建空间杜宾模型，对经典税收竞争理论中提出的"税率变动—资本流动"理论在污染领域的应用进行了实证分析。

---

① 绝对逐底程度为逐底竞争倾向系数与逐顶竞争倾向系数的差。

结果表明，税率提高通过导致资本外流从而使本地污染程度下降的现象在我国地级市层面显著存在。资本流动这一机制虽然给出了税率变动和污染之间的关系，但该结论不能草率地推广至跨区域污染领域。因为以单一地级市为视角时，资本的外流（污染源移动）可视为一种"治理"，但当以一个包含多个地级市的区域为视角时，一个可能的情况是区域内地级市相对税率的变动使资本在区域内流动，导致区域污染总量不变，这显然不是跨区域污染的"治理"。这一机制并未给出在跨区域领域内税率变动和污染之间的关系。其次，本章提出"税收竞争—支出结构扭曲—污染"的机制假说，通过实证检验，给出了"税率变动影响跨区域污染"的机制解释。这一结论至关重要，因为其给出了税收竞争对跨区域污染这一细分领域下的特殊现象存在显著的负面影响的理论与现实证据，为进一步分析和研究奠定了基础。再次，本章对地级市层面税收竞争横向策略互动展开了分析。实证分析发现，在时间维度上，我国地级市层面税收竞争策略存在显著的路径依赖，即本年度的税收政策受上年度税收政策的影响；在空间维度上，我国地级市层面存在显著的税收竞争横向策略互动行为。最后，本章建立非对称反应模型，基于"标尺竞争"理论，对我国省级以下地方政府横向税收竞争策略互动的形式及其影响因素进行考察。初步分析结果表明，省级以下地方政府间存在显著的策略互动，且省级行政因素增大了策略互动的强度。进一步地，使用非对称反应模型对税收竞争的方向进行分析。结果表明，同属一省的地级市之间不但存在更激烈的税收竞争，其竞争方向还呈现绝对逐底倾向，这显然不利于跨区域污染的治理。进一步的异质性分析表明，相较于"十二五"时期，"十三五"时期同一省内的地级市间税收竞争逐底程度得到了显著的抑制，总体发展趋势有利于跨区域污染的治理。这给出了我国进一步通过协调财政竞争治理跨区域污染问题的依据，即省级政府通过制定地方性规范等手段，对本地税收优惠行为和税收征管行为进行规范，进而对本地税收竞争强度进行适当控制，并将工作重点放在遏制税收逐底竞争上，从而促成良性税收竞争模式的形成。

第四章
横向财政竞争中倾向性策略的治污效应
及影响因素考察

本章是第二、第三章研究的综合和深化，旨在总体分析财政竞争的形式、影响因素和治污效应的基础上，为第五章的整体协调和治理机制构建提供现实依据。第二、第三章的实证研究给出了重要的结论：在支出侧，财政支出规模的扩大、财政非生产性支出占比提高以及财政环境支出增加对跨区域污染有显著的治理作用；在收入侧，税收竞争导致实际税率低于有效税率，进而扭曲资本流动以及财政支出结构，最终总体上加剧了跨区域污染。进一步考虑到地级市政府间的策略互动行为，虽然因财政环境支出存在正向外部性而出现的策略替代现象（"搭便车"行为），削弱了财政环境支出对跨区域污染的治理效果，但是并不改变宏观上财政环境支出竞争对跨区域污染存在正向治理效应这一事实。反观税收竞争方面，第二、第三章的经验证据表明，地级市政府间广泛存在以逐底竞争为形式的策略互动。首先，税收逐底竞争导致地级市的实际税率进一步下降，从而削弱了税收对环境污染治理的有效性；其次，地级市间非理性的、过度的税收竞争可能导致或者加剧资本在区域内的不当配置，从而造成更为严重的跨区域污染；最后，地级市间逐底的税收竞争策略互动将导致财政支出结构进一步扭曲，从而不利于跨区域污染的整体治理。通过上述研究，我们初步认识了地方政府间财政支出和税收竞争对跨区域污染治理的影响，但是，如前所述，这些章节的分析均建立在一个潜在的"使用单一同质政策回应"假设上，即"当地方政府面对税收竞争或支出竞争时，将使用且仅使用同类型的策略进行反应"，也即以税收策略应对税收竞争，使用支出策略回应支出竞争。这一假设显然过于理想化，虽然在研究单一政策效果时优势明显，但不利于研究进一步贴近宏观现实，限制了刻画宏观全景的能力。现实中地级市政府的政策库内同时存在支出政策和税收政策，并不存在以同样策略回应的必然限制。当一个地级市面对其他地级市的税收竞争时，其既有可能使用税收策略，也有可能使用支出手段来进行策略互动，还有可能同时使用税收策略和支出策略进行互动，地级市政府完全有多样化运用财政支出和税收政策的可能性。那么，在经济稳定高质量增长和跨区域污染治理的双重视阈下，地方政府理论上最优的财政竞争策略组合是什么？现实中，地方政府的财政竞争策略组合是什么？与理论最优模式存在何种程度的偏离？其对跨区域污染产生了怎样的影响？这一策略组合的偏离受何种因素的影响？又应如何予以协调和修正？对上述问题进行研究的意义在于：明确横向财政竞争中倾向性策略的治污效应与影响因素是进一步建立有效的协调机制、规范和引导地方政府间财政竞争的基础，而协调地方政府间过度的、非理性的横向地方政府竞争是治理我国跨区域污染的根本路径。有鉴于此，本章通过理论分析和实证检验对地方政府间财政竞争的策略倾向及其对跨区域污染的影响进行研究。具体结构设定如下：先放宽假定，将税收政策和支出政策纳入同一框架，以

"面对财政竞争的地方政府"为视角开展研究，对地方政府财政政策组合和财政政策倾向进行分析，初步得出地方政府间策略选择模式的基本结果。基于第二、第三章的研究结论，从理论层面分析在跨区域污染治理视阈下的地方政府间横向财政竞争策略互动的最优模式。在此基础上，对现实策略模式的具体形式进行考察，阐述现实与理论最优模式间的偏离程度及其带来的治污效率损失。全景考察现实中财政竞争策略模式，比较分析现实策略模式与理论的偏离及其对跨区域污染产生的影响。同时，剖析这一策略模式偏离形成的影响因素，从而为进一步协调横向财政竞争以及治理跨区域污染提供理论基础以及实践切入点。进一步，归纳总结经验，为我国经济发展引发的内部产业转移过程中的污染治理问题提供政策与制度层面的建议。

一 横向财政竞争多样化应对策略验证与治污效应分析

在开展进一步的研究之前，本部分首先对横向财政竞争多样化应对策略的存在性进行检验，在此基础上，进一步分析财政竞争多样化应对策略对跨区域污染的具体影响。

(一)横向财政竞争多样化应对策略存在性检验

1. 理论模型与假设的提出

政府既可以通过降低实际税率，即税收竞争的方式，也可以通过增加财政支出，即支出竞争的方式，争夺流动资本。一般来讲，税收竞争对企业的流动资本有更直接的吸引力，而支出竞争则更多地吸引人力资本，即高水平劳动力。根据古典经济学增长理论，企业的流动资本和劳动力为成比例的互补品，其中一种单独增加所带来的边际增长效益是递减的。所以当某地政府以经济增长为目的使用财政手段争夺资本时，会同时使用税收和支出两种手段,本部分借鉴并拓展 Hindriks 等 (2008) 以及 Hauptmeier 等 (2012) 的研究,建立理论模型进行分析。

假设区域内存在两个经济体,分别记作 $i=1$, 2。每个经济体中存在"仁慈"的地方政府,即政府目标为辖区福利最大化,并产出同质商品。生产要素包括流动资本 x 和公共支出 g。两个经济体的生产函数相同,记作 F_i (x_i, g_i)。为保证福利最大化,对生产函数提出以下几个假设条件。

假设条件 1:F 是 x 和 g 的单调递增函数,即当流动资本和公共支出增加时,社会产出增加。

假设条件 2:F 为凹函数,且二阶连续可微。

假设条件 3:$\dfrac{\partial^2 F_i}{\partial x_i \partial g_i}>0$,即公共支出和流动资本互补。理论上讲,这是由于公共支出不但可以通过增加公共物品和公共服务的数量、提升其质量来吸引劳动力,从而提升资本的边际产出,而且可以通过优化营商环境提高流动资本的产出。Keen 和 Marchand (1997) 的实证分析也给出了公共物品和公共服务与私人资本存在互补效应的证据。

假设条件 4:流动资本与实际税率呈负向相关,即 $\dfrac{\partial x_i}{\partial t_i}<0$。其中,$x_i$ 为流入 i 地区的资本,t_i 为 i 地区的实际税率。

假设条件 5:资本在地区间可以完全自由流动。

基于上述假设条件,将两地区的生产函数定义为:

$$F_i(x_i,g_i) = (a+g_i)x_i - \frac{bx_i^2}{2} \qquad (4\text{-}1)$$

其中,b 为资本边际产出的下降比率,$\dfrac{x_i^2}{2}$ 为私人部门投资成本。财政竞争中,税收竞争可表示为 $t=$ (t_1, t_2),支出竞争可表示为 $g=$ (g_1,

g_2)。当流动资本在两地收益相同时达到均衡状态，则：

$$f_1(x_1,g_1)-t_1=f_2(x_2,g_2)-t_2 \qquad (4-2)$$

其中，f_i 为流动资本在地区 i 的边际产出，该边际产出非负。为了简化分析，将公共支出的成本函数表示为：

$$c_i(g_i)=\frac{g_i^2}{2} \qquad (4-3)$$

那么，地方政府通过改变支出和税收策略争夺流动资本以实现福利最大化时，地区 i 的福利函数表示为：

$$U_i=F_i(x_i,g_i)-f_i(x_i,g_i)x_i+t_ix_i-\frac{g_i^2}{2} \qquad (4-4)$$

其中，$f_i(x_i,g_i)x_i$ 为流动资本收益，由于这部分收益为资本所有者拥有，故予以扣除。t_ix_i 为 i 地方政府税收收入。$\frac{g_i^2}{2}$ 为政府部门投资成本。地区福利水平为流动资本产出、地区税收和公共支出的函数。在"仁慈"政府假设下，政府行为——财政收支的目的是辖区内福利水平最大化。

对式（4-1）求偏导数，得地区 i 流动资本的边际产出为：

$$f_i(x_i,g_i)=a+g_i-bx_i \qquad (4-5)$$

将式（4-5）代入式（4-2）得：

$$\frac{g_i-g_j-t_i+t_j}{b}=x_i-x_j \qquad (4-6)$$

通过式（4-6）可得，一地区对流动资本的吸引力既与本地的实际税率和公共支出水平相关，又与竞争地区的实际税率和公共支出水平相关。但这一结论并未给出一地区应对竞争地区财政竞争的最优反应策略，

进一步令 $x=x_i+x_j$，即两地区流动资本总和为社会流动资本总量。结合式（4-6），可得：

$$x_i=\frac{bx+g_i-g_j-t_i+t_j}{2b} \tag{4-7}$$

将式（4-7）代入式（4-4），得：

$$U_i=\frac{b}{2}x_i^2+tx_i-\frac{g_i^2}{2}=\frac{b+g_i-g_j-t_i+t_j}{8b^2}[\,b^2x+g_i^2(g_i-g_j-t_i+t_j)+b(g_i-g_i^2x-g_j+3t_i+t_j)\,] \tag{4-8}$$

对式（4-8）中的 t_i、g_i 取全微分，得：

$$\frac{\partial g_i}{\partial g_j}=-\frac{\partial g_i}{\partial t_j}=\frac{4}{3b}>0,\frac{\partial t_i}{\partial t_j}=-\frac{\partial t_i}{\partial g_j}=\frac{bx^2-4}{3b}>0 \tag{4-9}$$

其中，x 为流动资本总量，故 $bx^2-4>0$。由式（4-9）可知，在地区 i 的政府追求福利最大化时，当竞争地区变动实际税率，也即使用实际税率手段争夺流动资本时，本地的最优反应策略为同向变动实际税率或反向变动公共支出；当竞争地区变动公共支出，也即使用公共支出手段争夺流动资本时，本地的最优反应策略为同向变动公共支出或反向变动税率。基于上述理论模型，本部分提出以下三个研究假设。

假设1：地方政府间存在多样化的竞争策略，即当竞争地区使用支出手段对流动资本进行争夺时，本地可以采用税收手段予以回应；当竞争地区使用税收手段对流动资本进行争夺时，本地可以采用支出手段予以回应。

假设2：当竞争地区降低实际税率时，本地区会采用降低实际税率或增加公共支出的手段予以回应。

假设3：当竞争地区增加公共支出时，本地区会采用增加公共支出或降低实际税率的手段予以回应。

2. 实证设计

由理论模型分析可知，地方政府间存在多样化的竞争策略。根据理论分析结果，借鉴并改良朱翠华和武力超（2013）的研究方法，建立空间模型进行分析，其表达式为：

$$\ln TR_{it} = \alpha_1 + \rho_1 \sum_{j=1}^{n} W_{ij}\ln TR_{jt} + \theta_1 \sum_{j=1}^{n} W_{ij}\ln SFE_{jt} + \beta_1 \ln Z_{it} + \mu_{1i} + \lambda_{1t} + \varepsilon_{1it} \quad (4-10)$$

$$\ln SFE_{it} = \alpha_2 + \rho_2 \sum_{j=1}^{n} W_{ij}\ln SFE_{jt} + \theta_2 \sum_{j=1}^{n} W_{ij}\ln TR_{jt} + \beta_2 \ln Z_{it} + \mu_{2i} + \lambda_{2t} + \varepsilon_{2it} \quad (4-11)$$

其中，$\ln TR_{it}$ 和 $\ln SFE_{it}$ 分别为 i 地区 t 期以实际税率衡量的税收竞争强度和以非生产性支出占比衡量的支出竞争强度；$\sum_{j=1}^{n} W_{ij}\ln TR_{jt}$ 为与 i 地区空间相关地级市的税收竞争强度的加权平均；$\sum_{j=1}^{n} W_{ij}\ln SFE_{jt}$ 为与 i 地区空间相关地级市的支出竞争强度的加权平均；ρ_1 和 ρ_2 分别为面对税收竞争和支出竞争时，本地相同财政政策的反应系数；θ_1 和 θ_2 分别为面对税收竞争和支出竞争时，本地相异财政政策的反应系数；Z_{it} 为控制变量；W_{ij} 为空间权重矩阵 W 中的非负权数；μ_{1i} 和 μ_{2i} 为个体固定效应；λ_{1t} 和 λ_{2t} 为时间固定效应；ε_{1it} 和 ε_{2it} 为服从独立同分布假设的随机扰动项。

本模型的识别策略为：若 ρ_1 和 ρ_2 显著，则地方政府间存在显著的使用相同财政手段回应财政竞争的现象，若进一步 ρ_1 和 ρ_2 为正，则该回应为策略模仿，ρ_1 和 ρ_2 为负，则为策略替代；若 θ_1 和 θ_2 显著，则地方政府间存在显著使用相异的财政手段回应财政竞争的现象，若进一步 θ_1 和 θ_2 为正，则该回应为策略模仿，θ_1 和 θ_2 为负，则为策略替代。

3. 结果分析

使用 MLE 方法对模型进行回归，为控制可能存在的个体异质性和时间趋势，控制个体（城市）固定效应和时间（年份）固定效应，并使用城市层面的聚类稳健标准误计算，结果报告见表4-1。

表 4-1　横向财政竞争反应策略多样化回归结果

变量	(1)	(2)	(3)	(4)	(5)	(6)
	地理邻接（WGA）		行政邻接（WAA）		经济地理（WEGD）	
	lnTR	lnSFE	lnTR	lnSFE	lnTR	lnSFE
$W×\ln TR$	0.5578 *** (0.0251)	−0.0038 (0.0112)	0.9057 *** (0.0244)	0.0207 * (0.0115)	0.9134 *** (0.0253)	−0.0005 (0.0132)
$W×\ln SFE$	−0.4019 *** (0.0603)	0.1851 *** (0.0256)	−0.0454 (0.0650)	0.7542 *** (0.0309)	0.0694 (0.1059)	0.5836 *** (0.0548)
控制变量	控制	控制	控制	控制	控制	控制
常数项	是	是	是	是	是	是
个体固定效应	控制	控制	控制	控制	控制	控制
时间固定效应	控制	控制	控制	控制	控制	控制
观测值	2740	2740	2740	2740	2740	2740

注：*、***分别表示10%、1%的显著性水平；括号内为t值，根据城市聚类稳健标准误计算。

在地理邻接空间权重矩阵（WGA）下，面对相关地级市的税收竞争，本地倾向于通过税收竞争进行应对，当相关地级市税收竞争强度提高1%时，本地倾向于将实际税率降低0.56%，表现为一种显著的策略模仿行为。在面对相关地级市的财政支出竞争时，本地的税收政策和财政支出政策均显著，且当相关地级市将财政非生产性支出占比提高1%时，本地会将实际税率降低0.4%或增加0.19%的非生产性支出进行策略互动。可以看到，地方政府间确实存在多样化的财政竞争策略选择，在面对支出竞争时，地方政府选择税收策略和支出策略进行应对都是统计显著的。综上，在面对邻接地级市的税收竞争时，本地倾向于同样使用税收策略进行应对，而面对支出竞争时，本地会有多样化的策略选择，假设 1 得证。这样的选择也从数据上说明了当地方政府为追逐资本而进行财政竞争时，增加非生产性支出和降低实际税率可以被视为等价的竞争策略。在行政邻接空间权重矩阵（WAA）下，面对相关地级市的税收竞争，本地有使用税收和支出两种手段的倾向，但是使用税收竞争手段更为显著。具体来说，当同省地级市实际税率降低 1% 时，本地倾向于将实际税率降低 0.91%，呈现显著的税收竞争策略模仿行为。同时，相关地级市也有将非生产性支出增加 0.02% 的策略互动选择，假设 2 得证。当面对同省地级市支出策略变动时，本地倾向于使用支出手段进行回应，具体地，当同省地级市非生产性支出占比提高 1% 时，本地会将非生产性支出相应增加 0.75%，假设 3 得证。而在经济地理距离空间权重矩阵（WEGD）下，地级市倾向于用同类的策略回应财政竞争，具体来讲，当空间相关的地级市实际税率下降 1% 时，本地倾向于将实际税率降低 0.91% 进行应对。而面对空间相关地级市非生产性支出占比提高 1% 时，本地会将非生产性支出占比提高 0.58% 进行应对。

从横向维度来看，在面对税收竞争时，地方政府非常倾向于使用税收手段而不是支出手段进行应对，其背后的原因可能是：税收政策是一种"立竿见影"的政策，即实际税率一旦做出调整，就立即对资本释放一种"信号"，并且在很短的周期内就可以对企业产生实际的让利。反观支出手段，即使是相对直接的财政生产性支出对资本产生影响也需要相当长的周期，更遑论如环境、教育等非生产性支出。所以当面对税收竞争时，本地基本没有余地选择支出手段，只能选择税收手段予以应对。这样的想法同样也能解释地方政府面对支出竞争时会采用多样化策略，因为支出竞争有其作用周期，本地可以选择支出手段，也可以进行手段

"升级",使用税收政策进行竞争。

从空间维度来看,本部分这三个空间权重矩阵的设定均有地理维度的考虑,地理邻接空间权重矩阵是单纯考虑地理因素;行政邻接空间权重矩阵实质上是在地理因素的基础上,加入了对省级行政主体影响的考虑;而经济地理距离空间权重矩阵则是在地理因素的基础上考虑了经济因素。所以可以将地理邻接空间权重矩阵下的回归结果视为基准,在此基础上控制行政因素后,则是行政邻接空间权重矩阵设定下的结果,而在地理基础上控制经济因素后,则是经济地理距离空间权重矩阵设定下的结果。

首先,从地理邻接空间权重矩阵和行政邻接空间权重矩阵的比较来看,同省的地级市间税收竞争策略互动强度由仅考虑地理邻接时的 0.56 显著上升到了 0.91,同时,支出手段的策略互动强度也由 0.19 上升至 0.75。这表明同属一省的地级市间存在比地理邻接的地级市间更为显著的策略互动,也即存在更为激烈的资本竞争,这从侧面给出了我国地级市政府间存在"标尺竞争"的证据。而在控制地理距离的基础之上,进一步控制经济因素对财政竞争的影响,当面对税收竞争时,地方政府的反应强度从 0.56 显著上升到了 0.91,提升了 62.50%,这意味着在邻近且发展程度相近的地方政府之间,存在更为激烈的税收竞争策略互动。同样,在面对支出竞争时,地方政府的反应强度更是从 0.19 提升到了 0.58,提升了 205.26%,显然发展程度相近的邻近地级市间存在激烈的支出竞争。这些结果表明,我国地级市政府间存在策略互动,且同省的地级市间和经济发展程度相近的地级市间存在更为激烈的竞争。但行政邻接空间权重矩阵设定下的支出策略互动强度显著大于经济发展程度相近的地级市间的策略互动强度,一方面可能表明了同省地级市间确实存在比经济发展程度相近的地级市间更为紧密的支出策略互动,另一方面也可能因为地级市同属一省管辖，有相对一致的支出政策或倾向，所以表现为支出策略互动强度增大。

其次，在地理邻接空间权重矩阵设定下，地方政府面对支出竞争时，可能选择税收或支出策略予以应对，但这样的多样化选择在控制了经济因素之后不再显著，其背后的原因值得探究。一种可能的解释是，虽然前文给出的实证结果说明了降低实际税率和增加非生产性支出对于竞争资本来说可以被视为等价的策略。但是，降低实际税率和增加非生产性支出所针对的资本是不同的：税率的变动主要影响的是以企业为主的资本，而非生产性支出占比的变动则主要影响人力资本。实际上，本部分实证设计中对"税收竞争"的设定是"营业税、增值税、企业所得税和城镇维护建设税与第二、第三产业增加值的比值"，这样的设定也意味着本部分"税收竞争"显然是针对企业这种资本的。而非生产性支出占比提高所代表的教育、科技、文化、环境、医疗和社会保障等方面的改善对人力资本的吸引力更大。所以，本部分提出一个理论尝试对此现象进行解释，经济发展程度相近的地方政府间争夺同类型的资本，比如高发展程度的邻近地级市间可能会更加重视对人力资本尤其是高端人力资本的争夺。所以此时政府会通过提高财政非生产性支出改善教育、医疗等公共物品和公共服务的供给以招揽人才。在这种情况下，本地在面对以增加非生产性支出为策略的支出竞争时，只会同样选择支出手段进行竞争，因为此时竞争是错位的，选择税收手段进行竞争从某种意义上来讲是"无效的"。发展程度较低的邻近地级市间可能更倾向于对企业等资本进行争夺，所以会出现显著的税收竞争策略互动，而不会使用支出政策对税收竞争进行策略回应。这引发了进一步的思考：地方政府之间的财政竞争策略倾向会受到地级市经济发展程度的影响吗？如果会受到影响，其对跨区域污染治理产生了怎样影响？

(二)财政竞争多样化应对的治污效应分析

在得到财政竞争存在多样化的策略互动模式的结论后，一个关键的问题是，支出竞争强度和税收竞争强度的变化对跨区域污染产生了怎样的治理效应？本节将支出竞争、税收竞争和跨区域污染纳入同一模型，分析不同类型的财政竞争策略倾向的治污效应。

1. 实证设计

本部分使用税收竞争强度（ITC）和支出竞争强度（IEC）来衡量地方政府财政竞争策略互动的强度。具体而言，税收竞争强度（ITC）的常见测度方式是利用本地实际税率与全国平均实际税率的比值来构建税收竞争指数（傅勇、张晏，2007；刘江会、王功宇，2017）。这一指标构造相对简单，且利用了本地实际税率与全国平均实际税率水平的偏离程度来衡量本地竞争强度。但这一构造方式丰富了税收竞争的内涵，基于"标尺竞争"理论，地方政府使用税收优惠等政策对本地实际税率产生影响是一种针对"竞争对手"的策略回应行为，本书已经证明了这种"标尺竞争"效应的存在。所以，本部分借鉴唐飞鹏（2017）的研究，使用地理邻近且经济发展程度相近地区的实际税率水平作为本地实际税率偏离程度的参照系，构造税收竞争强度指标，具体形式为：

$$ITC_{it} = \frac{r_{it}}{\sum_{i \neq j} (W_{ij} r_{jt})} \tag{4-12}$$

其中，r_{it} 是本地实际税率，使用本地当年增值税、营业税、企业所得税和城市维护建设税之和与本地当年第二、第三产业增加值的比值衡量；W_{ij} 是经济地理距离空间权重矩阵，与本地经济发展程度相近且地理邻近的地区被赋予较大的权重。给定空间相关地区实际税率不变，本地税收竞争强度越大，则本地实际税率越低。

支出竞争强度（IEC）与税收竞争强度（ITC）相同，同样基于前文已经验证的"标尺竞争"假设构造，具体形式为：

$$IEC_{it} = \frac{sfe_{it}}{\sum_{i \neq j}(W_{ij} sfe_{jt})} \qquad (4-13)$$

其中，sfe_{it} 是本地财政非生产性支出占比，使用本地财政非生产性支出（财政教育支出、财政科学技术支出、财政文化传媒支出、财政社会保障和就业支出、财政医疗与卫生支出以及财政环境支出之和）与财政一般预算内支出之比衡量；W_{ij} 是经济地理距离空间权重矩阵（$WEGD$）[①]。考虑到财政政策存在的时间滞后性，使用税收竞争强度和支出竞争强度的一阶滞后项（L.ITC 和 L.IEC）进行回归。

出于研究一致性的考虑，本部分的被解释变量和控制变量的选取均与前文保持一致。

本部分使用固定效应模型，模型形式为：

$$Y_{it} = \alpha + \beta_1 L.ITC_{it} + \beta_2 L.IEC_{it} + \theta Z_{it} + \mu_i + \lambda_t + \varepsilon_{it} \qquad (4-14)$$

其中，Y_{it} 为跨区域污染物排放量；L.ITC_{it} 和 L.IEC_{it} 分别为税收竞争强度和支出竞争强度的滞后项；β_1 为本地税收竞争强度滞后项的治污效应；β_2 为本地支出竞争强度滞后项的治污效应；Z_{it} 为控制变量；μ_i 为个体固定效应；λ_t 为时间固定效应；ε_{it} 为服从独立同分布假设的随机扰动项。具体识别策略为：横向税收竞争强度对跨区域污染的跨期影响根

---

① 经济地理距离空间权重矩阵（$WEGD$）的构造方式为：$WEGD = \begin{cases} \frac{1}{|\overline{GDP_i} - \overline{GDP_j}|} \times \frac{1}{DIS_{ij}^2}, & i \neq j \\ 0, & i = j \end{cases}$，其中，

$\overline{GDP_i}$ 是 i 地区 2018 年的人均 GDP，DIS_{ij}^2 是 i、j 两地区之间距离的平方，该距离为各地区行政中心间的直线距离。

据 β_1 的符号识别，如果 $\beta_1<0$，则税收竞争强度提高，导致跨区域污染加重；如果 $\beta_1>0$，则横向税收竞争强度提高会抑制跨区域污染。横向支出竞争强度对跨区域污染的跨期影响根据 β_2 的符号识别，如果 $\beta_2<0$，则支出竞争强度提高，导致跨区域污染程度下降；如果 $\beta_2>0$，则支出竞争强度提高，导致跨区域污染加重。

2. 结果分析

本部分使用系统广义矩估计法（SGMM）同时对动态面板模型中存在的内生性问题和时间相关性问题进行控制，以获得无偏估计。同时，为控制可能存在的个体异质性和时间趋势，所有模型均控制个体（城市）固定效应和时间（年份）固定效应，并使用城市层面的聚类稳健标准误计算，结果如表4-2所示。

表 4-2　横向财政竞争的跨区域污染治理效应

变量	(1)	(2)	(3)	(4)	(5)	(6)	(7)	(8)
	$\ln COD$		$\ln AN$		$\ln SO_2$		$\ln PM_{2.5}$	
	十二五	十三五	十二五	十三五	十二五	十三五	十二五	十三五
L. IEC	-1.562*** (-5.603)	-1.007*** (-5.356)	-1.992*** (-7.477)	-1.153*** (-6.630)	-0.050 (-0.548)	-0.279*** (5.022)	-0.387*** (-2.983)	-0.279*** (-5.022)
L. ITC	-0.504*** (-5.619)	-0.353*** (-4.889)	-0.117** (-2.079)	-0.206*** (-4.569)	-0.175*** (-6.146)	-0.188*** (-8.214)	-0.178*** (-6.247)	-0.198*** (-8.499)
控制 变量	控制	控制	控制	控制	控制	控制	控制	控制
常数项	是	是	是	是	是	是	是	是
个体固定 效应	控制	控制	控制	控制	控制	控制	控制	控制
时间固定 效应	控制	控制	控制	控制	控制	控制	控制	控制

变量	(1)	(2)	(3)	(4)	(5)	(6)	(7)	(8)
	$\ln COD$		$\ln AN$		$\ln SO_2$		$\ln PM_{2.5}$	
	十二五	十三五	十二五	十三五	十二五	十三五	十二五	十三五
AR(1)－P 值	0.000	0.000	0.003	0.512	0.001	0.084	0.000	0.000
AR(2)－P 值	0.183	0.237	0.405	0.862	0.335	0.185	0.221	0.166
Hansen 检验	0.182	0.158	0.225	0.356	0.421	0.341	0.177	0.138
观测值	1072	1340	1072	1340	1072	1340	1072	1340

注：** 和 *** 分别表示5%和1%的显著性水平；括号内为 t 值，根据城市聚类稳健标准误计算。

表4-2中 Hansen、AR（1）、AR（2）检验结果均较为理想，说明系统广义矩估计法使用恰当，参数估计的结果可靠。总体而言，滞后一期的非生产性支出竞争强度提高具有显著减少跨区域污染物排放量的作用，从而间接抑制了跨区域污染，且同时降低了 $PM_{2.5}$ 的浓度，从而直接降低了大气污染的程度。而以降低实际税率为手段的税收竞争强度提高则相反，它从直接和间接两个途径显著加剧了跨区域污染的程度。由此可知，地方政府通过提高非生产性支出占比（降低生产性支出占比）的途径进行的支出竞争，有利于跨区域污染的治理，而地方政府通过税收优惠以及税收征管的方式降低实际税率，从而进行税收竞争的行为则使跨区域污染问题扩大化。

3. 稳健性检验

保持模型形式不变，使用地理邻接空间权重矩阵（WGA）[1]和行政邻接空间权重矩阵（WAA）[2]代替原税收竞争强度（ITC）和支出竞争强度

---

[1]　地理邻接空间权重矩阵的构造方式为：$WGA_{ij}=\begin{cases}1, & \text{地级市 } i \text{ 与地级市 } j \text{ 存在共同边界} \\ 0, & \text{地级市 } i \text{ 与地级市 } j \text{ 不存在共同边界}\end{cases}$。

[2]　行政邻接空间权重矩阵的构造方式为：$WAA_{ij}=\begin{cases}1, & \text{地级市 } i \text{ 与地级市 } j \text{ 同属一个省级行政区} \\ 0, & \text{地级市 } i \text{ 与地级市 } j \text{ 不同属一个省级行政区}\end{cases}$。

（*IEC*），指标构造中使用的经济地理距离空间权重矩阵（*WEGD*）得到的税收竞争和支出竞争的治污效应仅在系数绝对值上有变化，而在显著性和符号方面与基准回归没有显著变化，说明表 4-2 中的实证结果总体上是稳健的。

二 跨区域污染治理视阈下财政竞争策略选择的最优模式与现实偏离

（一）理论最优竞争策略模式分析

前文研究基本得出了地方政府间以降低实际税率为手段的税收竞争和以提高非生产性支出占比为手段的支出竞争对跨区域污染的影响。总体而言，税收竞争强度提高不利于跨区域污染的治理，而支出竞争的强度提高则有利于抑制跨区域污染。

具体而言，当地方政府在财政竞争中倾向于使用税收策略时，会扭曲资本在区域间的正常流动，导致排污企业区域错配；同时，以"让利"为手段引入资本的地方政府通常处于弱势地位，有限的谈判余地使其不得不放松对流入资本的环境规制，从而导致跨区域污染总量的增加。此外，实际税率的降低会使地方政府的财政收入降低，进而影响其支出结构。在以经济增长为核心的发展导向下，地方政府将被迫降低包括财政环境支出在内的非生产性支出，最终导致跨区域污染的进一步恶化。同时，非生产性支出的压缩导致辖区内公共物品和公共服务供给不足，如环境恶化、医疗卫生条件落后、教育资源匮乏等，这些问题会进一步减弱当地政府吸引资本时的议价能力，最终陷入"税收竞争—环境恶化—经济发展缓慢或停滞—税收竞争"的恶性循环。

而当地方政府倾向于使用支出策略时，首先，非生产性支出占比提高增加了包括科学技术支出、教育支出和节能环保支出等在内的公共性支出，这些支出通过提高当地的绿色技术创新能力，从而对跨区域污染有直接的治理作用。其次，非生产性支出占比提高对辖区内资本和潜在意向资本提出了更高的环保要求，一方面迫使辖区内排污企业加快转型升级，使其向环境友好转变，无法转变的排污企业被挤出；另一方面在招商引资时形成包括环境保护等要求在内的筛选机制，从而有利于跨区域污染的治理。综上，无论是在单一的跨区域污染治理视阈下，还是在污染治理—经济增长的复合视阈下，都不难得出财政竞争策略选择的理论最优模式是支持、促进财政支出竞争，协调、弱化财政税收竞争。但在现实中，诸如地方经济发展水平、财政自给能力以及行政管辖等因素都会对地方政府在财政竞争中的策略选择产生显著的影响。那么，地级市政府间财政竞争的现实模式是什么？其与理论最优模式间存在怎样形式和程度上的偏离？这一偏离对跨区域污染产生了怎样的影响？又应如何协调、引导和规范地方政府间财政竞争？这些问题是进一步研究的重点所在。

（二）现实财政竞争策略模式考察

本节旨在考察现实中财政竞争策略的模式，从行政因素和经济发展因素这两个对财政竞争产生显著影响的因素入手，分析其对现实中的财政竞争策略模式产生了何种程度、何种方向上的影响，进一步地，明确形成现实财政竞争策略偏离的因素显然有助于最终提出有针对性的建议。前文研究所构建的税收竞争强度（ITC）和支出竞争强度（IEC）指标，清晰地描述了财政竞争策略与跨区域污染之间的关系，但财政竞争强度指标是基于经济地理距离空间权重矩阵（$WEGD$）构造的，也即给定了地方政府横向竞争的"参考对象"。这样的构造方式虽然体现了横向财政竞争中存在的"标尺竞争"原则，但仍较为基础，因其没有清晰地分离上述因素对策略倾向的影响方向和程度，所以无法对跨区域污染治理视阈下地方政府间的财政竞争协调机制的构建提供有效的建议。有鉴于此，本部分先分别考察行政因素和经济发展因素对地级市层面的横向财政竞争策略倾向的影响，在此基础上，综合行政和经济发展双重因素，进一步考察省级行政因素对不同发展程度地级市间策略互动倾向的影响，以期最大限度地贴近我国现实，从而为刻画现实策略模式与理论最优模式的偏离程度，以及构建地方政府间财政竞争协调机制提供建设性的意见。

1. 省级行政因素影响下横向财政竞争策略模式

使用行政邻接空间权重矩阵这一设定方式考虑同省地级市间策略互动是准确的，但使用行政邻接空间权重矩阵和地理邻接空间权重矩阵，横向分析省级行政因素对地级市间财政竞争的影响却显然是牵强的。这是因为行政邻接空间权重矩阵和地理邻接空间权重矩阵存在交集，即存在"既地理邻接，又属同省"这类地级市。这类地级市的存在使得无法"干净"地分离"行政因素"对地级市财政竞争策略互动的影响。有鉴于此，本部分将对空间权重矩阵进行修正，试图清晰地分析行政因素对地级市政府间策略互动的影响。本部分借鉴李世刚和尹恒（2012）、龙小宁等（2014）以及邓慧慧和赵家羚（2018）的研究，通过设置纯地理邻接空间权重矩阵（$PWGA$）和地理—行政邻接空间权重矩阵（$WGA\text{-}WAA$）考察省级行政因素对横向财政竞争策略倾向的影响。各空间权重矩阵具体设置方式如式（4-15）、式（4-16）所示。

（1）纯地理邻接空间权重矩阵（$PWGA$）

若两地级市邻接且不同属一省管辖，则赋值为 1；否则为 0。

$$PWGA_{ij}=\begin{cases}1,\text{地级市 } i \text{ 与地级市 } j \text{ 邻接,且不同属一省管辖}\\0,\text{其他}\end{cases} \quad (4\text{-}15)$$

（2）地理—行政邻接空间权重矩阵（WGA-WAA）

若两地级市既同属一省管辖，又邻接，则赋值为1，否则为0。

$$WGA\text{-}WAA_{ij} = \begin{cases} 1,\text{地级市 } i \text{ 与地级市 } j \text{ 同属一省管辖，且邻接} \\ 0,\text{其他} \end{cases} \quad (4\text{-}16)$$

本部分的识别策略为：通过对比纯地理邻接空间权重矩阵（PWGA）和地理—行政邻接空间权重矩阵（WGA-WAA）两个矩阵的回归结果，控制了"地理邻接"这一影响因素，从而只考察"两地级市同属一省"这一行政因素对地级市层面横向财政竞争策略倾向的影响。

建立地方政府间财政竞争多样化应对策略的空间模型如式（4-17）、式（4-18）所示：

$$\ln TR_{it} = \alpha_1 + \rho_1 \sum_{j=1}^{n} W_{ij} \ln TR_{jt} + \theta_1 \sum_{j=1}^{n} W_{ij} \ln SFE_{jt} + \beta_1 \ln Z_{it} + \mu_{1i} + \lambda_{1t} + \varepsilon_{1it} \quad (4\text{-}17)$$

$$\ln SFE_{it} = \alpha_2 + \rho_2 \sum_{j=1}^{n} W_{ij} \ln SFE_{jt} + \theta_2 \sum_{j=1}^{n} W_{ij} \ln TR_{jt} + \beta_2 \ln Z_{it} + \mu_{2i} + \lambda_{2t} + \varepsilon_{2it} \quad (4\text{-}18)$$

其中，$\ln TR_{it}$ 和 $\ln SFE_{it}$ 分别为 i 地区 t 期以实际税率衡量的税收竞争强度和以非生产性支出占比衡量的支出竞争强度；$\sum_{j=1}^{n} W_{ij} \ln TR_{jt}$ 为与 i 地区空间相关地级市的税收竞争强度的加权平均；$\sum_{j=1}^{n} W_{ij} \ln SFE_{jt}$ 为与 i 地区空间相关地级市的支出竞争强度的加权平均；ρ_1 和 ρ_2 分别为面对税收竞争和支出竞争时，本地相同财政政策的反应系数；θ_1 和 θ_2 分别为面对税收竞争和支出竞争时，本地相异财政政策的反应系数；Z_{it} 为控制变量；W_{ij} 为空间权重矩阵 W 中的非负权数；μ_{1i} 和 μ_{2i} 为个体固定效应；λ_{1t} 和 λ_{2t} 为时间固定效应；ε_{1it} 和 ε_{2it} 为服从独立同分布假设的随机扰动项。使用系统广义矩估计法（SGMM）对模型进行估计，为控制可能存在的个体异质性和时间趋势，所有模型均控制个体（城市）固定效应和时间（年份）固定效应，并使用城市层面的聚类稳健标准误计算，结果如表 4-3 所示。

表 4-3　省级行政因素对横向财政竞争多样化应对策略的影响

变量	（1）	（2）	（3）	（4）
	纯地理邻接（PWGA）		地理—行政邻接（WGA-WAA）	
	lnTR	lnSFE	lnTR	lnSFE
$W×\ln TR$	0.916*** (5.373)	−0.251*** (−9.910)	1.213*** (10.647)	−0.303*** (−6.650)
$W×\ln SFE$	0.314 (0.545)	0.227*** (3.464)	−0.415** (−2.561)	0.218*** (5.881)
控制变量	控制	控制	控制	控制
常数项	是	是	是	是
个体固定效应	控制	控制	控制	控制
时间固定效应	控制	控制	控制	控制
AR（1）-P 值	0.000	0.000	0.000	0.000
AR（2）-P 值	0.468	0.225	0.442	0.534
Hansen 检验	0.146	0.256	0.158	0.205
观测值	2740	2740	2740	2740

注：** 和 *** 分别表示 5% 和 1% 的显著性水平；括号内为 t 值，根据城市聚类稳健标准误计算。

受行政因素影响，相邻地级市的财政策略互动强度普遍较强，其中最为显著的是税收竞争策略互动的强度，税收竞争的反应系数由不受行政因素影响时的 0.916 上升为 1.213，强度提升 32.423%。受行政因素影响后，相邻地级市实际税率降低 1%，本地倾向于将实际税率降低 1.213%。这说明，受省级行政因素影响，税收竞争策略互动加强，显然对跨区域污染治理不利。同时，行政因素也显著提高了本地使用税收策略对支出策略进行回应的强度。在纯地理邻接空间关系设定下，本地政府面对相关地级市的支出策略，只倾向于使用支出策略回应。但在同属一省管理的地理邻接空间关系设定下，当相关地级市提高 1% 的非生产性支出时，本地倾向于降低 0.415% 的实际税率予以回应。此外，行政因素降低了相邻地级市的支出竞争强度，不属同省的相邻地级市将人均财政预算内支出增加 1%，将导致本地人均财政预算内支出增加 0.227%；而同省相邻地级市增加 1%，将导致本地增加 0.218%。受行政因素影响，支出策略互动强度下降了 3.965%。

综上，省级行政因素对地级市间财政策略互动倾向产生了显著的影响，使地级市倾向于使用税收策略进行互动，并导致地级市间存在更激烈的税收竞争。结合前章的结论，省级行政因素会导致地级市间更为激烈的税收逐底竞争，从而不利于跨区域污染治理。

2. 经济发展因素影响下横向财政竞争策略模式

前文研究指出，经济发展程度是影响我国地级市政府间财政竞争的重要因素。但经济发展程度较好的城市和经济发展程度较差的城市的影响力显然是不对称的，一般而言，一地政府倾向于追随经济发展程度高于本地的政府的策略，而非低于本地发展程度的政府的策略。某一行为主体对周边主体的影响与其经济实力有关这一命题得到了广泛的验证。企业间非对称策略追随的证据较早由 Leary 和 Roberts（2014）给出，之后，杨海生等（2020）也给出了企业偏向模仿同行中规模较大，也即经济实力较强的企业的经验证据。邓慧慧和赵家羚（2018）发现了政府行为中同样存在跟随的证据，通过分析我国地级市设立开发区这一行为，给出了地方政府间基于经济发展程度的非对称策略模仿的经验证据。他们指出，经济发达地区设立开发区将巩固其由经济维度形成的、广泛的竞争优势。因此，经济落后地区为进一步缩小与发达地区的差距，有较强的模仿发达地区政策行为的倾向。有鉴于此，本部分拟将样本地级市按经济发展程度分为高发展程度地级市和低发展程度地级市两组，以验证地级市政府间财政环境支出策略是否存在某种程度的跟随现象。在更为全面地认识支出竞争的基础上，发现地方政府中的"领头羊"，从而对建立有效的地方政府间财政环境支出竞争协调机制，进而强化财政环境支出对跨区域污染的治理效果提出针对性的建议。本部分将274个地级市分为高发展程度与低发展程度两组，其分组依据是样本地级市当年的人均GDP水平，如果本地级市当年人均GDP大于等于该平均值，则为高发展程度地级市，反之则为低发展程度地级市。本部分为了选择"一贯的"高发展程度地级市，选择起始的2011年、结束的2020年以及中间的2015年共三年作为典型年份，对高发展程度地级市与低发展程度地级市分组，其中，高发展程度地级市（AM）组指在2011年、2015年以及2020年均为高发展程度的地级市集合，反之则归入低发展程度地级市（BM）组。

本模型会出现四种情况的组合：第一，AM-AM，反映高发展程度地级市间财政环境支出策略活动特征；第二，AM-BM，反映低发展程度地级市财政环境支出策略对高发展程度地级市财政环境支出策略的影响，也即高发展程度地级市对低发展程度地级市策略的反应模式和跟随的强度；第三，BM-BM，反映低发展程度地级市间财政环境支出策略活动特征；第四，BM-AM，反映高发展程度地级市财政环境支出策略对低发展程度地级市财政环境支出策略的影响，也即低发展程度地级市对高发展程度地级市策略的反应模式和跟随的强度。本部分变量和空间权重矩阵与上文一致，不再赘述。

本部分使用系统广义矩估计（SGMM）对参数进行估计，将同发展程度组内经济发展因素对横向财政竞争多样化应对策略影响的回归结果报告于表4-4。

表4-4 经济发展因素对横向财政竞争多样化应对策略的影响（同发展程度组）

变量		(1)	(2)	(3)	(4)	(5)	(6)	(7)	(8)
		地理邻接（WGA）				行政邻接（WAA）			
		高发展程度地级市（AM）		低发展程度地级市（BM）		高发展程度地级市（AM）		低发展程度地级市（BM）	
		lnTR	lnSFE	lnTR	lnSFE	lnTR	lnSFE	lnTR	lnSFE
高发展程度地级市（AM）	W×lnTR	0.640*** (8.504)	−0.127 (−1.644)			0.697*** (10.085)	0.025 (0.661)		
	W×lnSFE	0.280*** (5.188)	1.180*** (15.973)			0.231*** (4.950)	1.034*** (42.982)		
低发展程度地级市（BM）	W×lnTR			1.069*** (22.665)	−0.067*** (−3.772)			1.106*** (26.361)	−0.061*** (−4.539)
	W×lnSFE			−0.034 (−1.084)	1.023*** (67.531)			−0.065** (−2.309)	1.021*** (89.667)
控制变量		控制	控制	控制	控制	控制	控制	控制	控制
常数项		是	是	是	是	是	是	是	是
个体固定效应		控制	控制	控制	控制	控制	控制	控制	控制
时间固定效应		控制	控制	控制	控制	控制	控制	控制	控制
AR（1）−P值		0.000	0.075	0.000	0.093	0.000	0.052	0.000	0.007
AR（2）−P值		0.546	0.212	0.898	0.666	0.876	0.251	0.741	0.693
Hansen检验		0.398	0.387	0.330	0.346	0.174	0.236	0.323	0.366
观测值		2740	2740	2740	2740	2740	2740	2740	2740

注：** 和 *** 分别表示5%和1%的显著性水平；括号内为 t 值，根据城市聚类稳健标准误计算。

表4-4中 Hansen、AR（1）、AR（2）检验结果合意，表明系统广

义矩估计法使用恰当，参数估计的结果可靠。总体来看，在地理邻接和行政邻接两种空间关系设定下，高发展程度地级市间税收竞争强度显著弱于低发展程度地级市，且支出竞争强度高于低发展程度地级市。这表明经济发展程度显著影响了横向财政竞争的策略倾向，经济发展程度较高的地级市倾向于使用支出策略进行互动，而经济发展程度较低的地级市则更多的是用税收策略进行互动。此外，上述结论在行政邻接关系下强度更高，如在地理邻接空间关系设定下，低发展程度地级市的税收策略互动强度为 1.069，而行政邻接空间关系设定下该强度提升为 1.106，而支出策略互动强度由 1.023 下降为 1.021。出现这种现象的原因首先是高发展程度和低发展程度地级市所面临的预算约束不同，这降低了低发展程度地级市使用支出策略进行财政竞争的可能；其次，不同发展程度地级市的效用函数不同，在争夺资本时的议价能力也不同，这导致争夺资本时虽然确知降低实际税率会造成污染的加剧，但由于经济发展对低发展程度地级市的效用更高，所以低发展程度地级市仍倾向于选择使用税收竞争的方式争夺资本。此外，高发展程度地级市间存在更激烈的支出竞争，而低发展程度地级市间存在更激烈的税收竞争。根据前文得出的结论，这样的竞争模式分异将造成高发展程度地级市进入"支出—环境改善—绿色资本流入—收入增加—支出"的良性循环，而低发展程度地级市将进入"减税—环境恶化—重污染资本流入—收入减少—减税"的恶性循环。这样的竞争模式分异不但不利于我国跨区域污染治理的总体推进，更为重要的是将造成高发展程度地级市与低发展程度地级市在以经济发展为核心的诸多方面出现两极分化。长此以往，必然会造成更为深远的社会问题。

本部分使用系统广义矩估计法（SGMM）进行估计，并将异发展程度组内经济发展因素对横向财政竞争多样化应对策略影响的回归结果报告于表 4-5。

表 4-5　经济发展因素对横向财政竞争多样化应对策略的影响（异发展程度组）

变量		(1)	(2)	(3)	(4)	(5)	(6)	(7)	(8)
		地理邻接（WGA）				行政邻接（WAA）			
		高发展程度地级市（AM）		低发展程度地级市（BM）		高发展程度地级市（AM）		低发展程度地级市（BM）	
		lnTR	lnSFE	lnTR	lnSFE	lnTR	lnSFE	lnTR	lnSFE
高发展程度地级市（AM）	$W \times$ lnTR			1.572*** (3.805)	-0.233 (-0.774)			2.310*** (5.171)	-0.122 (-0.369)
	$W \times$ lnSFE			-1.742*** (-6.373)	-0.878*** (-5.038)			-2.271*** (-8.013)	-0.943*** (-4.724)
低发展程度地级市（BM）	$W \times$ lnTR	0.189 (0.902)	0.030 (0.187)			0.178 (0.890)	-0.006 (-0.041)		
	$W \times$ lnSFE	-0.834*** (-5.570)	-1.041*** (-7.167)			-0.838*** (-5.504)	-1.024*** (-7.115)		
控制变量		控制	控制	控制	控制	控制	控制	控制	控制
常数项		是	是	是	是	是	是	是	是
个体固定效应		控制	控制	控制	控制	控制	控制	控制	控制
时间固定效应		控制	控制	控制	控制	控制	控制	控制	控制
AR(1)-P 值		0.000	0.007	0.000	0.030	0.000	0.005	0.000	0.000
AR(2)-P 值		0.714	0.654	0.551	0.402	0.453	0.362	0.528	0.394
Hansen 检验		0.110	0.295	0.348	0.223	0.111	0.243	0.281	0.289
观测值		1644	1918	1644	1918	1644	1918	1644	1918

注：*** 表示 1% 的显著性水平；括号内为 t 值，根据城市聚类稳健标准误计算。

表 4-5 中 Hansen、AR（1）、AR（2）检验结果均较好，系统广义矩估计法使用恰当，参数估计的结果可靠。总体来看，不论是在地理邻

接空间关系还是在行政邻接空间关系设定下，不同发展程度的地级市间均存在策略跟随的现象。而且低发展程度地级市对空间相关的高发展程度地级市的跟随现象更具有经济以及统计意义上的显著性，如在地理邻接空间关系设定下，地理相邻的高发展程度地级市实际税率降低1%，将导致低发展程度地级市的税率降低1.572%，而低发展程度地级市的实际税率降低对高发展程度地级市实际税率变动的影响则统计不显著。另外，在两种空间关系设定下，当面对高发展程度地级市的税收策略时，低发展程度地级市倾向于使用税收策略进行应对，而不倾向于使用支出策略进行应对；当面对高发展程度地级市的支出策略时，低发展程度地级市倾向于使用多样化财政竞争策略进行应对，在对高发展程度地级市进行策略跟随时，低发展程度地级市总体上更倾向于使用税收策略，这可能与税收政策对资本的直接吸引力、低发展程度地级市的预算约束，以及政策惯性等因素有关。并且，当低发展程度地级市进行策略跟随时，它们普遍倾向于使用加码的策略，造成更激烈的税收竞争。这可能与低发展程度地级市在资本市场中的议价能力偏低，以及低发展程度地级市数量较多而导致竞争更为激烈有关。此外，行政邻接的低发展程度地级市对高发展程度地级市的策略跟随强度显著高于地理邻接情况。如在地理邻接情况下，高发展程度地级市实际税率降低1%和财政非生产性支出占比提高1%将分别导致低发展程度地级市的实际税率降低1.572%和1.742%，而在同属一省的空间关系下，这一跟随强度则变为2.310%和2.271%，强度分别提升了46.947%和30.367%。这一现象充分说明了同省内存在强度更高的财政竞争，也即省级政府的行政因素在样本期内并没有有效地遏制辖区内地级市政府间的非理性竞争，反而在某种程度上阻碍了跨区域污染治理的进一步推进。

3. 行政与经济发展因素复合影响下横向财政竞争策略模式

前文的结论指出，省级行政因素对地级市间的策略互动行为并未出现有利于跨区域污染治理的现象，反而加强了地级市间非理性的逐底税收竞争策略互动。同时，上节的结论表明，经济发展因素不仅显著影响了地级市间的财政竞争策略互动，而且造成了高发展程度地级市"经济发展—环境保护"的良性循环和低发展程度地级市"环境恶化—发展缓慢"的恶性循环。促进辖区经济发展、环境质量改善以及基本公共服务均等化是省级政府的应然责任，那么，我国省级政府是否能通过行政性手段协调辖区内不同经济发展程度地级市的财政竞争，从而推动跨区域污染综合治理，进而促成本省内环境与经济的和谐发展呢？本节将建立模型对此问题进行分析。

本部分使用前文的空间权重矩阵设定，横向比较纯地理邻接空间权重矩阵（$PWGA$）[1] 和地理—行政邻接空间权重矩阵（$WGA-WAA$）[2] 对省级行政因素的影响，并进行严谨的分析。沿用前文对地级市发展程度的界定，将 274 个地级市分为高发展程度地级市（AM）组和低发展程度地级市（BM）组。并基于本节研究的问题，对前文建立的地方政府间财政竞争多样化应对策略空间模型进行修正，修正后的模型如式（4-19）、式（4-20）所示：

$$\ln TR_{dit} = \alpha_1 + \rho_1 \sum_{j=1}^{n} W_{ij} \ln TR_{djt} + \theta_1 \sum_{j=1}^{n} W_{ij} \ln SFE_{djt} + \beta_1 \ln Z_{dit} + \mu_{1i} + \lambda_{1t} + \varepsilon_{1it}, di = AM, BM$$

$$(4-19)$$

---

① 纯地理邻接空间权重矩阵（$PWGA$）具体构造方式为：若两地级市邻接且不同属一省管辖，则赋值为 1；否则为 0。$PWGA_{ij} = \begin{cases} 1, & \text{地级市 } i \text{ 与地级市 } j \text{ 邻接，且不同属一省管辖} \\ 0, & \text{其他} \end{cases}$。

② 地理—行政邻接空间权重矩阵（$WGA-WAA$）具体构造方式为：若两地级市既同属一省管辖，又邻接，则赋值为 1，否则为 0。$WGA-WAA_{ij} = \begin{cases} 1, & \text{地级市 } i \text{ 与地级市 } j \text{ 同属一省管辖，且邻接} \\ 0, & \text{其他} \end{cases}$。

$$\ln SFE_{dit} = \alpha_1 + \rho_1 \sum_{j=1}^{n} W_{ij} \ln TR_{djt} + \theta_1 \sum_{j=1}^{n} W_{ij} \ln SFE_{djt} + \beta_2 \ln Z_{dit} + \mu_{2i} + \lambda_{2t} + \varepsilon_{2it}, di = AM, BM$$

$$(4-20)$$

其中，di 为按经济发展程度分组后的地区，$\ln TR_{dit}$ 和 $\ln SFE_{dit}$ 分别为区分了经济发展程度后的 di 地区 t 期以实际税率衡量的税收竞争强度和以非生产性支出占比衡量的支出竞争强度；$\sum_{j=1}^{n} W_{ij} \ln TR_{djt}$ 为与 di 地区空间相关地级市的税收竞争强度的加权平均；$\sum_{j=1}^{n} W_{ij} \ln SFE_{djt}$ 为与 di 地区空间相关地级市的支出竞争强度的加权平均；ρ_1 和 ρ_2 分别为面对税收竞争和支出竞争时，本地相同财政政策的反应系数；θ_1 和 θ_2 分别为面对税收竞争和支出竞争时，本地相异财政政策的反应系数；Z_{dit} 为控制变量；W_{ij} 为空间权重矩阵 W 中的非负权数；μ_{1i} 和 μ_{2i} 为个体固定效应；λ_{1t} 和 λ_{2t} 为时间固定效应；ε_{1it} 和 ε_{2it} 为服从独立同分布假设的随机扰动项。

本部分的识别策略为：通过组内对比同经济发展程度组（AM-AM，BM-BM）的纯地理邻接空间权重矩阵（$PWGA$）和地理—行政邻接空间权重矩阵（$WGA-WAA$）设定下的回归结果，可以识别省级行政因素对同等发展程度地级市间横向财政竞争策略倾向的影响。通过对比同经济发展程度组（AM-AM，BM-BM）的纯地理邻接空间权重矩阵（$PWGA$）和地理—行政邻接空间权重矩阵（$WGA-WAA$）设定下的回归结果，可以识别省级行政因素对不同发展程度地级市间横向财政竞争策略倾向的影响。通过对比不同经济发展程度组（AM-BM，BM-AM）的纯地理邻接空间权重矩阵（$PWGA$）和地理—行政邻接空间权重矩阵（$WGA-WAA$）设定下的回归结果，可以识别省级行政因素对不同经济发展程度的地方政府间策略跟随强度的影响。

本部分使用系统广义矩估计法（SGMM）进行估计，将同发展程度组行政与经济发展复合因素对横向财政竞争多样化应对策略影响的回归结果报告于表4-6。

表4-6　行政与经济发展复合因素对横向财政竞争多样化
应对策略的影响（同发展程度组）

变量		(1)	(2)	(3)	(4)	(5)	(6)	(7)	(8)
		地理邻接（WGA）				地理—行政邻接（WGA-WAA）			
		高发展程度地级市（AM）		低发展程度地级市（BM）		高发展程度地级市（AM）		低发展程度地级市（BM）	
		$\ln TR$	$\ln SFE$	$\ln TR$	$\ln SFE$	$\ln TR$	$\ln SFE$	$\ln TR$	$\ln SFE$
高发展程度地级市（AM）	$W \times \ln TR$	0.676*** (4.450)	0.220 (0.811)			0.615 (1.526)	−1.176 (−1.101)		
	$W \times \ln SFE$	0.329*** (3.205)	1.007*** (5.080)			0.524* (1.735)	2.498*** (2.927)		
低发展程度地级市（BM）	$W \times \ln TR$			1.046*** (7.843)	−0.181 (−1.010)			2.558*** (3.384)	1.816 (1.568)
	$W \times \ln SFE$			0.073 (0.779)	1.224*** (7.950)			0.068 (0.188)	1.572*** (2.691)
控制变量		控制	控制	控制	控制	控制	控制	控制	控制
常数项		是	是	是	是	是	是	是	是
个体固定效应		控制	控制	控制	控制	控制	控制	控制	控制
时间固定效应		控制	控制	控制	控制	控制	控制	控制	控制
AR（1）−P 值		0.000	0.021	0.000	0.030	0.001	0.073	0.012	0.141
AR（2）−P 值		0.985	0.395	0.614	0.528	0.464	0.233	0.311	0.944
Hansen 检验		0.745	0.763	0.481	0.889	0.822	0.260	0.358	0.519
观测值		2740	2740	2740	2740	2740	2740	2740	2740

注：*、***分别表示10%、1%的显著性水平；括号内为 t 值，根据城市聚类稳健标准误计算。

　　表 4-6 中 Hansen、AR（1）、AR（2）检验结果均较好，系统广义矩估计法使用恰当，参数估计的结果可靠。地理相邻的高发展程度地级市间存在多样化的财政竞争策略，但考虑省级行政因素的影响后，该多样化程度显著降低，只有使用支出政策进行回应是显著的，使用税收政策对财政竞争进行回应不显著。同时，考虑行政因素的影响后，相邻高发展程度地级市间的支出竞争强度显著提高，反应系数由考虑行政因素前的 1.007 提升至 2.498，提高了约 148%。同省相邻的高发展程度地级市财政非生产性支出每提高 1%，本地倾向于将财政非生产性支出提高 2.498%。相邻的低发展程度地级市间的财政竞争策略表现出同策略回应的特点，不存在显著的财政竞争策略多样性。考虑行政因素的影响后，税收竞争和支出竞争的强度均显著提高，其中，支出竞争的反应系数由 1.224 提升至 1.572，而税收竞争的反应系数则由 1.046 提升至 2.558，提高了约 145%，同省相邻的低发展程度地级市实际税率每降低 1%，本地倾向于将实际税率降低 2.558%。

　　样本期内，省内同发展程度地级市间的财政竞争基本不存在多样化的应对策略，且"针锋相对"的强度显著提高，在高发展程度地级市间，支出竞争几乎成了唯一的财政竞争策略选择；而在低发展程度地级市间，虽然也存在显著的支出竞争，但其税收竞争强度更大。可以看出，同省内经济发展程度相近的地级市间存在极强的财政竞争，且存在显著的策略分异。如前文所述，这一分异将造成严重的两极分化问题。

　　本部分使用系统广义矩估计法（SGMM）进行估计，将异发展程度组行政与经济发展复合因素对横向财政竞争多样化应对策略影响的回归结果报告于表 4-7。

表4-7 行政与经济发展复合因素对横向财政竞争多样化应对策略的影响（异发展程度组）

变量		(1)	(2)	(3)	(4)	(5)	(6)	(7)	(8)
		地理邻接（WGA）				地理—行政邻接（WGA-WAA）			
		高发展程度地级市（AM）		低发展程度地级市（BM）		高发展程度地级市（AM）		低发展程度地级市（BM）	
		lnTR	lnSFE	lnTR	lnSFE	lnTR	lnSFE	lnTR	lnSFE
高发展程度地级市（AM）	$W×$lnTR			1.588 *** (3.400)	-0.319 (-0.880)			2.667 *** (3.060)	-0.399 (-0.392)
	$W×$lnSFE			-1.769 *** (-5.738)	-0.851 *** (-3.701)			-3.168 *** (-3.290)	-1.602 (-1.345)
低发展程度地级市（BM）	$W×$lnTR	0.333 ** (2.547)	0.010 (0.063)			0.501 ** (2.247)	0.088 (0.170)		
	$W×$lnSFE	-0.960 *** (-8.390)	-1.156 *** (-7.464)			-1.242 *** (-5.129)	-1.418 *** (-3.025)		
控制变量		控制	控制	控制	控制	控制	控制	控制	控制
常数项		是	是	是	是	是	是	是	是
个体固定效应		控制	控制	控制	控制	控制	控制	控制	控制
时间固定效应		控制	控制	控制	控制	控制	控制	控制	控制
AR（1）-P值		0.000	0.009	0.000	0.000	0.001	0.046	0.000	0.082
AR（2）-P值		0.674	0.864	0.397	0.409	0.700	0.534	0.294	0.902
Hansen 检验		0.294	0.194	0.578	0.222	0.634	0.683	0.453	0.896
观测值		1918	1918	1644	1644	1918	1918	1644	1644

注：** 和 *** 分别表示5%和1%的显著性水平；括号内为 t 值，根据城市聚类稳健标准误计算。

表4-7中 Hansen、AR（1）、AR（2）检验结果均较好，系统广义矩估计法使用恰当，参数估计的结果可靠。总体来看，在经济发展和省级行政因素的复合影响下，低发展程度地级市对高发展程度地级市的政策跟随强度都较大，这与前文的结论相同。省级行政因素不仅加剧了同

省低发展程度地级市对高发展程度地级市的策略模仿，而且降低了低发展程度地级市回应时的策略多样性，使低发展程度地级市仅使用高强度的税收策略对高发展程度地级市进行策略跟随。这导致低发展程度地级市锚定本省内高发展程度地级市的财政策略、制定本地策略进行发展追赶时，会因过度使用税收竞争策略，导致经济发展与环境保护失衡。一个可能的后果是，低发展程度地级市在经济追赶的过程中，忽视环境保护与污染治理，导致跨区域污染问题进一步恶化，走上"先发展、后治理"的老路，最终即便经济发展程度提高，高质量绿色资本和高素质劳动力也会因本地环境污染加剧而不愿流入，使本地很难进行进一步的产业绿色升级和转型，从而陷入发展困境。

三　本章小结

本章先建立理论模型论证地方政府财政竞争策略互动中存在多样化应对策略，并通过实证模型验证了我国地级市层面的财政竞争中确实存在多样化的竞争策略。进而基于先前章节的实证结论，阐述了跨区域污染治理视阈下地方政府间横向财政竞争策略互动的模式，并对现实中受经济发展程度以及省级行政因素影响的地级市财政竞争应对策略选择与其理论模式的偏离进行了考察，得出了以下主要结论。

第一，虽然地级市财政竞争中确实存在采用多样化策略应对的倾向，但总体来讲，使用税收竞争比使用支出竞争进行策略应对的经济和统计显著性都更强。这可能与预算约束、政策惯性和政策效果等因素有关，但广泛采用降低实际税率的方式进行财政竞争显然会给跨区域污染治理带来更大的困难。第二，无论是在单一的跨区域污染治理视阈下，还是在污染治理—经济增长的复合视阈下，财政竞争策略选择的理论最优模式均是支持、促进财政支出竞争，协调、弱化财政税收竞争。第三，地级市财政竞争中存在的多样化策略应对倾向，在控制经济发展因素和省级行政因素后强度普遍下降，甚至变得统计不显著。这种"针锋相对"的竞争策略可能与同省地级市的目标函数相似、不同资本类型对政策敏感程度相异等原因有关。但策略单一的竞争可能导致高发展程度地级市与低发展程度地级市进入不同的发展循环，高发展程度地级市偏向于使用财政支出手段竞争，从而进入"经济发展—环境保护"的良性循环，而低发展程度地级市则因过度使用税收竞争手段而进入"环境恶化—发展缓慢"的恶性循环。从宏观角度来讲，这不但不利于我国跨区域污染的综合治理，也不利于我国进一步缩小地区间差异、推进基本公共服务均等化的进程，如果不加以重视，甚至可能造成两极分化等更为严重的社会后果。第四，在省级行政因素影响下，地方政府间普遍出现强度和单一程度更高的财政竞争，在同省内经济发展程度相同的地级市间这一现象更为明显。这一方面给出了我国省级以下政府间存在"晋升锦标赛"和自上而下的"标尺竞争"的证据，另一方面说明省级政府在协调辖区内地级市的财政竞争领域是缺位的，尤其是在处理辖区内非理性的税收竞争时。这不仅给跨区域污染治理带来更大的困难，也进一步增加了区域内资源错误配置的可能性，从而造成新的、更为严重的结构性跨区域污染。第五，低发展程度地级市对高发展程度地级市存在策略跟随。这一现象为减小地级市政府间非理性财政竞争对跨区域污染造成的不利影响提供了一条可能的路径，即更好地利用"榜样效应"，在区域内树立发展标杆，鼓励地方政府学习先进的发展模式。

总体来讲，我国地级市政府间财政竞争的实际倾向与理论最优模式间存在较为显著的偏离。在策略互动中，地级市政府普遍倾向于使用税收竞争手段，这给跨区域污染治理带来了极大的负面影响。税收竞争可能造成财政收入降低，但低发展程度地级市存在更高的对经济增长、公共物品供给的刚性需求，这样的收支矛盾导致地级市政府财政自给能力进一步减弱，最终将给上级的省财政和中央财政带来沉重的负担。但同时，本章研究结论表明，横向财政竞争策略倾向同时受经济因素（经济发展程度）和行政因素（省级政府协调）的影响，这样的经验证据提示经济手段和行政手段都可以对政府间横向财政竞争产生有效的协调和引导作用，进而为协调地方政府间非理性、过度的横向财政竞争以及治理跨区域污染提供重要的切入点和政策抓手。

第五章
协调与治理框架下的复合型横向补偿机制

前文的研究和分析得出了两个重要的结论：第一，我国地级市政府间横向财政竞争模式与跨区域污染治理视阈下的最优模式存在显著偏离，亟须协调；第二，这一现实竞争模式显著受行政因素和经济发展因素的影响，提示我们可以通过行政手段或经济手段对政府行为予以匡正、对竞争模式进行协调，进而对跨区域污染进行治理。有鉴于此，本章在对现有以行政手段和经济手段进行协调和治理的模式进行横向比较分析后，明确了生态补偿机制所具有的相对制度优势。而就跨区域污染这一细分领域而言，本书认为试点应用中的生态补偿机制仍存在架构上的局限和实践中的问题。故此，本章首先讨论了现有生态补偿机制应遵循怎样的创新架构方式，使其制度的内在核心优势最为充分地外显，进而明确提出复合型横向补偿机制的架构形式，以打破其在跨区域污染领域应用中存在的架构局限。其次，讨论实践中存在的问题，一方面，归纳分析现有针对水污染和大气污染的生态补偿型横向转移支付实践的问题和特点，为有效地解决现有试点中存在的问题、优化现有实践提供有建设性的意见；另一方面，着重考察实践中出现的态势演化和形态异化，为因地制宜、因"污"制宜地进一步在我国全面推广复合型横向补偿机制提供建设性的意见。最后，对政府和社会资本合作（PPP）模式这一复合型横向补偿机制的必要和有益补充展开分析，重点考察政府和社会资本合作模式在跨区域污染领域展开应用的可行性及与生态补偿型横向转移支付的耦合性；进一步地，对现有试点应用中出现的问题进行分析，为最终促进两者的有机结合、充分发挥政府和社会资本合作模式对复合型横向补偿机制的提质增效作用提出有针对性的建议。

需要特别强调的是，本书语境下的"复合型横向补偿机制"与经典意义上的"生态补偿""生态补偿机制"等概念不同，本书中所谓"复合型横向补偿机制"，是针对跨区域污染这一细分领域对现有生态补偿机制进行重构的横向政府间的利益让渡模式，是以现有生态补偿机制为基础进行优化、以生态补偿型横向转移支付为核心、以政府和社会资本合作模式为必要补充的复合型横向补偿机制。

一　协调模式分析与复合型补偿机制架构

（一）协调与治理模式的比较分析

长期以来，我国社会发展的首要目标是经济增长，通过经济增长解决落后的社会生产与人民日益增长的物质文化需要之间长期存在的尖锐矛盾。而以经济增长为核心目标的地方政府行为进一步激化了经济增长和环境保护之间的矛盾。地方政府倾向于使用行政和财政权力弱化环境规制，吸引资本，发展经济，进而寻求更多的官员晋升机会，从而导致了我国的跨区域污染问题。

在财政分权的背景下，地方政府为追求经济增长，使用自由裁量权，通过为资本降低实际税负、降低环境规制强度等途径开展对资本、劳动力等稀缺生产要素的横向竞争。从排污企业这一同时产生经济产出和污染产出的微观节点观察，税收和环境规制会显著提高企业的生产成本，压缩企业利润空间。此时，如果各地税率和环境规制一致，企业将被迫加大绿色创新力度，在满足环境规制的基础上扩大利润空间；但如果各地税率和环境规制不一，将导致企业流向税率政策洼地。在以经济增长为核心目标的地方政府行为导向下，地方政府出现了跨区域污染治理视阈下的财政逐底竞争，造成污染排放的积累，最终加剧了跨区域污染问题。同时，地方政府官员的"晋升锦标赛"是零和博弈，只要能减少竞争对手的晋升希望，哪怕同时削弱了自身的晋升可能，地方政府也倾向于做彼此"拆台"的行为。比如，处于流域上游的城市引入高耗能、高污染的企业，并将水污染的成本通过河流转嫁给下游城市；又如，将容易造成空气污染的企业迁至市界周边，将大气污染外溢至相邻城市。此类"拆台"的零和博弈行为并不鲜见，这显然导致了更为严重的跨区域污染问题。

既然跨区域污染问题的产生与扩大背后都离不开地方政府的行为，那么，通过匡正地方政府行为、协调地方政府间过度竞争从而对跨区域污染进行治理是现阶段解决该问题的重要切入角度。目前，常见的通过匡正政府行为、协调府际竞争进而治理跨区域污染的模式有以下三种：第一，通过运动型治理突破日常的科层制，对地方政府竞争所造成的偏离进行直接纠正；第二，通过优化激励机制，引导地方政府的行为，弱化横向财政竞争对跨区域污染治理的负面影响；第三，通过生态补偿机制建立府际利益共同体，通过让渡利益建立绿色增长的府际竞合关系，从而协调横向政府间的关系，治理跨区域污染。本部分通过对这三种模式的比较分析，得出生态补偿模式的相对制度优势，从而论证其作为复合型横向补偿机制的理论基础的可行性。

1. 运动型治理模式

中央政府针对政策施行中地方性或局部性偏差的一个重要应对手段，是运动型治理机制，即通过运动式的政治动员来贯彻落实自上而下的政策意图（周雪光，2017）。我国幅员辽阔，各地禀赋差异巨大，在一致的中央政府大政方针和多样的地方实际情况间存在不同程度的偏差。针对这一实际情况，中央政府给予地方政府一定程度的自由裁量权，使地方政府围绕中央意志、因地制宜地施政，从而缓解中央与地方在治理方面的矛盾。"中央意志"和"一地情况"都是常量，但其中的"自由裁量权"却是变量。"自由裁量权"的"裁量权"多在地方手中，当地方政府的自由度变大时，在政策执行中就必然呈现机会主义和地方保护主义的特征，从而形成对中央政策主线的偏离，这一偏离现象类似一个单调递增函数——不仅不会自主地回归主线，偏离程度反而会越来越大。在这种偏离程度超过一定的阈值后，中央政府将打断这一趋势，使地方政府重新回归主线，这一叫停方式即运动型治理。具体到跨区域污染治理领域，2013 年 9 月，国务院发布的《大气污染防治行动计划》就是一个典型的通过运动的方式对跨区域污染进行治理的例子。2017 年是《大气污染防治行动计划》第一阶段目标的关键一年，为了进一步保证目标任务的顺利完成，同年 3 月环保部与相关省份一同制定了《京津冀及周边地区2017 年大气污染防治工作方案》，该方案划定的治理范围包括"2+26"城市①的"京津冀大气污染传输通道"。此次跨区域大气污染治理的成效显

---

① "2+26"城市，包括北京市、天津市 2 个直辖市，以及河北省下辖的石家庄、唐山、廊坊、保定、沧州、衡水、邢台、邯郸等 8 市；山西省下辖的太原、阳泉、长治、晋城等 4 市；山东省下辖的济南、淄博、济宁、德州、聊城、滨州、菏泽等 7 市；河南省下辖的郑州、开封、安阳、鹤壁、新乡、焦作、濮阳等 7 市。

著，京津冀区域的 PM2.5 平均浓度在 2016 年就已经比 2013 年下降了 33%，降到 71μg/m³。[①] 其中，山东 9 个城市[②]和河南 7 个城市[③]也完成了《大气污染防治行动计划》所规定的 PM2.5 平均浓度下降 20% 的目标。

但是，在显著的治理成效背后，运动型治理的弊端同样不可忽视。第一，运动型治理的总体成本过高，其中包括企业成本和公众成本。就企业成本而言，"京津冀大气污染传输通道"内的排污企业普遍被要求秋冬季限产，而在为采暖季让路的企业停产期内工人并未下岗，企业用人成本不变，从而导致企业运行成本在限产期间大幅攀升。以位于山西省临汾市洪洞县的上市公司山西焦化股份有限公司为例，应临汾市委、市政府发布的《临汾市 2017—2018 年秋冬季大气污染综合治理攻坚行动方案》要求，自 2017 年 10 月 1 日至 2018 年 3 月 31 日延长出焦时间，对产能进行限制[④]，这一限产令预计将导致山西焦化股份有限公司两季度营销收入共减少约 27 亿元。同样受到限产影响的还有唐山市德龙钢铁有限公司，该公司拥有两座 1080m³ 的高炉，受采暖季限产 50% 的政策影响关停一座高炉，以当年市场价计算，这一限产政策导致唐山市德龙钢铁有限公司每月利润损失在 8000 万元以上。而唐山市德龙钢铁有限公司的母公司德龙控股集团有限公司受限产影响，每月的利润损失在 2.1 亿元

---

① 《陈吉宁在十二届全国人大五次会议记者会上答记者问实录》，生态环境部网站，https://www.mee.gov.cn/gkml/sthjbgw/qt/201703/t20170310_402557.htm，最后访问日期：2022 年 9 月 10 日。

② 山东 9 个城市即滨州、德州、菏泽、济南、济宁、莱芜、聊城、泰安、淄博。

③ 河南 7 个城市即安阳、鹤壁、焦作、开封、濮阳、新乡、郑州。

④ 《临汾市 2017—2018 年秋冬季大气污染综合治理攻坚行动方案》要求，"2017 年 10 月 1 日至 2018 年 3 月 31 日，尧都区、襄汾县、洪洞县范围内的焦化企业出焦时间延长到 48 小时"，这一规定虽于 2017 年 12 月 4 日放宽，由"出焦时间延长到 48 小时"调整为"结焦时间延长到 30 小时"，但仍将对山西焦化 2017 年 12 月的销售收入产生约 1.2 亿元的负面影响。《山西焦化秋冬季限产 预计影响销售收入 28 亿》，财新网，https://china.caixin.com/2017-10-16/101157085.html，最后访问日期：2022 年 9 月 10 日。

以上。虽然采暖季限产给企业造成了很大的损失，但大多数企业仍维持盈利。其原因在于限产带来的供给侧负向冲击致使钢材价格大涨，从华北区域采暖开始，华北地区建筑钢材的市场价格从 11 月初的 4100 元/吨左右攀升至 11 月底的 5000 元/吨以上，涨幅为 22% 左右。全联冶金商会预测，这一轮由采暖季限产导致的价格上涨将持续至 2018 年 3 月，也即采暖季和限产令结束。同时，钢材市场将由"弱平衡"转至"紧平衡"状态，而供给侧的硬约束导致供给存在"天花板"，市场上将有 300 万~500 万吨的需求缺口无法填平。[①] 虽然供需失衡导致的钢材价格上升弥补了钢铁企业因限产造成的部分损失，但钢材作为工业的基础原材料，其价格上涨效应势必会传导至全产业链，最终提高社会成本，造成社会福利损失。就公众成本而言，以 2017 年底的散煤治理运动为例，根据 2017 年 3 月发布的《关于印发〈京津冀及周边地区 2017-2018 年秋冬季大气污染综合治理攻坚行动方案〉的通知》[②]，将北方地区冬季清洁取暖规划的首批实施范围划定为"2+26"城市。通过在农村地区，以城中村、城乡结合部为代表的泛农村地区推行"煤改气""煤改电"改革，全面加强散煤治理，并要求范围内城市在当年 10 月底前完成 300 万户以上的改造工作。这一关系民生的改革时间紧、任务重，改革成本和公众成本高，但生态环境部于 2017 年 12 月 24 日公布的数据显示，已有 474.3 万户完成了改造。[③] 这一"超额完成"的现象背后有多重的原因。其一，层层

---

① 《大气十条保卫战：北京的天空是如何变蓝的丨特稿精选》，财新网，https://weekly. caixin.com/2018-01-05/101193925.html，最后访问日期：2022 年 9 月 10 日。

② 《关于印发〈京津冀及周边地区 2017-2018 年秋冬季大气污染综合治理攻坚行动方案〉的通知》，生态环境部网站，http://www.mee.gov.cn/gkml/hbb/bwj/201708/t20170824_420330.htm，最后访问日期：2022 年 9 月 10 日。

③ 《环境保护部组织开展京津冀及周边"2+26"城市冬季供暖保障工作专项督查》，生态环境部网站，https://www.mee.gov.cn/gkml/sthjbgw/qt/201712/t20171224_428550.htm，最后访问日期：2022 年 9 月 10 日。

加码的压力型体制；其二，中央对"煤改气"和"煤改电"改革有政策性支持，在政策优惠预期下行和政策窗口持续期不明的情况下，地方政府倾向于加紧推进；其三，地方政府官员的政绩需求，在响应上级政府政策的过程中表现优异的，自然有利于增加晋升机会。在如此有限的时间内超额完成任务无助于改革政策的人性化推进，粗糙地推进进一步增加了公众成本。更为严重的是，华北地区的大干快上扩大了天然气的刚性需求，但供给端的气源增量、管道负荷储气调峰设备等无法在短期内与之匹配，再加上气源地客观存在的不确定性，从而形成了 2017 年冬季华北地区的区域性能源安全危机。河北省于 2017 年 9 月 28 日发布《河北省天然气迎峰度冬应急预案（2017—2018 年度）》①，将这一供需缺口归因为"大气污染防治行动计划和我省'煤改气''禁煤区'等清洁能源替代工作的强力推进"。虽然对即将到来的能源短缺准备了应急预案，但仍无法阻止能源安全危机的到来。中国石油天然气股份有限公司天然气销售北方分公司通知，自 2017 年 10 月 21 日起，天然气资源供应将无增量。河北省发展和改革委员会决定启动天然气需求侧管理机制，并宣布全省于 2017 年 11 月 28 日 0 时起进入天然气供应橙色预警②（天然气供应 II 级预警状态），要求各地市按保供顺序对工业和商业用户限气停气，以最大限度地保障民生用气。需求侧的调控导致了大量的民生问题，如位于保定市的河北大学附属医院被限制用气后，病患衣物无法消毒，甚至连手术都无法进行，这显然存在交叉感染、传染病暴发等隐患，会造成危及人民群众生命安全的严重后果。最终，生态环境部于 2012 年 12

---

① 《关于印发〈河北省天然气迎峰度冬应急预案（2017—2018 年度）〉的通知》，河北省发展和改革委员会网站，https://hbdrc.hebei.gov.cn/gzdt/202403/t20240327_113177.html，最后访问日期：2022 年 9 月 10 日。

② 橙色预警在天然气四色预警中的严重性仅次于红色预警，其指示天然气供需存在 10%~20%的缺口。

月 4 日向"2+26"城市下发特急函件①进行要求指导，这次"散煤治理"的风波才告一段落。根据生态环境部环境与经济政策研究中心对"散煤治理"、"能源危机"以及"特急函件"等一系列事件的舆情调查②，在下发《关于请做好散煤综合治理确保群众温暖过冬工作的函》之前，社会公众对以"煤改气"为主要手段的散煤治理工作的负面评论占总评论的比重达到了令人咋舌的 90%，其中，多为对运动型治理模式的不满，典型的观点为"运动式环保"、"一刀切式环保"和"从一个极端走到另一个极端"等，同时舆情表示"告别燃煤带来了好空气，也暂时留住了冷空气"。特急函件下发后，负面评论占比仅小幅回落至 78%，正面积极评论则仅占 13%。这显著表明了运动型治理虽然有明显的治理效果，却极易因缺乏事前调研而造成"一刀切"政策，进而导致极高的公众成本，甚至造成社会群体性事件。

第二，运动型治理虽然有显著的效果，但无法从根本上解决跨区域污染治理问题，这是运动型治理模式在跨区域污染治理应用中最为本质的劣势所在。其原因在于，首先，运动型治理模式从本质上讲是对地方政府在执行国家政策的过程中因过度灵活变通而产生的偏离进行纠正，其本意在于约束自由裁量权，而非消除自由裁量权。我国幅员辽阔，各地禀赋差异极大，有效治理要求地方政府拥有一定的灵活性，也即自由裁量权。但过度灵活就会产生无法忽视的政策偏离，此时就需要利用运动型治理弥补科层制度的缺陷，给地方政府划定清晰的活动边界。简单地说，运动型治理模式的根本目的是划定地方政府灵活性的边界，而不

① 《关于请做好散煤综合治理确保群众温暖过冬工作的函》。
② 《〈关于请做好散煤综合治理确保群众温暖过冬工作的函〉相关舆情分析》，生态环境部环境与经济政策研究中心网站，http://www.prcee.org/yjcg/yjbg/201805/t20180522_440999.html，最后访问日期：2022 年 9 月 10 日。

是彻底消灭地方政府的灵活性。所以，运动型治理无法从根本上协调地方政府间横向财政竞争，进而化解过度的、非理性的财政竞争所带来的跨区域污染问题。其次，跨区域污染这一客体需要长效的、稳定的治理机制，但运动型治理一般只在常规机制失败时，或客观环境突然变化时才应急地、间或地使用，其显然不具备长效和稳定的特点。所以其无法减弱原机制所带来的横向竞争行为的惯性，运动结束后政府仍会回归日常的模式，回归日常行为和竞争模式，也就无法根治跨区域污染问题。

综上所述，运动型治理模式如同药效强烈的退烧药，感冒发热时虽然服下当即可降温，但一方面副作用大，不可常食；另一方面只能缓解发热症状（解表），不能针对病因治疗（祛根）。所以，运动型治理模式可以协调地方政府间横向竞争，虽然可以对跨区域污染产生显著的治理效果，但其定位应是间或使用的权宜之计，而非长效的治理机制。

2. 优化地方政府激励机制

我国跨区域污染问题的重要成因之一是地方政府追求经济增长的过程中对环境保护问题的长期忽视，地方政府行为的微观基础在于地方官员，地方政府的行为倾向是建立在某种特定的、塑造了官员行为的激励机制基础上的。依此逻辑，治理由地方政府不当行为引起的，并由过度竞争恶化的跨区域污染，应从地方官员行为逻辑切入，匡正地方政府行为。而在地方官员追求晋升的情况下，其行为基本以绩效考核标准为指导，所以，治理跨区域污染应从优化激励机制入手。我国已经出台了一系列文件从环境保护角度对绩效考核标准进行优化，并尝试建立和完善绿色绩效考核机制。有研究发现（孙伟增等，2014；涂正革等，2021），我国以环境保护为导向的考核机制改革减小了地方政府间横向财政竞争对环境的负面影响，对跨区域污染起到了显著的抑制作用。通过优化绩效考核标准对地方政府激励机制进行调整，相比于运动型治理模式更为有效，但这一方式仍有其应用的局限性。最为典型的问题是，我国幅员辽阔，各地禀赋不同，发展程度也不同，如果由中央政府自上而下"一刀切"地对所有地区的官员施行相同的绩效考核标准，虽然最大限度地体现了中央的政策意图，降低了政策制定成本，但实行中难免出现政策脱离地方实际的情况，从而弱化激励机制对地方政府的约束效果，甚至可能产生更为复杂和严重的社会影响。但如果将自由裁量权下放给地方政府，使其可以按自身情况因地制宜地制定绩效考核标准，虽然可以减少政策执行中的水土不服情况发生，减小绩效考核施行中的阻力，但又不可避免地出现对中央意志不同程度的偏离，最终也会使激励机制对政府行为的约束能力减弱。总而言之，绩效考核标准的优化同样存在中央和地方在有效治理中的深刻矛盾，如何在贯彻自上而下的政策意图基础上进行有效的治理，是对现有绩效考核进行优化时存在的核心难题。具体而言，在委托—代理视角下，跨区域环境污染本质上是一种政府失灵，也即代理人（当地官员）的激励与委托人（当地居民）的利益不相同，在政治决策和行动领域出现了委托—代理问题。官员所追求的最终目标是晋升，这一特性独立于社会和制度存在，唯一受影响的是决定晋升的具体机制和制度环境。从这个视角出发，政府治理的核心在于如何最大限度地使当地官员的政治激励与居民的社会需求相一致，从而最大限度地缓解委托—代理问题。假设所有地方官员首要追求的是晋升，而长期以来，经济增长在我国官员绩效考核中都处于核心地位，所以地方官员的工作重点为追求辖区经济增长。而居民的需求则因当地经济发展程度而异，在欠发达地区，居民更追求经济增长所带来的生活水平的上升，而在发达地区，居民则更加关注以环境保护为代表的公共物品和服务的供给水平（见表5-1）。

表 5-1　不同经济发展程度下官员与居民关切

	官员关切	居民关切
发达地区	晋升（经济增长）	环境保护
欠发达地区	晋升（经济增长）	经济增长

由表 5-1 可以直观地发现，在欠发达地区，以经济增长为核心的官员绩效考核与当地居民的关切并不存在显著的矛盾，这一矛盾仅存在于经济发达地区。如果"一刀切"地调整官员的绩效考核指标，提高环境保护在官员晋升中的权重，将弱化发达地区的委托—代理问题，使地方政府的行为目标与当地居民的目标合同，进而达到较好的协调和治理效果。但对于欠发达地区的居民，其首要目标仍是经济增长，这意味着欠发达地区的地方政府与居民的行为目标本就是一致的，而"一刀切"地对绩效考核指标进行调整则会导致欠发达地区政府的行为目标产生转变，并与辖区内居民关切发生偏离，从而引致欠发达地区更为严重的社会问题。此外，欠发达地区多处于流域的上游，其本就具有较低的经济发展水平和公共服务水平，且同时受到环境保护方面的发展约束，如果仅以行政手段增加环境治理的绩效考评，强行对欠发达地区政府的行为倾向进行干预，将在短期内进一步限制当地的经济发展，导致人口外流、产业空心化以及区域间矛盾加剧等一系列社会和经济问题。综上所述，从改革官员绩效考核体系入手，优化地方政府激励机制是协调政府间竞争、治理跨区域污染的长效机制，它可以利用行政手段对地方政府官员的行为进行有效的匡正，进而达到对跨区域污染进行治理的目的。但是其具体改革细则的制定难度较大，既要保证贯彻中央意图，又要尽可能地提

高政策的有效性，所以需要更高的政策制定成本。

3. 生态补偿模式

改革开放以来，我国经济发展和环境保护之间的矛盾日益显著。在行政分权改革、财政分权改革和以经济增长为核心的官员绩效考核导向下，地方政府专注于经济发展职能，忽略了以环境保护、污染治理为代表的公共物品供给职能，从而导致我国在经济高速发展的同时，出现了严重的跨区域污染问题。生态保护领域存在结构性的政策缺位，这是过去牺牲环境发展经济这一发展方式形成的重要原因。缺乏长效机制以对生态效益进行显化，使生态效益和经济效益在生态环境的保护方和受益方、破坏方和受害方之间分配不均，使受害于环境者无处索赔，而受益于环境者无处补偿，使破坏环境者无须承担相应的破坏生态的责任和恢复环境的成本，而保护环境者无法得到相应的成本补偿和激励型奖励。这种经济效益和生态效益关系的扭曲，不仅导致跨区域污染治理举步维艰，也恶化了区域间经济和环境发展的关系，导致了以邻为壑、互相拆台等一系列问题，进一步加剧跨区域污染。而生态补偿模式是在综合考虑生态保护成本、发展机会成本和生态服务价值的基础上，采取财政转移支付或市场交易等方式，由生态产品和服务的受益者给予供给者，或由破坏者给予受害者合理补偿的双向激励型制度安排。

环境资源配置过程中受益地方政府向受损地方政府支付合理费用，是协调地方政府竞争行为、内部化跨区域污染外部性、促进区域经济高质量协调发展以及增进社会福利的重要途径，也是跨区域污染生态补偿机制的内核。通过横向转移支付机制，在生态产品价值实现的基础上令环境保护与经济增长、财政收入等要素挂钩，使其对地方官员晋升产生影响，从而匡正地方政府行为，协调过度的横向财政竞争。通过政府和社会资本合作模式，为生态补偿型横向转移支付资金赋能，使其供给生态产品和服务的能力提质增效，实现跨区域污染治理目标。横向转移支付机制与政府和社会资本合作模式形成合力，最终使生态补偿模式发挥财政竞争的协调功能以及跨区域污染的治理功能。

这一同时包含政府力量和市场力量的协调和治理机制不仅具有良好的协调和治理效果，同时也具有成本较低的显著特点。具体而言，首先，生态补偿模式有针对性地建立了供给者与受益者、破坏者与受害者之间的联结。通过显化生态效益使环境保护行为得到支撑、使环境破坏行为付出成本，通过市场化的方式促进其跨区域污染治理功能的实现。其次，生态补偿模式通过将生态效益和经济效益挂钩，可以以较低的行政成本和时间成本锚定经济增长这一在既有晋升绩效考核中的核心指标，从而形成"环境保护—经济发展—晋升"的逻辑链条，使地方政府在发展经济的同时不能轻易忽视环境污染问题，从而实现对地方政府间横向竞争的协调。这一路径看似"取巧捷径"，却是重要的生态产品和服务的价值实现途径。其原因在于，在可以预见的相当长一段时间内，经济发展都是我国最为重要的目标，加上以新冠疫情、俄乌冲突为代表的一系列内外部不稳定因素的冲击，经济的稳定增长更是重中之重。所以使生态效益与经济效益建立长期稳定的锚定关系，可以从某种程度上使环境保护、跨区域污染治理等议题得到地方政府的长期关注，最终为跨区域污染治理问题提供兜底性的保障。最后，生态补偿模式的低成本也体现在其动态调整上，生态补偿多基于契约、基于两个或多个地方政府间的协议达成，在实践中如果出现类似补偿标准过低等问题，可以在补偿协议相关的地方政府间以较低的协商成本修正。补偿协议时间通常为 1~3年，这也意味着补偿协议中存在的问题可以在较短的周期内改动，有较强的政策灵活性，从而进一步降低了生态补偿的成本。综上，生态补偿是一种协调和治理的长效机制，同时具有效果明显、成本较低以及政策灵活等一系列特点。

4. 三种主要协调和治理模式的比较分析

运动型治理模式和官员绩效改革模式主要通过行政手段，如政治动员、人事变动等各种行政意义上的正式或非正式的行为对地方官员的注意力产生影响，以达到重新安排下级政府工作的目的，对财政竞争进行基于环境保护视角的协调和纠偏，进而达到治理跨区域污染的目标。而生态补偿模式则偏重于运用经济手段对政府竞争行为进行协调，通过实现生态产品的价值，使地方政府在以经济发展为重要目的的财政竞争中不忽视环境保护，从而遏制跨区域污染问题的进一步扩大。同时，通过将生态受益地区的利益让渡给生态保护地区，协调地区间的利益分配，促进生态保护地区的经济增长，从而促进跨区域污染的治理。上述三种模式都兼具协调政府间财政竞争和治理跨区域污染两种效果。绩效考核机制改革可以匡正政府行为，达到协调政府间过度财政竞争的目标，进而对跨区域污染进行治理。运动型治理模式则可以通过动员大量的资源，使地方政府注意力在短时间内高度集中于一点，从而达到最为显著的跨区域污染治理效果。相比之下，生态补偿模式对于政府间过度竞争的协调效率和效果不及绩效考核机制改革，对于跨区域污染治理的效果不及运动型治理模式，似乎是较为鸡肋的选择。但如果将经济增长或可持续发展这一要素纳入考虑，生态补偿机制的制度优势就显而易见了。生态补偿机制作为一种综合了市场力量和政府力量的、以经济手段为主、以行政手段为辅的复合型协调和治理机制，弱化了经济发展和环境保护之间存在的固有内在张力，易于达成经济稳定高质量发展视阈下的协调政府间竞争和治理跨区域污染的双重目标，这一内在核心优势主要外显为政策效果好和施政成本低两个方面。具体而言：首先，生态补偿机制主要采用经济手段，通过生态产品价值实现的准市场方式进行竞争协调，相较于偏重采用行政手段的绩效考核机制和运动型治理模式，具有更低的综合成本和更少的社会福利损失。生态补偿机制可以实现生态产品和服务的价值，并将其与地方经济增长和财政收入等挂钩，进而影响官员晋升，最终校正地方政府的行为，达到协调竞争的作用。另外，通过政府和社会资本合作模式引入市场要素，在跨区域污染治理提质增效的同时建立政府和社会资本间长期稳定的治污合作关系，从而达到更好的治理效果。其次，相较于单一经济手段的协调和治理模式，生态补偿模式中政府行政力量的参与可以减少补偿中存在的主体过多、污染情况复杂等推高施政成本的因素，使协调和治理工作更易于推进，也从某种程度上优化了机制本身的协调和治理效果。

经济发展和环境保护的内生张力客观存在，不因主观意志而转移，生态补偿模式在尊重这一客观事实的前提下，有机地结合了经济手段和行政手段。以经济手段为主、以行政手段为辅，从而使得该机制更易于达成经济可持续增长维度下的竞争协调和污染治理的内在统一，这即是其核心制度优势所在，也是本书在竞争协调和污染治理语境下，着重对生态补偿机制进行研究的原因所在。最后需要说明的是，本书虽然认为生态补偿模式相较于其他两种模式存在更为底层和核心的制度优势，但并不意味着生态补偿模式是协调和治理的"万灵药"。横向财政竞争协调和跨区域污染治理是极为复杂的命题，不存在包治百病的"万灵药"，要达成更好的协调和治理效果，审时度势、不予偏废地相机施策才是最优选择。

（二）复合型横向补偿机制的架构与形式

本书认为，针对跨区域污染的新型横向补偿机制需结合经济手段和行政手段、市场力量和政府力量，才能充分发挥其制度优势，达成协调政府间财政竞争以及治理跨区域污染的目标。故此，针对跨区域污染的复合型横向补偿机制的架构应以政府为核心行为主体，并在此基础上引入市场化的力量作为必要的有益补充。将政府作为跨区域污染横向补偿的核心主要有以下三点原因：第一，跨区域污染问题本质上是一种市场失灵，生态产品作为公共物品的代表，其供给的第一责任人是具有公共管理职能和公共物品供给职能的政府；第二，横向补偿本质上是利益让渡，是基于卡尔多—希克斯改进的存量改革，市场力量在推动增量改革时有其效率优势，但在存量改革中，单以市场力量无法推动此类改革，需要政府行政力量的介入；第三，政府作为横向补偿机制的核心运作主体，可以显著降低交易成本，跨区域污染覆盖面大、牵涉利益主体多，故而存在极高的交易成本，过高的交易成本使市场机制无法解决这一问题，所以需要政府从中协调，降低交易成本，使问题得到妥善解决。

复合型横向补偿机制兼具协调横向财政竞争和治理跨区域污染的双重作用，其中，作为模式核心的横向转移支付机制通过财政资金的转移对地方政府间的财政竞争进行协调，同时对跨区域污染进行治理；而政府和社会资本合作模式则通过引入社会资本和市场机制，一方面为财政补偿资金赋能，减小补偿协议签订阻力，从而推进横向补偿的整体建设，另一方面则可以对污染治理技术和主体进行有效补充，从而使横向补偿机制的协调和治理作用提质增效。生态补偿型横向转移支付机制与政府和社会资本合作模式有机结合而成的横向补偿机制，可以在有效协调地方政府间过度和非理性的财政竞争的同时对跨区域污染进行治理，并将政策、经济以及社会等诸多方面的成本维持在较低的水平上，这不仅能在当下区域试点中达到更好的跨区域污染治理效果，而且为其在全国范围的推广减小了政策阻力。

综上，本书主张针对跨区域污染的复合型横向补偿机制的架构形式为：以横向转移支付为核心，以政府和社会资本合作模式为必要补充的横向补偿机制。下面将进一步分析横向转移支付与政府和社会资本合作模式为这一横向补偿机制协调和治理功能的实现所做出的制度贡献。

1. 功能实现的核心：横向转移支付制度的优势

完善的财政转移支付制度是横向补偿的核心制度保障，目前，我国生态补偿在实施中仍以单一的纵向转移支付制度为主。但在针对跨区域污染的横向补偿中，以纵向转移支付为机制建构的核心存在显著的缺点，一方面，生态补偿实践中横向转移支付制度的缺失导致纵向转移支付固有的问题进一步凸显；另一方面，纵向转移支付机制在应对跨区域污染治理问题时存在弊端。具体而言，本书认为应建立以生态补偿型横向转移支付为核心的横向补偿机制，而以生态补偿型横向转移支付制度替代现有的纵向转移支付制度，并作为复合型横向补偿机制的建构核心，具体有以下的效率增进。

第一，可以弥补纵向转移支付机制应用中存在的固有缺陷。目前，我国宏观转移支付的制度安排和既有生态补偿实践均以纵向转移支付为主，这一制度安排的优势在于可以通过集中调控，在一定程度上缩小区域之间的财政差距，有利于中央实现具体的政策目标。但这一制度安排仍存在显著的局限。其一，覆盖面狭窄。目前我国纵向生态补偿转移支付制度仅应用于国家重点生态功能区，其覆盖范围仅限于具有全国性生态效益的功能区，而没有涵盖某些跨省污染区。这在理论上符合生态补偿的收益原则，但其问题在于没有解决大多数污染区域的外部性问题。此外，当前的纵向转移支付制度虽然对生态保护领域的投入逐年增加，但与我国现阶段面临的跨区域水污染与大气污染问题相比仍远远不足。同时，大多数跨区域污染的外溢范围有限，虽然跨越数个行政区，但仍不适宜由中央政府通过纵向转移支付的方式进行补偿。其二，纵向转移支付无法有效解决跨区域污染问题。水污染和大气污染是不以行政区划为界的，也就意味着大气污染和水污染区域中同时存在多个属于不同行政区划且层级不同的地方政府，中央政府的纵向转移支付难以同时覆盖区域内所有的地方政府。此外，纵向转移支付的运作机制决定了资金先集中至中央再下发至地方，这一流程不但模糊了跨区域污染横向补偿中主、客体的利益关系及补偿关系，不利于提升地方政府生态保护积极性，也降低了转移支付资金的治理效度和治理时效性。其三，纵向转移支付会导致社会资源浪费。在纵向转移支付体制下，地方政府倾向于将有限的资源投入有利于争取中央拨款的领域，这样不仅扭曲了纵向资金配置，也导致地方政府行为的扭曲，增加了社会总体福利的损失。同时，相关部门的寻租最大化也将对最终的社会剩余最大化目标产生负面影响。

第二，可以降低纵向信息不对称性。中央和地方政府间的信息不对称现象是难以避免的，在生态补偿实践中这一信息不对称的现象将产生一系列的问题。首先，导致道德风险，由于中央政府很难确知生态服务供给方的实际成本，或生态破坏方造成的实际社会福利损失，地方政府出于利益最大化考虑，有瞒报或虚报自身情况、加剧纵向信息不对称的倾向，这显然削弱了纵向转移支付资金对生态环境的治理效力；其次，纵向信息不对称也会造成权力寻租的行为；最后，生态补偿纵向转移支付资金"先上后下"①，造成了资金流动环节上的冗余，从而进一步增加了纵向信息对称的难度。而以横向地方政府间谈判为模式基础建立的生态补偿型横向转移支付机制，则显著降低了信息不对称。具体而言，相较于央地政府间"一对多"的模式，地方政府可以借由直接的端对端横向谈判降低信息传递的成本，进而提升横向信息对称水平，最终可以更切合实际地制定生态补偿方案的具体细则，使整体方案更具有实际操作性。此外，横向转移支付的中间环节较纵向转移支付更少，从而降低了权力寻租行为发生的可能性；同时，地方政府间的横向转移支付机制也使得中央政府监管转移支付资金的压力减轻，从而大幅降低中央政府的行政监督成本。

第三，可以显著提升财政资金的使用绩效。首先，长期以来，生态补偿纵向转移支付机制使地方财政形成了对中央财政的过度依赖。这一现象不但降低了纵向转移支付资金的激励能力，也使得地方政府出现了"等、靠、要"的心态，进而导致地方政府将财政资金投入生态补偿领域的积极性减弱、财政资金的边际治理效用下降，最终削弱了生态补偿对跨区域污染的治理效力。其次，在以纵向转移支付为核心的生态补偿模式下，地方政府虽然承担了污染治理的责任，但其资金的获取具有显著的被动性，这造成了地方政府层面的权责割裂，不利于生态补偿机制的长期可持续运转。而生态补偿型横向转移支付机制一方面激发了地方政府在筹集生态补偿资金上的主动性，较好地解决了现有生态补偿资金短缺的问题，同时地方政府在使用自筹的资金时会更为关注投入产出比，从而提高了生态补偿财政资金的使用效率；另一方面生态补偿资金由地

---

① 所谓"先上后下"，是指资金首先从地方政府集中至中央政府，进而由中央政府统一分配的资金运作模式。

方政府自筹对现有的地方政府预算规划能力提出了新的要求，迫使地方政府解决生态补偿资金来源的长期性和财政预算周期较短之间的矛盾，从而提升地方政府的行政能力。

第四，可以显著提高生态产品和生态服务的供给效率。生态产品和生态服务作为一种典型的公共物品，其自身的非竞争性与非排他性使它具有明显的利益外溢性，这一利益外溢性导致行为主体存在显著的"搭便车"倾向。生态产品与服务的供给方如果不能得到有效的补偿，则其供给的生态产品和服务的质量会降低，供给行为也会不可持续。同时，生态产品和服务的消费方如果不能付出应有的代价，则其必定存在过量消费生态产品和服务的倾向。生态补偿型横向转移支付机制作为一种在生态产品和服务供求双方间建立起来的类市场机制，通过资金横向转移的方式平衡生态产品和服务供需双方的关系，提高生态产品和服务的供给效率、减少生态产品和服务的过度消费，实现横向补偿机制的高效可持续运转，从而有效地治理跨区域污染。

2. 功能实现的优化：政府和社会资本合作模式的提质增效

跨区域污染生态补偿中存在的最大问题之一是补偿金过少，这使得现有生态补偿实践更多流于形式上的奖惩，过低的金额不但不能有效地约束地方政府不治理污染的行为，也不能有效地激励地方政府实施环境保护政策，从而使国家在地方政府间非理性财政竞争的协调有效性方面面临严峻挑战。但在当下复杂的经济形势下，财政收入紧张，公共卫生等财政支出又显著增加，有限的补偿资金可能会是未来一段时间必须解决的问题，甚至可能是一种"新常态"。那么，如何利用有限的补偿资金，扩大生态产品和服务的供给规模，提高生态产品和服务的供给效率，是跨区域污染横向补偿中亟待解决的关键问题。在跨区域污染横向补偿中引入政府和社会资本合作模式，一方面，可以有效地解决补偿资金约束过紧的问题，从而扩大生态产品和服务的供给规模，推动跨区域污染治理提质增效；另一方面，可以引入治理污染的先进技术和管理经验，从而提高治理效率，推动跨区域污染治理提质增效。具体而言，政府和社会资本合作模式所带来的提质增效作用集中体现于以下方面。

第一，减小横向补偿协议签订阻力，促进横向补偿实践推广。生态补偿型横向转移支付机制是一种存量改革，其基于卡尔多-希克斯改进的本质导致利益出让方和利益受让方之间在利益让渡的规模上天然存在激烈的内在张力。表现为地方政府之间对补偿金额难以达成一致意见，在同一生态产品和服务供给规模和质量下，补偿方倾向于压低补偿金额，而受偿方则倾向于提高补偿金额，这往往导致双方就补偿金额问题僵持不下，形成过高的协商成本，阻碍生态补偿型横向转移支付机制的进一步发展。进一步，在目前复杂的形势下，经济下行压力增大，政府财政收入面临严峻的挑战，显著提高补偿水平在短期内难以实现。与此同时，我国跨区域污染规模大、分布广、治理难度大，且大多数受偿区域属于欠发达地区，其基础设施建设情况本就落后于平均水平，再叠加重点生态保护地区，如重要河流的源头等需严格实施产业准入负面清单，从而进一步限制了当地产业和经济的发展，最终抑制了其自有财政资金对跨区域污染的治理能力，加剧了对补偿资金等转移支付资金的依赖。补偿资金的供给端和跨区域污染治理的需求端的客观现实矛盾，拉大了跨区域污染治理资金供求之间的缺口，阻碍了我国跨区域污染治理的进一步推进，最终激化了经济增长和环境保护之间的矛盾。生态补偿型横向转移支付协商中，补偿方和受偿方对于"该补多少"的问题长期存在争议和矛盾，是目前生态补偿型横向转移支付机制构建中最大的阻力。而引入政府和社会资本合作模式，使其与生态补偿型横向转移支付机制有机结合，可以有效地缓和这一矛盾。对于补偿方而言，可以利用有限的补偿资金和项目相结合的方式，在减轻本地财政压力的同时优化治理效果；而对于受偿方而言，可以在补偿资金硬约束的条件下利用政府和社会资本合作模式使生态产品和服务的供给提质增效。总体而言，政府和社会资本合作模式的引入可以显著降低达成生态补偿协议的协商成本，有助于生态补偿型横向转移支付机制的进一步优化和推广，从而促进生态补偿协调横向财政竞争功能的进一步发挥。

第二，弱化财政补偿与污染治理资金供求间的矛盾，扩大生态产品和生态服务供给规模。财政补偿资金供给和跨区域污染治理资金需求之间的缺口是当前存在且将长期存在的客观现实。那么，如何"用小钱，办大事"是摆在生态补偿双方面前的重要问题。通过政府和社会资本合作模式与跨区域污染生态补偿的有机结合，可以将社会资金引入跨区域污染治理领域，填补跨区域污染治理资金需求与以生态补偿资金为代表的财政资金供给之间的缺口，从而提高生态产品和服务的供给能力。对于补偿方而言，使用政府和社会资本合作模式与跨区域污染生态补偿有机结合的方式，首先可以避免因使用财政资金填补跨区域污染生态补偿领域的资金缺口而产生的政府债务问题加重、系统性风险增加、资金绩效低下、通货膨胀加重以及重复建设等一系列经济及社会问题；其次可以改善目前以资金直接转移的"输血型"补偿为主要模式的生态补偿实践。在该模式下，总体资金使用效率不高、跨区域污染治理的效果有限，而且"输血型"生态补偿模式主要关注跨区域污染的治理，没有进一步协调环保和发展的关系。所以，进一步推广"造血型"补偿模式是当下跨区域污染生态补偿中的重要目标。通过使用政府和社会资本合作模式进行跨区域污染生态补偿，可以更好地实现"造血型"生态补偿模式的发展。根据受偿地区的实际需求，通过协商的方式制定契合的补偿项目。由于政府和社会资本合作模式的形式更为灵活，地方政府在制定生态补偿项目规划时，可以摆脱污染治理的思维局限，将项目范围进一步扩展至既有利于环境保护，又具有较大盈利空间的绿色经济范畴，如生态农业等。这些项目在治理了跨区域污染的同时，还有更高的收益预期，促进了环境与经济的和谐统一。借由政府和社会资本合作模式建设与运行项目，实现技术、人才、资金等要素的区域传递，从而在治理跨区域污染的同时协调并促进经济发展和区域基本公共服务均等化建设。而对于受偿方而言，政府和社会资本合作模式则可以显著扩大生态产品和服务的供给规模。具体而言，首先，我国现在处于跨区域污染治理的关键时期，社会对治理的需求很大，对短期资金投入的要求很高。而在政府和社会资本合作模式中，政府可以在一定周期内平摊提供生态产品和服务所需的成本，而不必一次性支付所有成本。现有生态环境类 PPP 模式合作期限通常在 10~30 年，且付费模式也通常为前低后高，这一方面延长了付费期限，使政府可以通过成本与收益代际维度的匹配，进一步缓解财政压力、控制地方政府债务风险、放松财政资金约束；另一方面可以使地方政府更游刃有余地回应短期内跨区域污染治理的社会诉求，减轻因大量开展治理项目而产生的短期财政支出压力，从而有效地从基础决策层面改善我国跨区域污染的治理现状。其次，利用政府和社会资本合作模式治理跨区域污染可以节省项目投资，从而进一步减轻财政压力、增加跨区域污染治理的资金供给。

第三，提高跨区域污染治理中生态产品与生态服务的供给效率。政府和社会资本合作模式能带来效率增进的根本原因在于，其优化了跨区域污染治理实践中的职责分配，将传统治理模式下由政府承担的具体治理工作合理地分配给更为专业的污染治理企业，同时将政府从原有公共物品和服务的垄断供给方角色中剥离，成为"合作者"和"监管者"。对于企业而言，可以在项目中充分发挥其在跨区域污染治理方面的专业技术优势和运营经验优势，进而提高污染治理效率；对于政府而言，可以专注于自身服务型政府的建设，为PPP模式创造更优质的治理环境。具体而言，PPP模式所带来的效率提高主要体现在以下几个方面。首先，合作企业倾向于加速建设污染治理方面的基础设施，缩短建设期，使其提前进入运营期。其次，社会资本不仅要对项目建设负责，更要对项目运营负责。所以从全生命周期视角出发，在项目初期，合作企业倾向于进行详尽的实地调研，着重考察项目前期建设的质量问题，尤其要确保设施安全可靠、技术稳妥可行，从而最大限度地减少额外成本以及避免对后续运营和维护阶段产生影响，防止因出现质量问题而拉高项目全过程的成本。并依据项目特点，如污染源情况、地理位置等，从治理效果和成本控制的角度选择不同类型的污染处理工艺，在保证污染治理效果的基础上尽可能扩大利润空间。同时，政府部门很少将环保项目成本与收益挂钩，这导致传统治理模式下政府部门作为治理主体，对优化项目运营的激励较少，再加上运营经验的缺乏，综合导致了政府部门运营的项目运行效率较低。而以利润最大化为最终目的的社会部门不仅拥有更为敏感的成本收益观念，而且具备更为丰富的项目运营经验，所以理论上由社会部门运营的项目会有更高的效率。同时，在项目运营过程中，依效付费的模式倒逼企业保证污染治理效果，提高效率。再次，政府通常会将辖区内的污染治理项目分成多个"包"，然后对不同的"包"进行公开招标。一方面，生态环境类PPP项目，尤其是跨区域污染类项目对资金投入的要求高，如果不分"包"，一家企业难以消化；另一方面，分包竞标意味着社会资本间更为激烈的角逐，地方政府可以压低成本，提高治理要求，也能避免社会资本"客大欺店"。从地方政府的视角来看，多家社会资本流入本地污染治理，每家都会因地制宜地针对其对应项目提出权衡治理效果和治理成本后的最优方案。在传统治理模式下，由于治理能力、人力、物力等诸多因素的限制，地方政府基本无法做到因地、因事而异，只能"一刀切"地提出一个综合整治方案。这与PPP模式的"量身定做"孰优孰劣，不言自明。进一步，如果将政府异质性纳入考虑，更需要通过PPP模式进行跨区域治理的地方政府，恰恰是治理能力、人力以及财力均更为薄弱的欠发达地区地方政府，或基层政府。那么在这些区域传统的"一刀切"模式与PPP模式的"量身定做"之间的效率差异就会进一步拉大。最后，政府角色的明确使政府可以专注于应对政府和社会资本合作模式所要求的管理、审批、监管等领域的职能建设，提高行政效率，加快向服务型政府转型。政府和社会资本合作模式对于厘清政府与市场边界，明晰政府权责，增强政府服务意识、法律意识、契约意识与治理能力，最终全面提升政府的服务水平有重大的现实意义。

二　生态补偿型横向转移支付的实践特征与改进对策

（一）基本问题

1. 机制构建的理论依据

福利经济学语境下，最常用的效率判断标准有两种。一种是著名的帕累托标准，如果在从当前状态向另一状态改变的过程中，至少有一方的福利增进，且不会有任何一方的福利受损，这个改进过程就称为帕累托改进。当达到如果不使一方的福利受损就不会有任何一方福利增进的状态时，即为帕累托最优状态。另一种是卡尔多-希克斯标准，在状态改变的过程中，如果一方出现福利增进，另一方福利受损，但只要福利增进的绝对量足以补偿在该资源重新配置过程中福利受损的量，即两方总体福利出现增进时，这一改进即为满足卡尔多-希克斯效率标准的改进。此时，只要资源配置过程中受益的一方向受损的一方支付足够的补偿，就可实现卡尔多-希克斯改进，这种过程显然是可以在现实中成立的。图5-1是帕累托改进和卡尔多-希克斯改进。

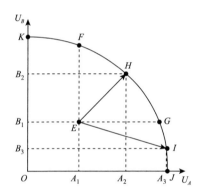

图5-1　帕累托改进和卡尔多-希克斯改进

在图5-1中，横轴表示 A 的效用，竖轴为 B 的效用。从初始总福利水平 E 点向 H 点的改进，即为最优帕累托改进，因为 H 点所代表的是帕累托最优状态下的总福利水平。事实上，E 点向曲线上 F 和 G 点之间的所有点所代表的福利水平改进都满足帕累托效率标准，因为在这些改进过程中，至少有一方的福利增进，且另一方的福利不会受损。从初始总福利水平 E 点向 I 点的改进，即为卡尔多-希克斯改进，在这一过程中，A 的效用增加，而 B 的效用降低，但 A 效用增进的绝对值大于 B 损失的绝对值，社会总效用在这一改进中仍是提高的。事实上，E 点向曲线上 G 点与 J 点之间的所有点改进，以及向 F 点与 K 点之间的所有点改进均为满足卡尔多-希克斯标准的改进。帕累托改进，尤其是达到帕累托最优水平的改进过于理想，在现实中往往很难达到。而偏重社会总福利提高而非个体福利提高的卡尔多-希克斯改进则更具有现实特性。从理论内核的视角分析，跨区域污染生态补偿型横向转移支付就建立在该改进理论的基础上，其通过使环境资源配置中福利增进的一方向损失的一方进行适当的补偿，即对保护环境的一方给予正向激励，或对破坏环境的一方施加负向激励，促进跨区域污染的治理以及社会总体福利水平的提高。然而在环境资源配置实践中，既得利益的一方受损失厌恶的影响，基本不存在将获得的福利向外转移的激励，从而使资源配置中既有的福利配置不均问题难以修正，最终导致更为严重的社会问题。所以，生态补偿型横向转移支付必须由高一级的政府适当使用行政力量使既得利益方让渡部分利益，对利益进行再分配，从而形成良性的环境资源循环。

2. 主体、客体的确定及准则

跨区域污染生态补偿型横向转移支付的主客体是在对应的跨区域污染中利益出现变动的个体。在具体的生态补偿实践中，补偿主客体的确定主要基于以下两个原则。第一，污染者付费（Polluters Pays Principle, PPP）原则，其最初由经济合作与发展组织于 1972 年发布的《环境政策的国际经济方面的指导性原则建议》中首次定义。该文指出，污染者付费原则以确定污染防治措施成本的承担者为途径，最终目的在于一方面合理配置稀缺的环境资源，另一方面避免扭曲的国际投资与贸易行为。污染者应承担由政府决定的成本。也就是说，这些费用仅出现在能产生污染的产品和服务的提供过程中，而不应过分收费，避免导致国际贸易和投资行为出现扭曲。可见，污染者付费原则最初诞生于国际贸易的语境下，但经过数十年的理论发展，尤其在 1992 年《里约环境与发展宣言》之后，污染者付费理论的影响力进一步扩大，逐步成为发达国家制定环境政策以及建立生态补偿机制的重要理论依据。在污染者付费原则下，污染者即为补偿主体。第二，受益者付费（Beneficiary Pays Principle，BPP）原则，它指出无论是不是直接排污主体，只要享受污染带来的收益，即成为生态补偿的主体。当排污的一方获取了对应的经济收益时，这一原则与污染者付费重叠。受益者付费之于污染者付费的有益拓展是，即使一方没有排污，但享受了由污染带来的利益，也应作为补偿主体，即将补偿主体的范围扩展至受产生污染的经济发展正向外部性影响的群体。

3. 补偿标准的厘定

生态补偿型横向转移支付标准的确定是我国横向生态补偿中最为重要的问题之一，也是地方政府间最难以协商的问题。科学、合理、切实可行的补偿标准能最大限度地满足补偿与受偿双方的需要，并在推动生态环境保护中起到积极的作用。横向生态补偿标准的确定，并非基于完全市场化的供求关系，也非单纯依靠政府的调节，而是二者的折中。要根据市场原理，在生态产品产权清晰、可自由买卖的前提下，依据生态产品供求关系，确定生态产品的补偿标准。要从实际出发，结合我国现行的自然资源使用管理制度，对生态保护区的生态保护成本与机会成本进行具体的计算，从而为制定实际的、切实可行的补偿标准提出建议。具体而言，生态补偿型横向转移支付标准的确定有三种方法。

第一，以生态服务产品的直接成本为标准。所谓生态服务产品的直接成本是指生态服务的生产者为利益相关者提供这些服务的全部成本（人力、财力、物力等投入），如治理水污染和大气污染的投入，这构成了生态补偿的最低标准。

第二，以生态服务产品的机会成本为标准。所谓生态服务产品的机会成本，并不是指直接的资金投入，而是指因提供某种生态服务而对本地的经济发展产生的影响，如一地区将资金投入区域大气污染治理领域而未将其投入利得最高的领域所带来的损失，或上游地区为保证下游地区的水质，限制本地工业发展，从而给本地财政、居民生活、经济发展等带来的损失总和。以生态服务产品的机会成本作为标准，可以弥补生态服务产品提供方所受到的损失。

第三，以生态服务产品的价值为标准。生态服务产品的供给与维护需要不间断的价值投资，这样的不间断投资使得生态服务产品具有市场价值，并可以通过生态服务产品供求双方的市场交易形成对生态价值的补偿，进而维持生态服务产品的可持续供给。但目前对生态服务产品的估值方法仍不成熟，存在对同一生态服务产品价值的估算结果差距较大的现象，但从构建可持续发展的生态补偿机制角度而言，这一标准显然是必由之路。

但在实际中，几乎没有任何一种生态补偿的标准可以根据严谨的理论进行计算而确定，并最终付诸实施。在我国的横向生态补偿实践中，补偿标准大多是在因地、因事制宜地比较和选择不同补偿方式的基础上，由补偿、受偿双方通过平等协商最终议定的。

（二）水污染领域的实践特征与推进态势演化分析

我国跨域水污染横向生态补偿的实践起步较早，也较为丰富。实践中，跨域水污染横向生态补偿基本以政府间横向转移支付的形式展开，也即生态补偿型横向转移支付。生态受益方政府向生态保护方政府进行横向转移支付，一方面，对生态保护方因履行生态保护责任（降低污染排放、限制产业发展）而增加的直接成本以及机会成本进行适当的补偿；另一方面，引导生态受益方政府履行义务，从而建立起生态保护方和受益方之间的良性互动关系，以经济性手段调和因地方政府间不健康、非理性的横向财政竞争而加剧的经济发展与生态保护之间的矛盾，对经济利益和生态利益进行横向分配，从而促进经济的可持续增长。本部分首先从政策文件层面对生态补偿型横向转移支付的进程进行概览；其次从补偿标准厘定、资金转移模式等补偿中的核心要素入手，对现有实践进行分析归纳；最后对该领域的实践推进态势进行总结，为全面构建跨域水污染生态补偿型横向转移支付机制提供理论依据和现实参照，从而为最终构建复合型横向补偿机制提供路径建议。

1. 政策文件概览

首先，在中央层面，2016年国务院办公厅发布了《关于健全生态保护补偿机制的意见》①，之后相关部门又陆续发布了《关于加快建立流域上下游横向生态保护补偿机制的指导意见》②《关于建立健全长江经济带生态补偿与保护长效机制的指导意见》③《建立市场化、多元化生态保护补偿机制行动计划》④ 等政策文件（见表5-2）。这些文件进一步明确了横向生态补偿工作的指导思想、基本原则、工作目标、主要内容、保障措施和组织实施体系等内容，从顶层制度设计视阈入手，为进一步有序

---

① 《国务院办公厅关于健全生态保护补偿机制的意见》（国办发〔2016〕31号），中国政府网，http://www.gov.cn/zhengce/content/2016 - 05/13/content _5073049. htm，最后访问日期：2022年9月10日。

② 《四部门关于加快建立流域上下游横向生态保护补偿机制的指导意见》（财建〔2016〕928号），中国政府网，http://www.gov.cn/xinwen/2016 - 12/30/content_5154964. htm#1，最后访问日期：2022年9月10日。

③ 《财政部关于建立健全长江经济带生态补偿与保护长效机制的指导意见》（财预〔2018〕19号），中国政府网，http://www.gov.cn/xinwen/2018 - 02/24/content_5268509. htm，最后访问日期：2022年9月10日。

④ 《建立市场化、多元化生态保护补偿机制行动计划》，中国政府网，http://www.gov.cn/xinwen/2019 - 01/11/content_5357007. htm，最后访问日期：2022年9月10日。

开展跨域水污染横向生态补偿实践工作奠定了宏观制度基础。

表 5-2　中央关于流域横向生态补偿的文件

名称	时间	具体内容
《中共中央关于全面深化改革若干重大问题的决定》	2013 年 11 月	坚持谁受益、谁补偿原则，完善对重点生态功能区的生态补偿机制，推动地区间建立横向生态补偿制度
《国务院办公厅关于健全生态保护补偿机制的意见》	2016 年 4 月	推进横向生态保护补偿。鼓励在具有重要生态功能、水资源供需矛盾突出、受各种污染危害或威胁严重的典型流域开展横向生态保护补偿试点
《四部门关于加快建立流域上下游横向生态保护补偿机制的指导意见》	2016 年 12 月	流域横向生态保护补偿主要由流域上下游地方政府自主协商确定，中央财政对跨省流域建立横向生态保护补偿给予引导支持，推动建立长效机制
《财政部关于建立健全长江经济带生态补偿与保护长效机制的指导意见》	2018 年 2 月	通过统筹一般性转移支付资金和相关专项转移支付资金，建立激励引导机制，明显加大对长江经济带生态补偿和保护的财政资金投入力度
《建立市场化、多元化生态保护补偿机制行动计划》	2018 年 12 月	鼓励生态保护地区和受益地区开展横向生态保护补偿。探索建立流域下游地区为上游地区提供优于水环境质量目标的水资源予以补偿的机制
《支持引导黄河全流域建立横向生态补偿机制试点实施方案》	2020 年 4 月	遵循"保护责任共担、流域环境共治、生态效益共享"的原则，探索建立具有示范意义的全流域横向生态补偿模式
《支持长江全流域建立横向生态保护补偿机制的实施方案》	2021 年 4 月	遵循"保护责任共担、流域环境共治、生态效益共享"的原则，巩固长江经济带现有流域横向生态保护补偿机制建设成果，推动建立长江全流域横向生态保护补偿机制，实现流域高水平生态保护和高质量发展

其次，地方层面的跨域水污染横向生态补偿实践要早于中央层面，具体来说，省级行政区辖区内的跨域水污染横向生态补偿实践要早于跨省级行政区的实践，且覆盖范围更为广泛。我国至今已有超过 20 个省份先后在省内进行了跨域水污染横向生态补偿实践（见表 5-3），如广东

省、山西省、江苏省等已实现横向生态补偿辖区内流域全覆盖。陕西省、黑龙江省等则对辖区内重点流域如渭河、穆棱河和呼兰河等开展了跨域水污染横向生态补偿。一省辖区内的生态补偿一般先由省级政府厘清流域内各市县的权责关系，进而由省级财政部门根据各地情况给出补偿标准以及范围，由同级政府签订并履行生态补偿协议，其协议履行情况受省级相关部门监管。

表 5-3　部分省内流域生态补偿型横向转移支付实践

省份	文件发布年份	流域生态补偿政策相关文件
广东	2006	《广东省跨行政区域河流交接断面水质保护管理条例》
陕西	2009	《陕西省渭河流域水污染补偿实施方案（试行）》
山西	2013	《关于完善地表水跨界断面水质考核生态补偿机制的通知》
江苏	2013	《江苏省水环境区域补偿实施办法（试行）》
河北	2016	《关于进一步加强河流跨界断面水质生态补偿的通知》
黑龙江	2016	《黑龙江省穆棱河和呼兰河流域跨行政区界水环境生态补偿办法》
辽宁	2017	《辽宁省河流断面水质污染补偿办法》
河南	2017	《河南省水环境质量生态补偿暂行办法》
浙江	2017	《关于建立省内流域上下游横向生态保护补偿机制的实施意见》
四川	2019	《四川省流域横向生态保护补偿奖励政策实施方案》
湖南	2019	《湖南省流域生态保护补偿机制实施方案（试行）》
山东	2019	《山东省地表水环境质量生态补偿暂行办法》
内蒙古	2019	《内蒙古自治区重点流域断面水质污染补偿办法（试行）》
吉林	2020	《吉林省水环境区域补偿办法》

最后，地方政府也积极推进跨省级行政区的水污染横向生态补偿探索。新安江流域生态补偿是我国首个跨省水污染横向生态补偿机制实践。在这一实践的基础上，我国又陆续开展了跨粤、桂两省的九州江流域水污染横向生态补偿以及跨云、贵、川三省的赤水河流域水污染横向生态补偿（见表5-4）。至今，我国已有浙江省、安徽省、广东省、广西壮族

自治区、云南省、贵州省等 15 个省份参与的共 10 个跨省级行政区的水污染横向生态补偿试点。跨省级行政区的水污染横向生态补偿一般由中央政府协调省级政府,通过协商的方式签订流域生态补偿协议的方式实施。在此基础上,我国分别于 2016 年和 2018 年提出了针对黄河、长江全流域的横向生态补偿机制建设方案,这表明以地方政府间横向转移支付为核心的跨域水污染横向生态补偿已经成为我国跨区域水污染治理的重要政策手段。

表 5-4　跨省流域生态补偿型横向转移支付实践

流域	签订年份	主体	流域生态补偿政策协议文件
新安江流域	2011	浙江省、安徽省政府	《关于新安江流域上下游横向生态补偿的协议》
汀江—韩江流域	2016	广东省、福建省政府	《关于汀江—韩江流域上下游横向生态保护补偿的协议》
东江流域	2016	广东省、江西省政府	《东江流域上下游横向生态补偿协议》
滦河流域	2017	天津市、河北省政府	《关于引滦入津上下游横向生态补偿的协议》
潮白河流域	2018	北京市、河北省政府	《密云水库上游潮白河流域水源涵养区横向生态保护补偿协议》
赤水河流域	2018	云南省、贵州省、四川省政府	《赤水河流域横向生态保护补偿协议》
九洲江流域	2019	广东省、广西壮族自治区政府	《九洲江流域上下游横向生态补偿协议（2018—2020 年）》
渌水流域	2019	湖南省、江西省政府	《渌水流域横向生态保护补偿协议》
长江流域	2019	安徽省、江苏省政府	《关于建立长江流域横向生态保护补偿机制的合作协议》
黄河流域	2021	河南省、山东省政府	《黄河流域（豫鲁段）横向生态保护补偿协议》
黄河流域	2021	甘肃省、四川省政府	《黄河流域（四川—甘肃段）横向生态补偿协议》

2. 补偿要素特点

首先，在补偿标准厘定方面，现有实践基本从水质、水量—水质混合指标以及综合因素三个维度中确定一种作为补偿标准。单独使用水质确定补偿标准，如水质、特定污染物（化学需氧量、氨氮等）浓度、断面水质达标率等，是较为传统的方法。由于其在实践中应用难度较低，所以这种方法的应用也较为广泛。这一方法的基本特点为使用一种或多种污染物及污染程度衡量方式，对生态补偿标准进行确定。但是，单纯以水质作为生态补偿的判定标准忽视了水量对治理难度以及补偿资金的影响，所以其适用于一年中水量随时节变化不大的河流。如河南省于2017 年发布的《河南省水环境质量生态补偿暂行办法》①即基于断面水质对生态补偿资金转移责任进行确定。该办法基于年度地表水考核断面目标值对水质进行分类：对于Ⅰ类水质，每保持 1 个月给予 10 万元的生态补偿奖励金；对水质有提高空间的地级市按其基础水质，给予不同的水质类别不同的生态补偿②。综合考察水量—水质混合指标确定补偿标准的方法相较于只考虑水质因素的补偿标准确定方法，额外考虑了水量对跨区域污染治理的难度影响，适用于补偿周期内水量变化较大的流域。基于综合因素的补偿标准确定方法，则体现了"三水"（即水资源、水生态和水环境）统筹的新理念，将传统的水污染放入水域生态系统这一有机整体中对生态补偿标准进行厘定。

其次，现有跨域水污染横向生态补偿的资金转移模式大致可分为两种类型：第一种是上级政府作为监督或协调的第三方存在的、奖励和扣

---

① 《河南省水环境质量生态补偿暂行办法》，河南省人民政府网，https：//www.henan.gov.cn/2017/09-08/658863.html，最后访问日期：2022 年 9 月 10 日。

② 具体而言，对于Ⅱ、Ⅲ类基础水质，当月水质提高的生态补偿金标准为 30 万元；对于Ⅳ至Ⅴ类基础水质，当月水质提高给予 10 万元；而对于劣Ⅴ类基础水质，补偿金标准则为 20 万元。

罚同时存在的双向补偿资金转移模式，这一模式常见于省内流域生态补偿实践中，并由省级政府作为流域生态补偿的协调和监督方；第二种是不存在上级政府干预、由双方达成协议而进行资金转移的模式，这一模式多见于平级地方政府间的跨省流域生态补偿实践中。具体而言，可细分为以下四种类型：第一，单向奖励，所谓单向奖励是指上级政府使用生态补偿资金对完成既定目标的下级地方政府进行奖励性的资金转移；第二，单向扣罚，是指上级政府对未完成既定目标的地方政府，依其实际完成度与计划完成度之间的差距进行相应的资金惩罚性收缴，并将收缴资金充入生态补偿资金；第三，奖励与扣罚双向进行，即上级政府对完成既定目标的地级市政府进行奖励性的资金转移，对未完成既定目标的地级市政府进行惩罚性的资金收缴；第四，补偿赔偿双向进行，这一模式多见于平级的地方政府间，适用于受益的地方政府向保护生态的地方政府进行补偿，破坏生态的地方政府向受害的地方政府给予赔偿。

总体而言，现有实践在补偿要素方面具有以下特点：首先，断面水质是当前最普遍的考核因子，虽然对于断面水质的评价标准并不一致，但总体上都要求优于当前或过往水质；其次，双向补偿是最普遍的激励机制，双向补偿中对污染者的惩罚可以保证生态补偿治理效果的下限，而对保护者的奖励则可以提高生态补偿治理效果的上限，双向激励的制度设计可以有效地促进流域水污染的治理工作；最后，上级财政支持是流域横向生态补偿实践中的重要激励因素，2018 年中央明确指出将通过中央财政，加大对区域内政策的支持力度[①]，并拟于 2018—2020 年划拨 180 亿元的资金对长江流域包括流域横向生态补偿在内的生态保护行为予以奖励。

[①] 《财政部关于建立健全长江经济带生态补偿与保护长效机制的指导意见》（财预〔2018〕19号），中国政府网，http://www.gov.cn/xinwen/2018-02/24/content_5268509.htm，最后访问日期：2022 年 9 月 10 日。

3. 推进态势演化

首先，跨域水污染横向生态补偿实践推进中最显著的态势变化在于覆盖规模的不断扩大，这集中体现在三个方面。第一，从省内跨地市的水污染横向生态补偿向跨省水污染横向生态补偿演进。我国的跨域水污染问题集中爆发于"十一五"期间[①]，其主要特点为污染程度重、污染范围广、受影响人口多。随着水污染问题的恶化，在社会广泛的关切下，河南、河北、辽宁等省份开启了对侧重于跨域水污染治理的横向生态补偿机制的探索。随着跨域水污染横向生态补偿实践日益成熟，以 2011 年安徽省政府与浙江省政府开展的新安江流域跨域水污染横向生态补偿试点为节点，跨域水污染横向生态补偿实践的覆盖面开始从省内跨地市向跨省推进。第二，从跨省支流水污染横向生态补偿向跨省干流水污染横向生态补偿演进。长期以来，我国跨省水污染横向生态补偿实践集中于支流，如九州江、东江、赤水河等，且集中于长江流域、珠江流域以及海河流域。但随着我国《支持长江全流域建立横向生态保护补偿机制的实施方案》《支持引导黄河全流域建立横向生态补偿机制试点实施方案》等文件的相继出台，以奖励性的措施鼓励地方政府建立长江、黄河干流的省际横向生态补偿机制，加强了跨省水污染横向生态补偿的顶层政策引导。在此背景下，河南省政府和山东省政府为响应黄河流域生态保护和高质量发展这一重大国家战略，于 2021 年签订《黄河流域（豫鲁段）横向生态保护补偿协议》，这标志着将跨省水污染横向生态补偿向大江大河的干流推进。第三，从上下游地区间的水污染横向生态补偿向左右岸地区间的水污染横向生态补偿演进。上下游地区间权责关系明晰，上

---

① "十一五"期间，全国发生的重特大突发环境事件中，造成跨域水污染，尤其是涉及饮用水安全的事件占比就达到了 70%〔数据来自刘世昕（2013）〕。

游地区属于污染或保护行为的供给方,下游地区相应接受上游地区提供的生态产品。以上下游间断面水质作为考核标准,也可以根据实际情况灵活调节,利益关系明确,易于建立横向生态补偿机制。但河流左右岸权责关系则较为模糊,没有明确的断面节点作为考核依托,所以这一领域长期以来没有实践突破。但2021年,黄河上游左右岸的甘肃省和四川省签订了《黄河流域(四川—甘肃段)横向生态补偿协议》。协议规定在2021年和2022年,两省各出5000万元设立生态补偿基金,用于流域内的污染综合治理和生态环境保护。以黄河干流的玛曲断面为两省共同负责的国控水质考核断面,如果其稳定到Ⅱ类水平,则两省互不补偿;如果未能达到,且一方能举证造成水质下降的责任在对方,则由污染方向举证方支付补偿资金。黄河甘肃段干流全长913公里,占干流河道总长度的16.7%,这一开创性的尝试不仅为流域左右岸地区间水污染横向生态补偿机制的建立积累了重要经验,也为进一步推动全流域生态补偿机制的建立打通了关键节点。

其次,跨域水污染横向生态补偿实践推进中的显著变化在于地方政府的积极性持续增强。上下游地区间对于跨域水污染横向生态补偿的积极性往往不一致,上下游地区间的矛盾在跨省实践中尤为尖锐,主体利益的冲突甚至无法调和,需要中央政府介入省际生态补偿的议定过程。以新安江流域为例,在生态补偿的最初商议阶段,上游的黄山市正处于工业化发展的中期阶段,以原材料和能源为主的产业占比较大,也是提振当地经济发展的重要动力,这些重污染产业形成了当地加速发展经济的重要支撑。而下游的杭州市则处于后工业化阶段,经济发展水平较高,从而更为注重以水质量为代表的环境保护,而其对水质量的诉求必然要求上游地区限制重污染产业的发展,从而抑制上游黄山市的经济发展,进而引起严重的地区间利益诉求矛盾。地处新安江下游的浙江省和上游的安徽省就改善新安江水质进行了多年的协商，最后在财政部和环保部的主导下才于 2011 年底达成了新安江流域跨浙皖两省的水污染横向生态补偿协议。随着流域整体发展观念的不断增强以及跨域水污染横向生态补偿机制的日益完善，地方政府尤其是上游政府对于达成协议的积极性持续增强。由早期在中央政府的协调和推动下签订协议，到省级政府间主动谈判协商，达成跨域水污染横向生态补偿协议，我国跨域水污染横向生态补偿机制的构建向增强地方自主推动力演变。

总体而言，经过对跨域水污染横向生态补偿的积极探索，我国水环境质量普遍得到了显著的提高，并且在实践中逐步摸索出了一套相对成熟的补偿制度。但是现有跨域水污染横向生态补偿实践中仍存在以下问题。首先，补偿机制的建立和运行仍无法完全摆脱上级政府的参与，这导致了上级政府行政和财政压力同时增加，不但不利于流域生态补偿实践的进一步推广，也无法最大限度地发挥补偿主体的能动性，从而削弱了补偿机制的水污染治理能力；其次，补偿标准的考核因子普遍过于单一，这虽然在特定阶段有利于补偿实践的广泛开展，但过于狭隘的考核因子也限制了补偿的现实意义，更无法落实"三水"统筹管理的理念对生态补偿的指导作用，导致补偿缺乏科学性；最后，补偿标准较低，激励不足，虽然各地在实践中不断尝试提高生态补偿标准，但对于补偿主体的约束和激励机制仍然不完善，这显著削弱了补偿机制的实际治理效力。

（三）大气污染领域的实践进展与形态异化分析

我国大气污染的范围大、强度高，使用传统各自为政的方式难以对其进行有效的治理。建立政府主导的、以横向转移支付为核心的大气污染生态补偿制度正当其时。我国在跨区域污染领域中的流域生态补偿方面有较丰富的实践经验，但针对大气污染的实践却相对匮乏，发展相对滞后。这一发展的局限主要表现在两个方面。第一，现有补偿覆盖面小，基本以分散的、一省内部的生态补偿为主，基本不存在省际生态补偿实践；第二，实践省份并未建立起严格意义上的以横向转移支付为核心的大气污染生态补偿机制，而基本以"自上而下"的省内奖惩机制为主。造成这一发展现状的原因有以下两个方面。一方面，大气污染流动性强，且路径不固定。这导致污染责任方和污染受害方难以一一对应，经常出现确定受污染方后无法确定污染责任源头，而确定责任源头后又无法确定受污染方的情况，从而难以确定生态补偿的主客体。另一方面，大气污染的影响范围极大、利益主体较多、利益关系复杂，这也阻碍了我国大气污染生态补偿的进一步开展。近年来，山东、河南、湖北等省份陆续以地方政府间横向转移支付的形式开展了辖区内大气污染生态补偿的探索，虽然并未如省内水污染生态补偿实践一样建立起以横向转移支付为核心的污染生态补偿机制，但也取得了显著的治理效果。本部分首先对大气污染生态补偿的典型实践进行梳理，其次对大气污染领域生态补偿存在的形态异化进行分析，最后着重论述我国应如何建立针对大气污染的生态补偿型横向转移支付机制，对从大气污染治理角度协调地方政府间非理性财政竞争提供建设性的意见。

1. 典型实践梳理

2015 年 12 月山东省发布修改后的《山东省环境空气质量生态补偿暂行办法》[①]，明确了生态补偿机制的建立原则。将 PM2.5、PM10、

---

① 《山东省环境空气质量生态补偿暂行办法》，山东政务服务网，http：//zwfw.sd.gov.cn/art/ 2015/12/21/art_1684_255.html，最后访问日期：2022 年 9 月 10 日。文件明确"将生态环境质量逐年改善作为区域发展的约束性要求"和以"谁保护、谁受益；谁污染、谁付费"为原则建立山东省内大气污染生态补偿机制。

SO_2、NO_2 四类污染物分别以 60%、15%、15%、10% 的权重建立综合考核指标，并依照大气稀释的综合条件对省内临海和内陆地区设定不同的调整系数，以污染物浓度为标准，设定生态补偿资金系数为 40 万元/（微克/米^3）。同时，设定奖励与退出机制。具体而言，省政府给予空气质量达标的城市一次性奖励和次年免检的待遇，若后续年份出现反弹[①]，则取消免检优待。同时，文件规定补偿资金只能用于改善大气环境的项目，并由省财政厅和省环保厅对生态补偿资金的使用进行专项管理，该文件有效期为两年。2017 年，山东省发布修改后的《山东省环境空气质量生态补偿暂行办法》[②]，文件中最为显著的变化是大幅提高了奖励标准。首先，大幅提高生态补偿标准至 80 万元/（微克/米^3），而且专门对空气质量优良天数给予奖励，按空气质量优良天数百分比给予 20 万元/百分点的奖励。其次，给予 PM2.5、PM10 年均浓度达标[③]的市一次性省级奖励 600 万元；SO_2 和 NO_2 年均浓度达标[④]的市则分别奖励 300 万元和 200 万元。在此文件的两年有效期满后，山东省于 2019 发布了《建立健全生态文明建设财政奖补机制实施方案》[⑤]，其中包括《山东省环境空气质量生态补偿暂行办法》，该文件在先前文件基础上主要做出如下调整：从污染的现实情况出发，修改了四类污染物在综合考核指标中的权重分配，由之前的 PM2.5、PM10、SO_2、NO_2 在综合考核指标中 60%、

[①] 空气质量达标指年度空气质量连续两年达到《环境空气质量标准》（GB 3095—2012）二级标准，而反弹指年度空气质量达不到上述标准。

[②] 《山东省人民政府办公厅关于印发山东省环境空气质量生态补偿暂行办法的通知》，山东省人民政府网，http://www.shandong.gov.cn/art/2017/3/30/art_266673_1933.html，最后访问日期：2022 年 9 月 10 日。

[③] 年均浓度达标指达到《环境空气质量标准》（GB 3095—2012）二级标准。

[④] 年均浓度达标指达到《环境空气质量标准》（GB 3095—2012）一级标准。

[⑤] 《建立健全生态文明建设财政奖补机制实施方案》，山东省人民政府网，http://www.shandong.gov.cn/art/2019/3/21/art_2259_31161.html，最后访问日期：2022 年 9 月 10 日。

15%、15%、10%的权重分配改为50%、20%、10%、20%，降低了PM2.5和SO$_2$的权重，提高了PM10和NO$_2$的权重。山东省大气污染生态补偿实践给山东省大气污染的治理带来了显著的正向作用。图5-2显示，2014—2020年，山东省PM2.5、PM10、SO$_2$、NO$_2$四种污染物的年平均浓度从82μg/m^3、142μg/m^3、59μg/m^3、46μg/m^{3}分别下降到46μg/m^3、80μg/m^3、12μg/m^3、32μg/m^3，降幅分别为43.9%、43.7%、79.7%、30.4%。

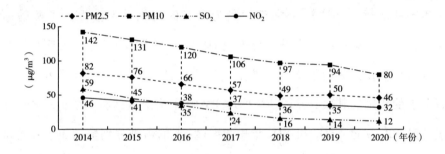

图5-2　山东省主要污染物浓度变化（2014—2020年）

资料来源：2014—2017年《山东省环境状况公报》和2018—2020年《山东省生态环境状况公报》。

除山东省外，湖北省也积极开展了大气污染生态补偿的实践。为贯彻落实《国务院关于印发大气污染防治行动计划的通知》[①]，湖北省在2014年制定了"到2017年，全省可吸入颗粒物年均浓度较2012年下降12%"的总体目标，在这一背景下，湖北省政府于2015年12月发布了

———————————

① 《国务院关于印发大气污染防治行动计划的通知》（国发〔2013〕37号），中国政府网，http://www.gov.cn/zwgk/2013-09/12/content_2486773.htm，最后访问日期：2022年9月10日。

《湖北省环境空气质量生态补偿暂行办法》[①]。与山东省大气污染生态补偿的考核因子不同，湖北省主要针对细颗粒物（PM2.5）和可吸入颗粒物（PM10）这两类污染物，根据当年污染物实际浓度与既定目标的差值以及本年与上年的差值，按 30 万元/（微克/米³）的补偿标准开展生态补偿。在经过初步尝试后，湖北省人民政府办公厅于 2018 年 11 月签发了《湖北省环境空气质量生态补偿暂行办法》[②]，进一步建立健全环境空气质量生态补偿机制，促进环境空气质量持续提高。该文件不再以污染物目标排放浓度与当年实际排放浓度之差作为衡量标准，只以本年排放量与上年排放量的差计算生态补偿标准。另外，提高补偿资金系数，并对市（州）和县（市、区）的补偿资金系数进行差异化处理，如市（州）的资金系数为 80 万元/（微克/米³），而同等条件下的县（市、区）的资金系数则为 40 万元/（微克/米³）。

河南省人民政府以 2016 年 7 月的《河南省城市环境空气质量生态补偿暂行办法》[③] 为标志开展了省内大气污染生态补偿实践。该文件同样仅将细颗粒物（PM2.5）和可吸入颗粒物（PM10）列为生态补偿资金考核因子，生态补偿标准设定为 20 万元/（微克/米³）。补偿资金转移使用双向扣缴模式，即生态补偿金计算结果的符号为正则表示奖励，为负则表示扣缴。此外，量化了对治理不力的惩罚性政策，对于以 PM2.5 和 PM10 指标表示的污染水平出现上升的市进行年度惩罚性扣款。其扣款

---

① 《省人民政府办公厅关于印发湖北省环境空气质量生态补偿暂行办法的通知》（鄂政办发〔2015〕89 号），湖北省生态环境厅网站，https：//sthjt. hubei. gov. cn/fbjd/zc/zcwj/sthjt/tzgg/201512/t20151222_590050. shtml，最后访问日期：2022 年 9 月 10 日。

② 《省人民政府办公厅关于印发湖北省环境空气质量生态补偿暂行办法的通知》（鄂政办发〔2018〕74 号），湖北省人民政府网，https：//www. hubei. gov. cn/zfwj/ezbf/201811/t20181121_1713569. shtml，最后访问日期：2022 年 9 月 10 日。

③ 《河南省城市环境空气质量生态补偿暂行办法》，河南省人民政府网，https：//www. henan. gov. cn/2016/07-26/248099. html，最后访问日期：2022 年 9 月 10 日。

标准为：PM2.5 和 PM10 年度平均浓度超过上年实际平均浓度的，每项考核因子每超过 1 微克/米³ 扣款 40 万元。文件明确指出，补偿考核因子和扣奖标准可由省环保厅和省财政厅视情况适当动态调整，即明确表明存在补偿资金和标准的动态调整机制。河南省人民政府办公厅于 2017 年 6 月发布修改后的《河南省城市环境空气质量生态补偿暂行办法》①，该文件相较于一年前的版本有较大的改动，具体有如下几个方面。第一，将空气质量考核目标扩大为三项因子，即 PM2.5 浓度、PM10 浓度和空气质量优良天数。第二，以全省空气质量月平均值为考核基数，按 5 级阶梯标准计算生态补偿资金，并于下月兑现。这一补偿方式不仅有别于河南省先前的文件，与山东省和湖北省的大气污染生态补偿实践也有显著的区别：首先，以月平均值为考核基数，这是鲁、鄂、豫三省实践中考核期跨度最短的；其次，使用阶梯标准对补偿金进行核算②，非线性化边际收益和边际成本，加大对突出环境保护行为的奖励力度，同时也加大对环境保护不力行为的惩罚力度。第三，将差异化理念引入制度设计中，如对不同考核因子设置不同的补偿标准，对不同的市［省辖市和省直管县（市）］设置不同的补偿标准③等。

2. 实践形态异化分析

我国省内大气污染领域的生态补偿模式与水污染领域或传统领域内

① 《河南省城市环境空气质量生态补偿暂行办法》，河南省人民政府网，http：//www.henan. gov. cn/2017/07-03/249016. html，最后访问日期：2022 年 9 月 10 日。

② 以 PM2.5 为例，浓度每超过或者低于考核基数 10 微克为一个阶梯，当月 PM2.5 浓度超过考核基数 1~5 微克的部分，实行第一阶梯扣款标准（5 万元/微克）；低于考核基数 1~5 微克的部分，实行第一阶梯补偿标准（4.5 万元/微克）。这一标准随当月 PM2.5 浓度偏离考核基数的程度提高，PM2.5 浓度超过考核基数 20 微克以上的部分，实行第五阶梯扣款标准（25 万元/微克）；低于考核基数 20 微克以下的部分，实行第五阶梯补偿标准（22.5 万元/微克）。

③ 如对于省辖市当月 PM2.5 浓度超过考核基数 1~5 微克的，扣款标准为 5 万元/微克，而对于省直管县（市），这一标准则变为 1 万元/微克。

的经典补偿模式间存在显著的形态异化,其中,最为核心的分异即在于是否建立了横向转移支付机制。生态补偿型横向转移支付是指生态产品和服务的消费或受益地区与生产地区通过协商方式达成协议,通过政府间横向转移支付方式解决由市场失灵造成的生态效益外部性问题。与经典定义相比,我国在大气污染领域的生态补偿实践主要存在以下三方面的不同。第一,生态补偿型横向转移支付是生态产品和服务的消费方与生态产品和服务的生产方之间的财政资金转移,但我国大气污染领域的生态补偿实践中的补偿资金首先由生态产品和服务的消费方,也即污染排放超标的地级市政府将资金上缴至省级政府,再由省级政府将资金下拨给生态产品和服务的生产方,也即污染排放未超标的地级市政府。这一“先上后下”的特点表明我国大气污染领域的生态补偿实践中的资金转移模式不仅不是横向转移支付,也不是某种所谓特殊的、异化的横向转移支付,而确实是一种省级以下的纵向转移支付机制。第二,生态补偿在国际上一般通过双方或多方协商达成协议,但我国大气污染领域的生态补偿实践一般由省级政府直接提出生态补偿方案,发布具体的补偿实施办法,并以“自上而下”的行政性奖惩考核形式开展。第三,生态补偿型横向转移支付的补偿范围应基本包括所有的污染实际影响范围,但我国大气污染领域的生态补偿实践对补偿范围的确定有典型的行政区域性特征,即基本以省、市行政区划为界,这与实际的污染影响范围严重不符。

综上,我国大气污染领域的生态补偿实践并非以横向转移支付为典型样态,而是以省级政府“自上而下”直接提出生态补偿方案并发布补偿具体实施办法的,含有行政性、强制性的奖惩考核的省级以下纵向转移支付的形式展开。

那么，为什么我国开始较晚的大气污染领域生态补偿并未学习水污染领域以及其他成熟领域生态补偿的经验，而以这样一种"非典型"样态代替已经相对成熟的生态补偿型横向转移支付机制呢？本书认为主要原因有以下两点。第一，大气污染中责任主体难以明确。与水污染相比，上游地区一般是环境问题的责任方，因为流域水污染是单向流动的，下游基本无法影响上游。所以，水污染领域的责任主体较为明确，可以建立起较为稳定的横向转移支付制度进行生态补偿。而受大气污染影响的区域既有可能是污染的产生方，也有可能是污染治理的受益方，这使得补偿主体难以确定，所以很难形成稳定的横向转移支付机制。第二，大气污染中主体众多。如果依照跨域水污染生态补偿中采用的协商方式开展实践，将导致协商成本过高，补偿无法开展。同时，协议的达成要求有明确的责任主体，而大气污染无法界定明确的责任主体，也不存在一贯的责任主体，所以难以达成责任明晰的补偿协议。所以需要上级政府通过"自上而下"的方式，借助行政力量降低协商成本，构建奖惩机制，明确权责，从而推进协议的达成。进一步地，上述原因存在共同的底层逻辑，即大气污染范围大，且不具有稳定的矢量影响。所以，本书认为，现阶段无法以横向转移支付形式开展省内大气污染生态补偿实践，但在省际实践中，由于补偿范围的扩大，大气污染存在的污染范围大、矢量影响不稳定等核心问题将自然弱化，使得建设以横向转移支付为核心的大气污染省际生态补偿机制更加现实。所以，应尊重污染物的客观条件，维持现有省级以下大气污染生态补偿的基本样态，同时着力建设以横向转移支付为核心的大气污染省际生态补偿机制，从而发挥横向转移支付以及生态补偿对地方政府非理性财政竞争的协调作用，削弱府际竞争所带来的环境负外部性，弱化经济增长与环境保护之间的内在张力，促进我国经济的可持续增长。

总体而言，我国大气污染领域的生态补偿仍处于初期摸索阶段，虽然在试点地区得到了较为显著的治理效果，但并未建立起横向转移支付机制，并且存在包括覆盖范围小、补偿标准较低等在内的一系列问题。需要进一步总结试点中的经验与不足，为大气污染领域的生态补偿向省际推进，以及建立稳定的、长效的大气污染生态补偿型横向转移支付机制积累经验。

（四）典型问题与改进对策

1. 典型问题

通过对我国水污染以及大气污染生态补偿型横向转移支付既有实践的分析可以看出，我国跨区域污染领域生态补偿的横向转移支付机制建设稳步推进，尤其是党的十八大之后，各地普遍开展了更为深入的跨区域污染生态补偿实践。虽然在实践中其模式日趋成熟稳定，但仍存在诸多问题，其中最为核心的是现有针对跨区域污染的生态补偿机制覆盖范围过于狭窄，无法从宏观上有效治理我国普遍存在的跨区域污染。流域生态补偿机制的实践基本限于各省辖区范围内，跨省的实践很少，大气污染生态补偿实践则更为滞后。本书认为，覆盖范围狭窄以及宏观治理效力低的问题是由诸多原因综合导致的。

第一，现有补偿模式单一，且基本以"输血型"补偿为主。现有跨区域污染横向转移支付实践多以"输血型"补偿模式展开。所谓"输血型"补偿是指政府收集补偿方的补偿资金后，定期以转移支付的形式给付给被补偿方的补偿模式。虽然大多数实践中都规定资金仅可用于跨区域污染治理，但实践中，受偿方仍有较大的资金使用灵活性。其显著的缺点是补偿资金仅宽泛地限定了使用范围，导致在实际使用中资金的具体流向受受偿方主观倾向的影响，如果资金统筹应用于清洁技术创新和产业结构绿色升级方面，则可以更好地从根本上治理跨区域污染。但总体来讲，"输血型"补偿模式的资金使用效率不高，对跨区域污染治理的效果不稳定。

第二，补偿标准较低，对地方政府以及跨区域污染相关主体的激励不足。虽然具体的补偿标准在跨区域污染生态补偿实践推进过程中不断提高，但总体上仍普遍存在补偿标准过低、激励效力不足等问题。产生这一现象的首要原因在于补偿标准与生态服务价值存在严重偏离，生态补偿标准的确定应以生态服务的价值为基础。但一方面，这样的核算方法对数据、技术的要求较高，而且不同视角的核算结果难以统一；另一方面，以生态服务价值为基础计算出的补偿标准通常较高，甚至远超政府的支付能力，理论应然条件与实践实然条件的矛盾也显著阻碍了这一核算方法的应用与推广。现有补偿标准过低的现象主要表现在跨省流域生态补偿型横向转移支付实践中。例如，在新安江流域的横向生态补偿实践中，2012 年浙、皖两省议定的补偿标准仅为 1 亿元。虽然在 2018 年完成的第三轮续约中将这一标准大幅提高至 2 亿元，但仍与生态保护所付出的直接成本以及机会成本相差甚远。如在协议实施的 2011—2014年，仅安徽省黄山市就为维护新安江流域的生态环境，拒绝外来环境污染项目 180 个，直接经济损失约 180 亿元。除此之外，黄山市在治理期内还陆续关停、搬迁企业共 160 余家，升级绿色工业项目 510 个。又如，新安江流域的渔民按照渔业网箱退养政策的要求拆除其在江内设置的捕鱼网箱，虽然渔民得到了补偿款，但其生计仍受到了较大冲击。对于以上流域生态保护行为所带来的经济损失，协商议定的少量补偿金显然是杯水车薪，补偿资金虽然短期内有风向标的作用，但长期过低的补偿金势必会削弱生态治理主体的积极性。此外，现有补偿标准过于固定，难以根据现实情况变动调整，也减弱了补偿的激励效力。如《东江流域上下游横向生态补偿协议》规定粤、桂两省各出资 1 亿元建立补偿基金，并议定在补偿协议存续的三年期内，该标准不变。这样的协议设定模式虽然增强了政策的稳定性，但是难以适应实施过程中的情况变化，导致生态补偿实践治理效果不显。

第三，市场化、多元化发展程度亟待提高。跨区域污染生态补偿的市场化发展程度滞后致使补偿资金的融资渠道单一，基本仍以政府财政资金的投入为主，这进一步加重了财政资金的压力。同时，多元化发展程度不足导致社会力量没有被充分用于跨区域污染治理的系统工作中，仅由政府推进治理工作无法达到总体的治理效果。显然，生态补偿市场化和多元化发展滞后严重阻碍了我国跨区域污染治理工作的进一步推进。尽管各级地方政府积极探索了包括水权交易、碳汇交易、生态基金等多种市场化的跨区域污染生态补偿模式，也取得了良好的效果，但我国跨区域污染生态补偿市场化和多元化发展进程中仍存在如市场化生态补偿机制的法律支撑严重不足、生态产品与服务的价格形成机制仍不成熟、产权制度与产权交易市场不够完善等系统性和机制性问题。在全面治理跨区域污染、加快推进环境公共物品与公共服务均等化以及当前复杂经济形势导致的财政压力倍增的多重现实背景下，通过发挥财政资金对社会资本的引流作用，利用高质量社会资本拓宽融资渠道，从而在减轻地方政府财政压力和行政压力的同时，提高整体的治理效果。此外，鼓励社会部门和公众参与跨区域污染治理，也是进一步完善我国跨区域污染生态补偿机制的迫切需求。

第四，契约化导向显著，制度化程度不足。现有跨区域污染生态补偿实践普遍基于地方政府间签订的平等协议，以契约化的模式展开。契约化导向的生态补偿实践的优势在于可以实现补偿的多样性，因地制宜的特定补偿模式可以有效地减小生态补偿初期存在的制度阻力，使跨区域污染生态补偿机制在微观层面高效施行。但是以契约为基础的生态补偿模式缺乏强制性、统一性和普适性，从而在宏观层面不利于我国生态补偿模式的固定以及补偿工作的进一步推广。国务院于 2010 年、2011 年连续两年将"生态补偿条例"列入当年立法工作计划，由国家发展改革委、财政部、国土资源部、环境保护部、住房和城乡建设部等十余个部门组成领导和工作小组，研究起草"生态补偿条例"。此外，2014 年新修订的《中华人民共和国环境保护法》中增加了关于生态补偿的相关规定①，为"生态补偿条例"的制定奠定了法律基础。但由于生态补偿条例涉及补偿原则、对象、方式、标准等一系列要素，且利益关系复杂，虽然国家发展改革委于 2020 年 11 月发布了《生态保护补偿条例（公开征求意见稿）》②，但时至今日也未发布正式的"生态补偿条例"。这使得我国生态补偿领域制度化建设严重滞后，也制约了生态补偿模式规范化推广工作的开展。

2. 改进对策

针对我国跨区域污染生态补偿型横向转移支付制度中存在的问题，应从以下方面予以针对性改进。

---

① 《中华人民共和国环境保护法》第三十一条："国家建立、健全生态保护补偿制度。国家加大对生态保护地区的财政转移支付力度。有关地方人民政府应当落实生态保护补偿资金，确保其用于生态保护补偿。国家指导受益地区和生态保护地区人民政府通过协商或者按照市场规则进行生态保护补偿。"

② 《关于〈生态保护补偿条例（公开征求意见稿）〉公开征求意见的公告》，国家发展和改革委员会网站，https://hd.ndrc.gov.cn/yjzx/yjzx_add.jsp? SiteId=350，最后访问日期：2022 年 9 月 10 日。

第一，应进一步完善"输血型"补偿模式，并加快推进"造血型"补偿模式的使用。"输血型"补偿模式和"造血型"补偿模式各有千秋，在使用中不应有所偏废。"造血型"补偿模式要与受偿地的禀赋深度结合才能有效发挥作用，一旦选择了合适的补偿项目，就可以帮助受偿地将外部补偿资金转化为自身产业转型与经济发展的积极动力，从而更好地协调环境保护与经济发展之间的矛盾关系，实现环境保护、经济发展、社会福利增进的有机统一。其缺点在于资金的灵活性较"输血型"模式更低，且需要切实地对受偿地的需求进行深入了解。在现阶段，应首先保证现有"输血型"模式的稳定运转，为跨区域污染治理提供稳定的、充足的底层现金流。在此基础上，因地制宜地推进"造血型"补偿模式的应用，为生态补偿在进一步增强跨区域污染治理效果、促进经济与环境的可持续发展等方面提供助力。

第二，应完善激励机制，增强治理主体积极性。生态补偿给付标准的应然构成包括两部分，即提供生态环境公共物品和服务的运营成本和机会成本。其中，更为重要也更容易被忽视的部分是机会成本。所谓机会成本，是指为实现特定的生态保护目标而产生的行为转变所带来的发展机会的损失。完善现有生态补偿的激励机制，首先，应完善机会成本的标准化衡量机制，切实将生态治理和保护的机会成本纳入激励机制；其次，应建立多元手段的激励机制，综合运用经济、行政、法律等手段对补偿主体进行激励，形成立体化的激励模式，具体而言，可将生态补偿资金划分为基础部分和激励部分，其中激励部分标准应非线性递增，从而加大对环境保护行为的激励力度；再次，应适当将生态补偿型横向转移支付绩效标准化，并纳入现行的官员绩效考核制度中；最后，上级政府可适度给予生态补偿实践中的地方政府一定程度的政策倾斜与扶持，进一步促进下级地方政府参与和落实生态补偿型横向转移支付机制。

第三，应进一步巩固横向转移支付的核心地位，同时加快市场化与多元化进程。横向转移支付机制一方面弥补了纵向转移支付在跨区域污染治理中存在的覆盖面狭窄和因纵向信息不对称造成的治理效率低下等问题；另一方面提高了财政生态补偿资金的使用绩效，提高了生态产品与服务供给效率，进一步推进了环境基本公共物品与服务均等化进程。显然，跨区域污染治理生态补偿应以政府主导的横向转移支付为核心，但巩固横向转移支付在跨区域污染生态补偿机制中的核心地位并不意味着财政要承担更多的支付责任，而是应以政府为机制运转核心，更好地发挥财政资金对社会资本的引导作用，进而积极促进多元主体共同治理，最终实现跨区域污染治理与经济发展的和谐统一。就加快跨区域污染生态补偿机制的市场化与多元化进程而言，首先，应进一步发展排污权交易体系，构建基于市场的、多元主体平等协商的水与大气排污权交易体系，这不仅有利于降低补偿成本，从而减轻财政压力、提高治理效率，也有利于针对跨区域污染的强外部性特征，形成多个地方政府协同治理的局面。应以法律作为基础，建立排污权的一级和二级交易市场，健全排污权交易监管体系，增强其运行的可操作性。其次，应加强产业扶持，如流域生态补偿中，上游经济欠发达地区是生态产品和服务的提供方，下游经济发达地区是受益方。将下游发达地区的绿色清洁产业适度转移至上游欠发达地区的方式对上游地区进行补偿的效果要优于传统的资金转移方式。绿色产业空间转移的方式不仅有利于水污染的治理，也有利于促进上游地区经济发展，从而可以更有效地消解环境保护与经济发展之间的矛盾。

第四，应完善相关法律制度以规范生态补偿型横向转移支付行为。目前，我国缺乏对生态补偿型横向转移支付的法律、政策等方面的支持，导致现有生态补偿契约化倾向明显。这虽然使生态补偿谈判中协议的达成更为灵活，但也导致了生态补偿机制整体存在稳定性不足、多样化程度过高、标准化程度不足等一系列问题，这对进一步的推广工作产生了阻碍。所以，必须健全相应的法律体系，从而从制度上为跨区域污染生态补偿提供保障。目前，应对我国各范围跨度的既有的针对跨区域污染的生态补偿进行系统的归纳总结，将其中的原则、主客体、标准、形式以及程序等要素归并固定，进而形成行政法规或基本法律，从而降低协商过程中的"讨价还价"成本，提高生态补偿效果的上限。此外，还要厘定违法边界、明确违法责任，形成跨区域污染生态补偿机制的硬性约束，对生态补偿效果的下限进行保证。

三 政府和社会资本合作模式与生态补偿型横向转移支付的有机结合

生态补偿机制对于财政竞争的协调作用集中表现在横向转移支付机制中，而作为针对跨区域污染的生态补偿机制中另一个不可或缺的部分，以政府和社会资本合作为代表的市场化和多元化改革，则集中表现了生态补偿对跨区域污染的治理作用，是横向转移支付在污染治理端的延伸，也是生态补偿的微观污染治理单元。将政府和社会资本合作模式与以横向转移支付为核心的生态补偿机制进行有机结合，可以从总体上助力跨区域污染生态补偿机制的协调和治理作用提质增效。本章首先对我国政府和社会资本合作模式的基本问题进行论述；其次从必要性和可行性角度展开跨区域污染生态补偿与政府和社会资本合作模式有机结合的分析；最后从现实出发，对我国实践中出现的典型问题进行分析，并提出改进思路，期望为完善我国跨区域污染生态补偿机制提供具有一定深度的建议。

（一）政府和社会资本合作模式的本土化发展

1. 政府和社会资本合作模式的理论演进与实践变革

PPP（Public-Private Partnership）模式指政府与社会资本合作模式，政府、社会部门和合作伙伴关系是 PPP 模式中的三要素。其中，政府是经典经济理论中公共物品和服务的应然供给方；社会部门既涵盖所有具有社会性质的资本，也包括境内和境外的资本；而公私部门之间形成的长期合作伙伴关系是 PPP 模式通过有机结合政府和社会部门，使其优势互补，最终更好地实现公平和效率的典型样态。

（1）学界对 PPP 模式的定义

Davis（1986）最早给出了 PPP 模式的定义，他认为 PPP 模式是以企业、社会贤达和政府官员为主体的"为改善城市状况而进行的某种正式的合作"。Kernaghan（1993）认为，PPP 是以多维共享为基础的、互利共赢的公私部门间的合作关系。Peirson 和 McBride（1996）将 PPP 模式的定义具体化，认为 PPP 模式是以公私双方签订的合同为约束、以私营部门作为公共物品和服务的主要供给方的新型公共物品供给形式。他们进一步给出了 PPP 模式的基本特征：第一，公共基础设施项目由公共部门向私人部门的转移以协议为约束形式；第二，私人部门在给定时间内建设该公共基础设施；第三，协议期满后，公共基础设施的所有权即让渡给公共部门。Savas（2000）在上述研究的基础上，给出了 PPP 模式的三层次广义定义：首先，PPP 模式指公私部门共同提供公共物品和服务的合作新样态；其次，PPP 模式指公私共同参与建设或运营的、私有化的基础设施项目；最后，PPP 模式指多方为改善区域状况而进行的合作。

（2）官方机构对 PPP 模式的定义

联合国发展计划署于 1998 年给出的 PPP 模式概念是：PPP 指政府、

营利性企业、非营利性企业在特定的项目基础上建立起的一种合作关系。通过这种合作方式，双方能够取得比预期的单独行动更好的效果。在项目实施的过程中，政府不会将所有的责任都交给私人机构，而是将责任和资金风险分担到所有的参与者身上。而联合国训练研究所则认为，PPP 模式是一种以处理区域内复杂问题为目的的涵盖多种社会系统的协作模式，该模式有两层含义：一是公共和私营两方面的协作，以满足社会对公共物品的需求；二是政府与私营部门的合作，以满足公共物品的需求为目的进行具体项目的实施。美国 PPP 国家委员会给出的概念是：PPP 模式是一种充分利用私人部门在建设和运营等方面存在的优势，兼具外包和私有化两种模式特点的公共物品供给样态。欧盟委员会给出的概念是：PPP 是公私部门间以供给公共服务为目的的合作关系。而加拿大 PPP 国家委员会认为，PPP 是公私部门间取长补短、优势互补的合作关系，通过在公私部门间合理分配资源、风险以及收益，达到最大化、最优化供给公共物品的目的。可见，PPP 模式在学界及各官方机构中均没有统一的定义，但从众多学者对 PPP 模式的定义和解释中可以总结出 PPP 模式公认的特征：首先，PPP 模式以合作为基础；其次，PPP 模式以提供公共物品和公共服务为核心目的，其最典型的供给路径是建设基础设施；再次，PPP 模式的重点是利益分享，私人部门和公共部门在合作中达成共赢是 PPP 模式得以维系的重要原因；最后，PPP 模式运行的根本是私人部门和公共部门的风险共担，基础设施项目需要更大的全周期资金投入，再加上项目建设周期较长，从而具有一般公共物品所不具有的高风险特征，由政府部门和私人部门单独面对这一风险是非理性的选择。所以，科学合理的风险共担机制是 PPP 模式能够运行的根本要素。

（3）跨区域污染生态补偿中 PPP 模式新的意涵

将 PPP 模式引入针对跨区域污染治理的生态补偿领域无疑是一次制度创新，跨区域污染这一特定语境下的 PPP 模式也产生了新的意涵，所以，应以跨区域污染治理有别于一般公共物品供给的典型特征为逻辑切入点，对该领域内 PPP 模式的定义进行准确把握。

首先，跨区域污染生态补偿中的 PPP 模式应具有长期、稳定的合作关系。公共物品供给项目，尤其是跨区域污染治理项目的合作期限应根据污水处理、空气净化等设施的使用寿命、投资回报期等因素确定。一方面，这些设施的建设周期较长；另一方面，我国较为严重的跨区域污染对治理设施的规模提出了较高的要求。这些原因导致了跨区域污染领域内的投资在短期内很难收回成本。所以，跨区域污染治理项目中政府与社会资本的合作关系一旦形成，就必然具有长期、稳定的特征。

其次，跨区域污染生态补偿中的 PPP 模式应具有准确的量化标准，并通过合同形式进行监管。政府与社会资本应以合同形式在事前就双方的权责进行准确划分，在合同订立后，政府兼具合同执行者和合同监管者的双重身份。合同的执行者要求政府按合同规定承担义务，而合同的监管者则要求政府对公共物品或公共服务，即跨区域污染治理的标准进行准确的量化。如果无法对跨区域污染治理的效果进行准确量化，就无法建立长效的政府与社会资本间的激励相容机制，从而导致项目失败的风险显著增加。

再次，跨区域污染生态补偿中 PPP 模式的风险应可控，并在政府和社会部门间合理分配。风险分担是 PPP 模式的根本特征。跨区域污染生态补偿具有结构复杂、投资周期较长、专业性强等特点，普遍具有较高的风险。准确地识别及量化风险，是社会部门介入公共物品与公共服务供给，尤其是跨区域污染生态补偿领域的前提。在量化风险的基础上，应在投融资结构设计、双方权责安排、绩效考核标准等方面合理分配政府与社会部门间的风险，并将风险向政府部门稍微倾斜。

最后，跨区域污染生态补偿 PPP 模式中的社会资本应受政府管控，防止社会福利损失。其原因一方面是这些领域存在市场失灵，经典的市场机制无法有效地提供公共物品及服务，政府作为公共物品和公共服务的传统供给者，需要介入以纠正市场失灵；另一方面是政府代表其辖区内居民的福利，所以理应作为公共物品和公共服务的监管者。进一步地，这两方面原因其实可以归于一点，即资本是逐利的，而将社会资本引入公共物品和公共服务领域需要政府对资本的逐利本性进行严格的管控，一旦出现可能损害公共利益的情况，政府应立刻予以纠正，或直接承接该项目。公共物品和公共服务，尤其是跨区域污染治理关乎国计民生，这要求政府对该领域内 PPP 模式运作中的资本行为进行严格管控，在私人利益和社会福利间进行协调和平衡。

基于以上对跨区域污染生态补偿中 PPP 模式应该具备的特点的表述，本节认为，跨区域污染生态补偿中的 PPP 模式可以被定义为一种首要关注社会福利、兼顾资本利益、准确量化并合理分配项目运行风险、以合同形式明确各方权责的政府与社会资本间长期稳定的合作模式。

2. 政府和社会资本合作模式的本土化发展与嬗变

（1）我国 PPP 模式的本土化进程

学界对我国 PPP 模式本土化发展进程的划分观点不一致。韩军等（2017）将我国 PPP 模式的本土化进程分为探索阶段（1984—1993 年）、试点阶段（1994—2002 年）、推广阶段（2003—2013 年）以及普及阶段（2014 年至今）；陈志敏等（2015）认为我国 PPP 模式的发展历程应分为探索（1984—1992 年）、试点（1993—2002 年）、推广（2003—2007 年）、调整（2008—2012 年）以及规制（2013 年至今）五个阶段；程哲等（2018）则将我国 PPP 模式发展历程分为探索崛起阶段（1984—2002 年）、稳定推广阶段（2003—2008 年）、波动发展阶段（2009—2013 年）以及新跃进阶段（2014 年至今）；张海星和张宇（2015）将我国 PPP 模式发展历程分为初期探索阶段（1984—1993 年）、小规模试点阶段（1994—2001 年）、稳步发展阶段（2002—2008 年）、短暂停滞阶段（2009—2012 年）以及新一轮推广阶段（2013 年至今）。虽然在具体年份上略有出入，但是既有研究总体上将我国 PPP 模式的发展历程大致以 5 个重要节点分为四个阶段。具体来说，我国 PPP 模式本土化进程有如下几个阶段。

第一阶段：1984—1993 年。这一阶段的起点是我国第一个基础设施 BOT 项目，即深圳沙角 B 电厂项目。这一阶段的主要特点是各地方政府近乎狂热地进行招商引资，寻求私人资本的注入。中央政府一方面鼓励外资投入，另一方面被动地制定政策对 PPP 模式这一全新领域野蛮生长造成的乱象进行规范。我国对 PPP 模式在政策文件层面的回应较早，国务院 1986 年发布的《关于鼓励外商投资的规定》就包含了 PPP 模式的内容。但是，这一阶段中央文件所关注的重点主要集中在如何使用 PPP 模式加快招商引资方面，对于 PPP 模式具体实施的指导与规范性政策则近乎空白。这表现为该阶段关于 PPP 模式的文件主要由国务院而非相关的具体部门发布，意味着文件内容仍停留在中央的粗线条和宏观的指导层面，而非停留在如外商投资在各行业的审批、执行等具体实践操作层面。

第二阶段：1994—2002 年。这一阶段是以 1992 年党的十四大确立社会主义市场经济体制，以及 1994 年的分税制改革为重要节点确定的。社主义市场经济体制的确立为我国私人资本进入公共设施建设领域提供了制度基础，但同时，第一阶段招商引资乱象和政府管制的落后造成了地方PPP 模式开始暴露大量的问题。一方面，中央发布了一系列文件对地方政府在 PPP 项目中出现的过度担保等问题进行管制；另一方面，原国家计委选择了 5 个 BOT 的示范建设项目①对实践行为进行引导和规范。总的来说，这一时期的 PPP 项目以外商投资为主，并集中在交通、水务、能源、垃圾处理等领域，虽然这些项目大都以失败告终，但这些早期的 BOT 项目对我国发展政府和社会资本合作模式提供了宝贵的经验。

第三阶段：2003—2008 年。这一阶段以 2003 年党的十六届三中全会通过的《中共中央关于完善社会主义市场经济体制若干问题的决定》为起始节点，人们普遍认为这一文件关于放宽市场准入的论述给出了社会资本全面进入基础设施和公用事业领域的明确政策导向。在这一时期，中央一方面发布了《国务院关于投资体制改革的决定》②《国务院关于鼓励支持和引导个体私营等非公有制经济发展的若干意见》③ 等文件，为私有资本进入更多行业和领域松绑；另一方面，政策文件开始转向对PPP 模式的具体应用进行指导。这一阶段的政策目标开始关注 PPP 模式在公共物品与公共服务的供给领域的应用，如轨道交通、煤气管道、污水和垃圾处理等方面。中央对 PPP 模式在民生领域的应用提供支持和政策指导，使得这一阶段 PPP 项目数量快速增加，这一蓬勃发展态势一直

---

① BOT 示范项目包括：广西来宾 B 电厂、成都第六水厂、广东电白高速公路、武汉军山长江大桥和长沙望城电厂。

② 《国务院关于投资体制改革的决定》（国发〔2004〕20 号），中国政府网，http://www.gov.cn/zwgk/2005-08/12/content_21939.htm，最后访问日期：2022 年 9 月 10 日。

③ 《国务院关于鼓励支持和引导个体私营等非公有制经济发展的若干意见》（国发〔2005〕3号），中国政府网，http://www.gov.cn/zwgk/2005-08/12/content_21691.htm，最后访问日期：2022 年 9 月 10 日。

持续到 2008 年，此时美国次贷危机引发的国际金融危机对我国 PPP 模式的发展产生了严重的冲击。

第四阶段：2009—2013 年。以 2008 年美国次贷危机为重要转折点，由美国房市次级贷款引发的影响全球的金融危机改变了我国 PPP 模式发展的外部环境，导致我国 PPP 模式的发展进入了暂时的下行调整期。为应对此次国际金融危机，中央政府推出一系列刺激性政策。一揽子刺激性政策虽然有其正向作用，但也被认为是地方政府出现严重债务问题的重要原因，地方政府债务的解决和融资平台的规范仍是当下以及未来一段时间内需要关注的重点问题。2009—2012 年，由国务院、中国银监会等制定的一系列政策，对地方政府融资平台进行了规范。2013 年以后，国家明确提出要进一步发挥 PPP 模式在解决地方政府债务增量、管理存量等方面的作用。这一阶段 PPP 模式的顶层政策已经在横向覆盖面、纵向流程面同时展开，并呈现密集发布的态势。

第五阶段：2014 年至今。党的十八届三中全会提出"使市场在资源配置中起决定性作用和更好发挥政府作用"，从根本上确立了市场在资源配置中的地位，同时也将政府和市场合作推向了新的高度。2014 年，财政部、国家发展改革委等部门发布了一系列有关 PPP 模式的重要文件，规范并促进 PPP 模式的进一步发展。这表明中央对 PPP 模式的态度和 PPP 模式在实践中的运用都发生了战略性的转变：从最初国务院的粗略政策指导，到之后的特定产业部门规制，再到如今 PPP 模式已经成为国家宏观调控经济、财政以及解决紧迫社会问题的重要政策工具。

综上，在上述划分基础之上，可以总体上将我国 PPP 模式的发展历程以 2014 年为转折点分为两个阶段。其中，2014 年之前以市场自发、地方创新为主要特征；而 2014 年之后则是从国家层面自上而下地主导

PPP 模式推广的阶段。

（2）我国官方对 PPP 模式的定义

国家发展改革委在 2014 年发布的《关于开展政府和社会资本合作的指导意见》①，对政府和社会资本合作（PPP）模式进行了定义②。并希望借由政府和社会资本合作模式的发展与推广，创新现有公共物品供给的投融资机制，拓宽投融资渠道，进而为经济增长注入新的内生活力。但我国对政府和社会资本合作中社会资本构成的定义是渐变的。财政部 2014 年 11 月发布的《政府和社会资本合作模式操作指南（试行）》③明确指出"本指南所称社会资本是指已建立现代企业制度的境内外企业法人，但不包括本级政府所属融资平台公司及其他控股国有企业"，这显然将公有资本排除在外。但 2014 年 12 月由国家发展改革委发布的《关于开展政府和社会资本合作的指导意见》，则并未对社会资本的构成进行详细的阐述。而 2015 年 5 月由财政部、国家发展改革委以及中国人民银行等三部门共同发布的《关于在公共服务领域推广政府和社会资本合作模式的指导意见》④ 则明确指出"鼓励国有控股企业、民营企业、混合所有制企业等各类型企业积极参与提供公共服务"。可见在此时，我国顶层设计中已经将公有资本包含在政府和社会资本合作模式中，我国官方对 PPP 模式的定义也最终确定。

---

① 《国家发展改革委关于开展政府和社会资本合作的指导意见》（发改投资〔2014〕2724 号），中国政府网，http：//www.gov.cn/zhengce/2016-05/22/content_5075602.htm，最后访问日期：2022 年 9 月 10 日。

② 国家发展改革委对政府和社会资本合作（PPP）模式的定义为：政府为增强公共产品和服务供给能力、提高供给效率，通过特许经营、购买服务、股权合作等方式，与社会资本建立的利益共享、风险分担及长期合作关系。

③ 《政府和社会资本合作模式操作指南（试行）》，中国政府网，http：//www.gov.cn/zhengce/2016-05/25/content_5076561.htm，最后访问日期：2022 年 9 月 10 日。

④ 《关于在公共服务领域推广政府和社会资本合作模式的指导意见》，中国政府网，http：//www.gov.cn/zhengce/content/2015-05/22/content_9797.htm，最后访问日期：2022 年 9 月 10 日。

（二）可行性与耦合度分析

本节将具体分析政府和社会资本合作模式在跨区域污染治理中应用的可行性，以及与生态补偿型横向转移支付结合的耦合性。

1. 跨区域污染治理中 PPP 模式应用的可行性

自党的十八大以来，我国生态补偿机制建设发展迅速，尤其是针对跨区域污染领域的生态补偿机制。在重点领域、重点流域、重点区域建立该机制，市场化应用范围不断扩大，投入和支持力度不断加大，初步建立了有效的生态补偿机制。但实践中仍存在社会主体参与度较低、生态产品与服务供给不足、财政资金压力较大等一系列问题。为进一步化解实践中的矛盾，完善现有跨区域污染生态补偿体系，应建立政府主导、多元主体参与、市场化运作的可持续补偿机制。

我国在促进政府和社会资本合作模式与跨区域污染生态补偿结合方面相继发布了许多指导性文件。党的十八届三中全会发布的《中共中央关于全面深化改革若干重大问题的决定》指出，在城市基础设施领域也要发挥市场在资源配置中的决定性作用，应在现有的流域、森林、草地等多个领域的生态补偿实践中探索市场化的道路，这为我国在生态补偿领域引入社会资本对其进行有益补充起到了关键性的引导作用。为进一步贯彻这一精神，财政部于 2014 年 9 月发布了《关于推广运用政府和社会资本合作模式有关问题的通知》①，对推广运用政府和社会资本合作模式进行了制度设计、政策安排和原则性的指导。财政部、环境保护部于

---

① 《财政部关于推广运用政府和社会资本合作模式有关问题的通知》（财金〔2014〕76 号），中国政府网，http://www.gov.cn/zhengce/2016-05/25/content_5076557.htm，最后访问日期：2022 年 9 月 10 日。

2015 年 4 月印发了《关于推进水污染防治领域政府和社会资本合作的实施意见》①，进一步规范了水污染防治领域 PPP 模式应用的操作流程，并在投融资环境的改善等方面提出了针对性的意见，这对进一步在水污染防治领域大力推进政府和社会资本合作模式的应用产生了积极的影响。2019 年 1 月，生态环境部印发了《长江保护修复攻坚战行动计划》②。文件指出各级地方政府应通过支持、鼓励政府和社会资本合作（PPP）项目的发展，进一步推进长江生态环境保护修复工作提质增效。同时，健全长江流域既有的生态补偿机制，加大中央财政对流域内生态补偿的支持力度，支持流域内实施多元化、市场化的横向生态补偿。2019 年 1 月，国家发展改革委印发了《建立市场化、多元化生态保护补偿机制行动计划》③。文件重点指出，多元化、市场化改革是生态保护激励机制的必由之路，但其重点在于发挥政府在这一改革中的引导作用，加强政策倾斜，适当支持先进典型地区。由此可见，不断出台的顶层政策性指导意见为我国政府和社会资本合作模式与跨区域污染生态补偿的有机结合提供了有力的政策依据和制度支持。

2. PPP 模式与生态补偿型横向转移支付结合的耦合性

政府和社会资本合作模式可以与跨区域污染生态补偿形成良好的耦合，从参与主体，即政府和社会资本的视角开展分析。首先，政府与社会资本在跨区域污染治理生态补偿实践中存在阶段性路径同一性，存在

---

① 《财政部 环境保护部关于推进水污染防治领域政府和社会资本合作的实施意见》（财建〔2015〕90 号），中国政府网，http：//www.gov.cn/gongbao/content/2015/content_2897173.htm，最后访问日期：2022 年 9 月 10 日。

② 《长江保护修复攻坚战行动计划》，生态环境部网站，https：//www.mee.gov.cn/xxgk2018/xxgk/xxgk03/201901/t20190125_690887.html，最后访问日期：2022 年 9 月 10 日。

③ 《建立市场化、多元化生态保护补偿机制行动计划》，中国政府网，http：//www.gov.cn/xinwen/2019-01/11/content_5357007.htm，最后访问日期：2022 年 9 月 10 日。

形成伙伴关系的前提。政府的终极目标是高效优质地提供公共物品和服务，而资本的唯一目的是收益最大化，虽然两者在最终目标上存在无法统一的矛盾，但是两方达成最终目的的路径有同一性，即项目的成功建设与运营。在跨区域污染生态补偿中，政府关注生态产品和服务的高效足量供给以及跨区域污染治理的效果，社会资本则关注供给生态产品和服务所带来的资本利得。在短期，政府和社会部门都关注如何快速制定特定项目并高效运营，从而提供更多的生态产品和服务，阶段性的路径同一性使政府与社会资本可以在短期达成伙伴关系。其次，政府与社会资本可以形成有效的利益共享机制。利益共享机制形成的前提要件是跨区域污染治理生态补偿有利可图。在传统的生态补偿项目中，净化水污染的企业可以获得相应的收入，政府通过指定特定社会资本进行特许经营的方式对污染治理收益进行让渡，使社会资本在污染治理中有利可图，且对社会资本的让渡比例越大，对社会资本的激励越强。此外，使用政府和社会资本合作模式进行跨区域污染生态补偿时，可以将项目适当扩展至既有利于环境保护又可以促进当地经济发展的行业，如绿色农业等。这一方面可以对污染进行有效的治理，达到政府提供生态产品和服务的目的；另一方面可以通过产业和经济的发展"做大蛋糕"，达到社会部门追求利益最大化的目的。通过政府和社会资本有效协商并达成契约，政府与社会资本的伙伴关系得到了进一步的强化，进而促成环境保护和经济发展的有机统一。最后，政府与社会资本在跨区域污染治理中可以形成有效的风险共担机制。在生态补偿项目的实施中，存在各种形式的风险。政府可能面临补偿项目运营低效的风险，导致公共物品供给不足、跨区域污染治理效果不显等一系列问题。社会资本则可能遇到政策导向变化、政府失信以及契约意识低下的风险，导致出现项目危殆、投资无法得到对应收益等一系列情况。在政府和社会资本合作模式中，政府可以使用行政手段应对政策方面的风险，而社会资本可以发挥经营管理方面的优势，有效地应对项目运营中出现的问题。这样对于双方而言，项目总体风险显著降低，可以有效地达成各自的目的，从而进一步巩固政府与社会资本在跨区域污染生态补偿中的伙伴关系。

（三）现实问题、改进思路与保障措施

1. 现实问题

虽然主流理论认为在特定条件下，市场机制在公共物品与公共服务领域能以更低的成本提供产品，但该领域内市场化改革之首要动因仍在于政府部门效率过于低下。我国虽然积极推动社会资本进入跨区域污染治理领域，提供环境公共物品与公共服务，但在实践中仍存在许多问题。其根本原因在于我国该领域内市场化改革时间过短，地方政府缺乏成熟的改革经验，从而造成在政府和社会资本合作实践中目标不明、决策不清等情况屡有发生，最终导致合作失范和社会整体福利水平下降。具体而言，在我国跨区域污染治理领域政府和社会资本合作模式与生态补偿相结合的实践过程中，主要存在以下问题。

第一，应收账款延期或不足额支付。生态环境类 PPP 项目的委托人一般来自各地方公用事业局、水务局等政府部门，地方政府对此类账款的支付意愿不高已不鲜见。如 2003 年哈尔滨市使用 BOT 方式招标建设太平污水处理厂，最终清华同方水务工程公司中标。合同规定在 25 年的特许经营期内，该污水处理厂每处理 1 吨污水，哈尔滨市需支付 0.598 元的污水处理费。但 2010 年 10 月，哈尔滨市政府总计拖欠污水处理费达 1.67 亿元，最终不得不将原本隶属于哈尔滨供排水集团有限责任公司的哈尔滨市文昌污水处理厂转让给清华同方水务工程公司，以冲抵政府

多年来拖欠以及未来一段时间的污水处理费。由于项目中政企关系不对等，即使地方政府存在应收账款延期或不足额支付的情况，企业一般也只能通过自筹流动资金对相关运营成本先行垫付。马维辉（2015）调查指出污水垃圾处理企业应收账款已普遍增加到营业收入的50%以上。拖延或不足额支付费用不仅损害了政府的信用，也增加了社会资本进入生态补偿领域的顾虑。

第二，项目收益率普遍偏低。社会资本对公共物品供给项目没有特定的倾向，利润最大化是其考虑的唯一要素。在公共物品供给项目中，社会资本首先考虑的是资本的收益，其次才是公共物品供给的质量和数量。然而，现有生态环境类PPP项目的收益率普遍偏低，曾莉（2019）研究指出，此类PPP项目预期收益率仅在5%左右，而对于社会资本来说，该领域PPP项目的预期内部收益率应为6%~10%，过低的收益率显然挫伤了社会资本参与公共物品供给项目的积极性。此外，跨区域污染生态补偿项目相较普通的环保类公共物品供给项目普遍有更高的投入、更长的周期，以及更大的潜在风险。与之相对应的，跨区域污染生态补偿项目应有更高的预期收益率才能激励更多社会资本流入，这进一步加剧了跨区域污染生态补偿领域中社会资本对收益率的预期与实际收益率之间的矛盾，使该领域内政府和社会资本合作模式的发展陷入困境。

第三，价格调整机制不健全。生态环境类PPP项目对基础设施建设的要求高、投资大，所以项目在稳定运营的同时，需要根据实际情况进行适当的价格调整，才能维持合理的投资收益率。但生态环境类PPP项目的价格调整机制背后是企业利润和公共利益之间的博弈，政府作为公共利益的代理人，在与企业进行谈判时占据优势地位、具有更强的议价能力，导致企业的利润空间一再被压缩，社会资本参与该领域内PPP项目的积极性显著下降。尤其是在面临政策变化时，如税收政策、环境排放标准以及环境规制强度改变等对项目收益产生显著影响的条件发生变化时，不健全的价格调整机制将给企业造成更大的损失。如财政部和国家税务总局于 2015 年 6 月印发的《资源综合利用产品和劳务增值税优惠目录》① 规定污水处理开始征收增值税，污水处理企业在下一个调价周期前就不得不面临由税收政策变动带来的亏损。

第四，管理机制不完善。生态环境类 PPP 项目管理中存在的问题较多。首先，多头管理带来管理混乱和效率低下。2014 年，我国 PPP 项目从之前的由行业主管部门主导，改为由财政部和国家发展改革委两部门共同主导，这一改变极大地促进了该模式的推广和应用，但同时，两主管部门存在的态度异化从某种程度上造成了项目审批管理的混乱。同时，国家发展改革委和财政部主要负责项目的前期立项审批等工作，项目中后期监管则一般移交至对应的主管部门。这导致项目实施、运营管理阶段存在显著的多头管理现象。进一步地，多头管理导致实践中存在复杂冗长的审批流程，这一流程充斥在各级政府间、政府各个部门间、政府部门与社会资本间繁复的磋商和谈判。这不仅极大地增加了时间和行政成本，降低了项目的运行效率，而且令更为注重效率以及投入产出比的社会资本望而却步，进一步降低了社会资本参与 PPP 项目的积极性，最终阻碍了我国 PPP 模式在生态补偿领域的进一步发展。其次，生态环境类 PPP 项目中存在显著的"社会资本歧视"现象。《中国生态环境 PPP 发展报告（2019）》显示，截至 2019 年底，参与生态环境 PPP 项目的企业总数量达到 748 家（中标牵头单位）。从投资规模看，国有企业（国

---

① 《资源综合利用产品和劳务增值税优惠目录》，财政部网站，http://szs.mof.gov.cn/zhengcefabu/201506/t20150616_1256758.htm，最后访问日期：2022 年 9 月 10 日。

有独资或控股）占 64.90%，民营企业（民营独资或控股）占 30.95%，外资企业（外资独资或控股，含港澳台）占 4.14%。水污染和大气污染类跨区域污染治理的生态环境类 PPP 项目相比于城市垃圾处理等项目需要更大的投资规模和更先进的技术。相较于国有资本，社会资本在这些方面确实处于弱势地位，从而导致社会资本在区域污染生态补偿领域内生态环境类 PPP 项目中竞争力较弱。但是，地方政府在项目中选择合作对象时更为偏好国有资本，也即主观的"社会资本歧视"现象进一步恶化了现有"国进民退"的问题。产生这一现象的原因可能是：地方政府和国有资本存在利益共同体关系，具体而言，当项目运营出现问题时，地方政府和国有资本基于共同的利益，会共同面对问题，从而可以显著减轻地方政府的决策与执行压力，进而保证项目的成功率。基于这一偏好，地方政府实际上建立了隐形的准入壁垒以阻止社会资本参与项目，如在项目招标过程中设置远超项目要求的注册资本额度、人员配置标准以及企业资质等，甚至在某些项目中出现"萝卜招标"，即为某国有资本量身定做招标要求，以阻止社会资本进入，促成和国有资本的合作。

第五，法律保障不完善。我国政府和社会资本合作模式的管理主要参照《中华人民共和国招标投标法》（以及《中华人民共和国招标投标法实施条例》）和《中华人民共和国政府采购法》（以及《中华人民共和国政府采购法实施条例》）等。此外，央地政府颁布了一系列规范性文件，如国家发展改革委发布的《关于开展政府和社会资本合作的指导意见》①《关于切实做好传统基础设施领域政府和社会资本合作有关工作

---

① 《国家发展改革委关于开展政府和社会资本合作的指导意见》（发改投资〔2014〕2724号），中国政府网，http://www.gov.cn/zhengce/2016-05/22/content_5075602.htm，最后访问日期：2022 年 9 月 10 日。

的通知》①《关于依法依规加强 PPP 项目投资和建设管理的通知》② 等，
财政部等发布的《政府和社会资本合作模式操作指南（试行）》③《关
于推进水污染防治领域政府和社会资本合作的实施意见》④《关于在公共
服务领域推广政府和社会资本合作模式指导意见的通知》⑤《关于进一步
加强政府和社会资本合作（PPP）示范项目规范管理的通知》⑥《关于推
进政府和社会资本合作规范发展的实施意见》⑦《政府和社会资本合作
（PPP）项目绩效管理操作指引》⑧ 等。通过对上述法律法规、规章以及
规范性文件的梳理，发现我国现有 PPP 模式在法律层面仍存在以下问
题。首先，现有政府和社会资本合作模式的法治化程度较低，对 PPP 项
目的规制更多依赖于部门发布的规范性文件，而各部门发布的规范性文
件存在相互冲突的情况，统一性较差，不利于项目的统一管理；其次，
现有法律未将政府失信问题纳入监管，应采用法律手段对政府失信问题

---

① 《国家发展改革委关于切实做好传统基础设施领域政府和社会资本合作有关工作的通知》
（发改投资〔2016〕1744 号），中国政府网，http://www.gov.cn/xinwen/2016 - 08/31/
content_5103801.htm，最后访问日期：2022 年 9 月 10 日。

② 《国家发展改革委关于依法依规加强 PPP 项目投资和建设管理的通知》（发改投资规
〔2019〕1098 号），中国政府网，http://www.gov.cn/xinwen/2019-07/01/content_5404847.
htm，最后访问日期：2022 年 9 月 10 日。

③ 《政府和社会资本合作模式操作指南（试行）》，中国政府网，http://www.gov.cn/
zhengce/2016-05/25/content_5076561.htm，最后访问日期：2022 年 9 月 10 日。

④ 《关于推进水污染防治领域政府和社会资本合作的实施意见》，中国政府网，http://
www.gov.cn/zhengce/2016-05/25/content_5076598.htm，最后访问日期：2022 年 9 月 10 日。

⑤ 《关于在公共服务领域推广政府和社会资本合作模式指导意见的通知》，中国政府网，
http://www.gov.cn/zhengce/content/2015-05/22/content_9797.htm，最后访问日期：2022
年 9 月 10 日。

⑥ 《关于进一步加强政府和社会资本合作（PPP）示范项目规范管理的通知》，中国政府网，
http://www.gov.cn/xinwen/2018-04/30/content_5287029.htm，最后访问日期：2022 年 9
月 10 日。

⑦ 《关于推进政府和社会资本合作规范发展的实施意见》，中国政府网，http://www.gov.cn/
xinwen/2019-03/10/content_5372559.htm，最后访问日期：2022 年 9 月 10 日。

⑧ 《政府和社会资本合作（PPP）项目绩效管理操作指引》，中国政府网，http://www.gov.cn/
zhengceku/2020-03/31/content_5497463.htm，最后访问日期：2022 年 9 月 10 日。

进行规范与约束，对由政府失信问题带来的社会资本的损失予以兜底，进而降低社会资本在长周期、高投资的跨区域污染生态环境类 PPP 项目中的风险，进而提高社会资本参与此类项目的积极性。

2. 改进思路与保障措施

在生态环境类 PPP 模式与针对跨区域污染生态补偿结合过程中出现的项目收益率过低和价格调整机制不健全的问题，可以通过优化现有定价机制予以改善。具体而言，即通过完善的价格听证机制确定科学的初始价格，在此基础上，进一步建立合理的动态价格调整机制，设定常规价格调整和触发价格调整模式，从而在全生命周期维度维护社会资本的合理收益。应收账款延期支付和不足额支付的问题可以通过完善现有风险机制有效解决，并通过构建法律体系予以保障；项目管理中存在的效率低下等问题，则可通过建立多部门协同的管理系统进行优化。

第一，应优化定价机制。政府和社会资本合作项目的定价过程本质上是公众利益与私人利益的博弈，其中，私人利益追求利润最大化，而政府部门作为公众利益以及社会整体福利的代表，其目标是保证公众利益不受资本侵害并实现社会整体福利最大化。生态环境类 PPP 项目提供的公共物品和公共服务与公众利益直接相关，在定价过程中应先保证社会整体福利最大化。在此基础上，尽可能减少政府对公共物品供给的支出责任，并尽可能地向社会资本让利，在博弈中达成最优的价格。首先，应建立科学合理的项目初始定价机制。传统定价机制主要基于政府和社会资本两方，但是 PPP 项目，尤其是跨区域污染生态补偿领域内的生态环境类 PPP 项目产生的原动力和正当性基础均在于公众利益这一要素（江国华，2018）。虽然政府在传统定价机制中代表公众利益，但更为直接且高效的方式是使社会公众这一项目服务方和监管方直接参与价格制定（崔运武，2015）。在价格公开透明的基础上，通过完善价格听证机制使政府、社会资本和公众三方充分参与生态环境类 PPP 项目的定价过程，进而建立科学合理的项目初始定价机制。其次，应建立常规和特殊模式相结合的动态价格调整机制。应根据价格指数建立常规的价格调整机制，以应对长周期内物价指数变动等因素对企业造成的损失；同时明确特殊的价格调整机制触发点，如税收政策调整、政府排放标准要求变动等，并将其以合同形式固定下来。对社会资本因应对突发事件而造成的损失，应制定相应制度尽可能使其预期回报率不低于初始值。在此基础上，可以根据项目运营阶段对价格进行动态调整，如在项目初期可以使用成本加成法或激励性价格机制促使企业降低成本，提高效率（刘穷志、李佳颖，2018）。当项目后期运行良好时，可设置最高限价以限制资本过度逐利行为，进而减少其给社会和公众造成的福利损失。

第二，应完善风险机制。针对跨区域污染生态补偿的生态环境类 PPP 项目相较于其他 PPP 项目周期更长、资金投入更大，因而存在更为复杂的风险。项目的风险与预期收益直接相关，所以科学有效的风险识别、风险管控和风险分担机制是促进社会资本积极参与针对跨区域污染生态补偿的生态环境类 PPP 项目的重要因素。对于项目中非人力可控的风险，需要设立专业的风险评估机构，或向专业评估机构咨询，对生态环境类 PPP 项目中可能出现的风险进行先期识别，强化风险识别能力。此外，各级政府可以通过建立针对跨区域污染生态补偿的生态环境类 PPP 项目的风险管理机制，降低项目中的风险，提高社会资本参与的积极性（汪惠青、单钰理，2020）。除不可抗力造成的不可控风险，项目实施过程中面临的另一重要风险是人为风险，跨区域污染生态补偿的生态环境类 PPP 项目中存在的应收账款支付不及时或不足额支付的情况，其本质是政府缺乏契约精神、法治精神所导致的失信行为。需要说明的是，所谓政府失信行为并不代表我国政府，尤其是地方政府有较低的可信度，事实上，大多数的政府失信源于项目参与主体对跨区域污染生态补偿的生态环境类 PPP 项目不熟悉而导致的政策误判。虽然在实践推进过程中，我国地方政府失信行为的数量总体呈现显著下降趋势，但失信行为仍时有发生。为了有效避免此种行为的发生，首先，应建立契约制度强化政府的契约精神，明确地方政府在契约中的权责，并明确违约的判定标准、细化违约的惩罚方式。其次，加强监管，对项目实践中由政府违约造成社会资本的损失予以补偿，促使政府按时足额向社会资本支付补偿款。最后，建立合理的风险分担机制，对项目运营中出现的风险及其带来的额外成本进行合理分担。既有经验表明，合理的风险分担机制是跨区域污染生态补偿的生态环境类 PPP 项目风险机制的核心。项目风险分担应遵循能力原则。对于由税收政策变动等带来的政策性风险，一方面，政府应对政策性风险的产生负有更大的责任；另一方面，政府拥有更强的应对政策性风险的能力。所以该风险应由政府承担，此类风险产生的额外成本，也应由政府承担。而对于运营中出现的风险以及额外成本，则应由项目的运营主体，即社会资本承担。对于不可抗力产生的风险，其无明显的责任归因，也无相对承受能力更强的一方，所以应由政府和社会资本共同承担。

第三，需创新管理体制。跨区域污染生态补偿领域具有需求弹性小、自然垄断程度高等显著的公共物品属性，生态环境类 PPP 模式在这一领域的应用对政府管理体制的完善程度提出了更高的要求。现有的项目管理体制缺乏协同性，造成了项目实践的管理混乱，亟须建立跨区域污染生态补偿的生态环境类 PPP 项目的协同管理体制。协同管理的核心目标是整合多头管理中的诸多组织以实现最终的共同目标。其基本观点是，相互隔离、各自为政的政府部门难以实现复杂的公共政策目标。虽然通过新设立凌驾于多个政府部门之上的"超级机构"可以实现项目的跨部门管理，进而实现复杂的公共政策目标，但这同时造成了政府部门间的失衡、机构冗余、效率低下等一系列问题。所以最为现实可行的路径是通过加强政府的扁平化管理，有机地使政府内各部门协同工作，优化人力、物力以及财力等资源在政府部门间的配置，从而最终实现复杂的、跨部门的公共政策目标。跨区域污染生态补偿的生态环境类 PPP 项目的跨部门协同管理可以按如下模式展开。首先，在项目跨部门协同管理体系建立的初期，可以成立领导小组对部门之间的工作进行协调（王盈盈等，2021）。一方面，领导小组为实践中出现的政府部门之间的分歧提供协调处理的平台，可以较为快速地形成实质上的协同管理；另一方面，领导小组的形式较为精简，不会造成机构冗余从而降低效率。其次，在初步建立协同管理模式后，需要进一步使用技术手段消除部门间信息壁垒，以降低部门间信息沟通的成本。目前，财政部和国家发展改革委各自独立运营了包括 PPP 项目部在内的一系列数据库，这显然增加了项目跨部门管理的信息成本。应通过建立统一的跨区域污染生态补偿的生态环境类 PPP 项目数据库，实现数据在部门间的零成本互联互通，从而进一步强化跨部门管理跨区域污染生态补偿的生态环境类 PPP 项目的能力。在初步构建跨区域污染生态补偿的生态环境类 PPP 项目跨部门协同管理机制的基础上，还需要进一步简化现有跨区域污染生态补偿的生态环境类 PPP 项目的审批流程。应建立全国统一的核心项目审批流程，在此基础上，允许各地因地、因项目制宜地进行差异化的审批工作，从而兼顾项目审批的标准化和异质性，提高项目审批的质量和效率，最终增强跨区域污染生态补偿的生态环境类 PPP 项目对社会资本的综合吸引力。

第四，需建立法律保障机制。针对现有法律层次较低、相互冲突以及稳定性差等一系列问题，应及时建立统一的上位法对现有政府和社会资本合作模式进行规范，从而有力地约束政府部门的行为，并兜底保障处于相对弱势地位的社会资本的利益，降低社会资本面临的风险。制定管理政府和社会资本合作模式的法律，可以进一步与国际市场接轨，增强外商投资者的信心与积极性，降低其投资风险，进一步拓宽公共物品和服务的融资渠道，促进我国基本公共服务均等化和社会福利水平的提高。此外，在制定统一的政府和社会资本合作模式时，应着重将政府失信行为纳入法律监管体系。在政府和社会资本合作中，政府信用相较于社会资本信用更为关键，良好的政府信用是跨区域污染生态补偿的生态环境类 PPP 项目得以稳定推行的重要基础（卢护锋，2017）。故而，政府失信行为是跨区域污染生态补偿的生态环境类 PPP 项目运营中存在的重大潜在风险，失信行为不仅关乎某特定项目的成败，其更具有深远的社会影响。理论上，在行政权运行的所有领域，都可能存在政府失信行为，但在政府和社会资本合作模式中的政府失信行为有其特殊性，这是因为政府通过政策和项目合同两个并行渠道对跨区域污染生态补偿的生态环境类 PPP 项目进行管理和控制。地方政府决策的短视性和官员换届等问题是造成政策变化角度政府失信的重要原因，而社会福利和私人利益的冲突则是政府违约的重要原因之一。上述因素最终导致的政府失信行为中有些是合理的，如基于客观环境的政策目标变化造成的政府失信行为，但也有不合理的，如因决策者喜好变化、政府夸大项目收益等原因造成的失信行为等。对于社会资本来说，政府失信行为难以预见且存在严重影响，显著地影响了其参与跨区域污染生态补偿的生态环境类 PPP 项目的积极性。而对政府来说，这一风险并不是完全不可避免的。一方面，应增强政府的契约精神；另一方面，应切实将政府失信行为纳入法律监管体系。对不同程度、不同性质的失信行为制定不同的管理或惩罚措施，从而一方面对由政府失信行为带来的成本提高、利益损失等后果进行兜底性补偿，另一方面倒逼地方政府增强决策能力，最终切实化解政府失信问题所带来的负面影响，进一步加快地方政府向服务型政府转型的进程。

四 本章小结

本章在前文对政府间横向财政竞争分析的基础上，在协调和治理的框架下提出应针对跨区域污染这一特殊语境建立以生态补偿型横向转移支付为核心、以政府和社会资本合作模式为必要和有益补充的复合型横向补偿机制，以协调府际横向过度、非理性竞争，转变地方政府发展模式，从而对跨区域污染形成根本上的治理。具体而言，本章先对协调政府间竞争、治理跨区域污染的模式进行了比较分析，在比较中凸显了生态补偿这一协调治理模式的制度优势，进而提出了本书语境下针对跨区域污染的复合型横向补偿机制的架构形式，即以生态补偿型横向转移支付为核心、以政府和社会资本合作模式为必要和有益补充。在此基础上，从基本问题、实践特征和改进对策等方面对复合型横向补偿机制的核心——生态补偿型横向转移支付展开论述，在对水污染和大气污染领域的实践特征和演化形态进行系统分析后，得出了现有实践中存在的典型问题，提出实践中存在补偿模式仍以"输血型"为主、补偿标准过低导致激励不足、市场化和多元化发展程度较低、契约化导向过于明显、制度化程度不足等一系列问题，在此基础上提出了针对性的对策建议。首先，应在进一步完善现有"输血型"补偿模式的同时，加快推进"造血型"补偿模式的应用,在实践中不应从矛盾对立的视角看待这两种补偿模式,而应从主从互补的视角出发,各取所长,综合利用两种补偿模式;其次,应建立多元激励机制,综合运用经济、行政、法律等手段对补偿主体形成立体化的激励,提高其治理积极性;再次,应进一步巩固政府主导的横向转移支付在跨区域污染生态补偿机制中的核心地位,并加快市场化与多元化生态补偿机制的建立;最后,应从法律维度加强对现有生态补偿型横向转移支付行为的规范,并通过加强制度化建设进一步扩大跨区域污染生态补偿型横向转移支付的总体覆盖面。虽然以横向转移支付为核心的跨区域污染治理体系可以对环境资源在空间维度进行优化配置,并实现地方政府间过度竞争的协调和跨区域污染的治理,但是仍不足以修正我国跨区域污染中存在的外部性问题,仍需进行多元化、市场化的改革以进一步完善该体系。

在此基础上,本章对跨区域污染复合型横向补偿机制的市场化与多元化改进思路进行讨论,其核心是分析政府和社会资本合作模式在跨区域污染中应用的可行性及其与生态补偿型横向转移支付结合的耦合性。先阐述了政府和社会资本合作模式的理论演进、实践变革以及本土化发展与嬗变,进而转向对政府和社会资本合作模式与跨区域污染生态补偿机制的可行性与耦合度的分析,得出政府和社会资本在跨区域污染治理实践中存在有利于形成伙伴关系的阶段性路径同一性,并且政府和社会资本可以在实践中逐步形成有效的利益共享机制和风险共担机制的结论,从而最终做出这一结合存在较好的可行性预期的推断。在对我国政府和社会资本合作模式与生态补偿型横向转移支付结合的可行性和耦合度进行充分分析之后,仍需识别和解决现有政府和社会资本合作模式实践中存在的共性问题,以及未来政府和社会资本合作模式与生态补偿型横向转移支付结合后可能存在的特殊问题，并给出有实践价值的改善思路。具体而言，第一，针对项目收益率普遍偏低的问题，一方面应通过完善价格听证机制，在价格信息公开透明的基础上，通过多方参与，建立科学的跨区域污染生态补偿的生态环境类 PPP 项目定价机制；另一方面应基于项目运营情况，建立动态的价格调整机制。第二，现有风险机制不完善，应通过契约制度强化政府部门的契约精神，明确地方政府在契约中的权责，并明确违约的判定标准、细化违约的惩罚方式，杜绝政府部门的失信行为，在此基础上进一步加强监管，对跨区域污染生态补偿的生态环境类 PPP 项目实践中由政府违约造成的社会资本的损失予以补偿。第三，现有政府和社会资本合作模式管理体制不完善，应建立针对政府和社会资本合作模式的、跨多部门的协同管理体制。第四，针对该领域内法律保障体系缺失的问题，应及时建立统一的上位法对现有政府和社会资本合作模式进行规范，从而有力地约束政府部门的行为，并兜底保障处于相对弱势地位的社会资本的利益，降低社会资本的投资风险。本章对现实问题的分析和提出的改进对策，基本着眼点为当下，而对于未来如何借鉴现有经验，进一步全面立体地推动针对跨区域污染的复合型横向补偿机制建设的政策建议，则留在第六章的政策建议部分提出。

综上，本章提出应通过构建横向转移支付机制实现生态补偿协调和治理功能，在此基础上，通过将政府和社会资本合作模式与生态补偿型横向转移支付相结合，从而进一步扩大和提高生态产品与服务的供给规模与质量，加快政府部门转型，优化环境资源配置，推动协调和治理功能的提质增效，构建生态补偿型横向转移支付与政府和社会资本合作模式紧密结合的复合型横向补偿机制，从根本上协调地方政府间过度、非理性的竞争，进而对跨区域污染问题形成有效的治理。

第六章
治理跨区域污染的政策体系构建

一 立体推进横向生态补偿机制改革与建设

我国在以水污染、大气污染为代表的跨区域污染生态补偿领域已经进行了很多实践，对于实践中仍存在的问题，本书在第五章已经进行了有针对性的分析，并给出了进一步改进的建议。但是，虽然对现有试点的实践进行调整优化有其现实意义上的必要性，然而从宏观和发展的层面看：一方面，对于现有实践的个别打磨和完善，所惠及区域相当有限；另一方面，优化现有实践的根本目的仍是从宏观层面上建立整体的生态补偿机制。所以，在优化现有实践的同时，应着重思考生态补偿机制的推进路径设计、扩大生态补偿的覆盖面，从而更好地发挥其对横向财政竞争的协调作用以及对跨区域污染的治理作用。有鉴于此，本部分分别从水污染生态补偿型横向转移支付、大气污染生态补偿型横向转移支付以及政府和社会资本合作与生态补偿型横向转移支付机制的有机结合三个方面提出整体推进生态补偿机制建设的路径建议。

第一，做好省际干流水污染生态补偿型横向转移支付实践的典型项目，发挥示范效应，以点带面地促进水污染生态补偿型横向转移支付机制在横向和纵向维度的进一步立体推广。财政部、生态环境部、水利部、国家林草局等四部门印发的《支持引导黄河全流域建立横向生态补偿机制试点实施方案》提到"跨省流域横向生态补偿机制建设以地方补偿为主，各地要积极主动开展合作……推动邻近省（区）加快建立起流域横向生态补偿机制……逐步以点带面，形成完善的生态补偿政策体系"。[①] 在跨省实践中，地方政府确实表现出了显著的自发推广生态补偿型横向转移支付机制的倾向。所谓水污染生态补偿型横向转移支付实践的横向维度推广，是指扩大省际实践的整体覆盖面。在横向推广层面，以我国第一例进行省际水污染生态补偿的新安江流域实践为例，在这一实践中作为受偿方的安徽省，虽然对补偿标准等诸多方面持保留意见，但仍充分肯定了新安江模式的示范意义，并希望在进一步优化新安江模式后，将这一模式引入淮河流域。在淮河流域，安徽省是河南省的下游，一直以来承担着较大的治污压力，且跨省污染事件偶有发生。2013 年 1 月，河南省辖区内惠济河开闸排污，作为淮河的二级支流，惠济河的污染物流入淮河并最终造成了安徽省亳州市的涡河水体受到严重污染。两省对这一突发污染事件进行了多次交涉，最终在环保部的协调下达成了协议，由河南省对安徽省进行补偿，并对上游水质进行治理。在这一事件后，安徽省明确表示与河南省不应只在突发污染事件之后才商议赔偿事项，而应进一步建立日常的横向生态补偿机制，以对跨省的水污染问题进行规范。另一个典型的例子是河南省和山东省关于黄河干流的水污染生态

[①] 《财政部 生态环境部 水利部 国家林草局关于印发〈支持引导黄河全流域建立横向生态补偿机制试点实施方案〉的通知》，财政部网站，https://www.mof.gov.cn/gkml/caizhengwengao/202001wg/wg202006/202010/t20201014_3603617.htm，最后访问日期：2022 年 9 月 10 日。

补偿实践，在与山东省成功地构建了生态补偿型横向转移支付机制后，河南省目前已经完成了与同属黄河流域的陕西和山西等上游省份《跨省流域突发水污染事件联防联控框架协议》的签署工作，并进一步积极探索与其签订黄河流域省际生态保护补偿协议。而所谓纵向推广，是指在省级政府间达成水污染生态补偿型横向转移支付协议的基础上，由各省级政府主导、自上而下地在省内地级市或县级政府间开展水污染生态补偿型横向转移支付实践。在纵向推广层面，同样以河南省和山东省关于黄河干流的水污染生态补偿实践为例。在河南、山东两省建立省际横向补偿机制的同时，为促进省内黄河流域环境的联动保护和协同治理，河南省和山东省分别在省内大力推进市县间的生态补偿型横向转移支付机制建立。河南省设立黄河流域横向生态补偿省际引导资金，每年由省政府出资 1 亿元，以伊洛河等黄河主要支流为重点，支持省内黄河流域有序建立省内市县间横向生态补偿机制。而山东省则于 2021 年 9 月完成了省内 301 个跨县界断面全部签订横向补偿协议，山东省是我国第一个完成县际流域水污染生态补偿型横向转移支付全覆盖的省份。

由此可见，在横向维度层面，新安江模式以及豫鲁模式的成功，促使对应协议中的上游省份出现强烈的"溯流而上"动力，将这一模式向相对于自身的上游省份进一步推广，从而出现了横向维度的"下游—上游"推广模式。因此，可从主要流域的下游省份入手，做好典型项目、发挥示范效应，以"下游"带动"上游"的多米诺骨牌模式推动水污染横向转移支付机制的横向推广。而在纵向维度层面，一方面，其促成了省际实践的成功，如黄河流域鲁豫段的水质稳定改善，其与黄河流域各个"毛细血管"支流的治理密不可分，而生态补偿型横向转移支付在纵向维度，也即市县间的推广是支流得以有效治理的重要原因；另一方面，省际生态补偿协议的科学合理签订也是调动流域上下游协同治污的积极性，从而促使相关省份在纵向维度推广的重要前提。所以，本节认为，做好省际干流典型项目是调动地方主体积极性，促进水污染生态补偿型横向转移支付实践在横向层面和纵向层面高效、立体推进的重要切入点。

第二，中央应进一步加大政策引导和支持力度，自上而下地推进省际大气污染生态补偿型横向转移支付机制的试点建设。由于大气污染涉及范围大，且不具有稳定的矢量影响这一核心特质，本节认为省内大气污染领域生态补偿实践应尊重这一客观特点，从治理的结果导向出发，仍以现有的省级政府"自上而下"直接提出生态补偿方案并发布补偿具体实施办法，使用行政性、强制性的奖惩考核方式的省级以下纵向转移支付的形式展开。毕竟这一特殊的、异化的样态已被实践证明是切实有效的，其存在必然具有某种程度上的合理性。但在省际实践中，仍应尝试建立生态补偿型横向转移支付机制，对于该细分领域内具体的推进路径，本节提出以下两点思考。首先，中央应加强政策引导。具体而言，可通过政策引导和资金奖励对建立省际大气污染生态补偿型横向转移支付机制的省份予以重点支持，可以按"早建早补、多建早补、多建多补"的原则对积极探索与实践的省份、机制建设进展较快的省份以及对大气污染治理效果较好的省份予以资金奖励。其次，应优化现有横向转移支付资金流动机制中的监督和管理工作，大气污染相较于水污染更为复杂，其进一步推广对于管理能力的要求更高。故此，应建立针对大气污染生态补偿型横向转移支付的专门机构，这一机构应由央地政府的代表共同构成，由各级政府让渡一定权力，使该机构可以处理机制日常运行中出现的利益纠纷，从而保证生态补偿型横向转移支付机制的有效运转。其具体工作应包括以下方面。首先，为生态补偿型横向转移支付的各参与主体构建平等的沟通平台，为补偿地和受偿地之间平等协商建立底层沟通机制。其次，根据补受偿双方的现实情况，需对生态补偿的标准进行评估，甚至进行必要的干预，以防双方由于议价能力等方面的差异达成不公平的补偿协议，造成污染治理效率的下降与社会福利的损失。最后，对达成意向的生态补偿型横向转移支付资金的使用情况进行监督，具体而言，应先对资金用途进行监督，即生态补偿资金是否用于改善当地生态环境，是否出现了专项资金挪用等情况；在此基础上应监督资金的使用效率，即生态补偿资金在使用过程中是否出现了资金浪费，对生态补偿资金的使用是否得到预期的环境收益等。一旦出现问题，应坚决、严肃追究责任。

第三，进一步挖掘政府和社会资本合作模式的潜力，为生态补偿机制充分发挥其协调和治理作用提质增效。政府和社会资本合作模式与生态补偿机制的有机结合，一方面可以通过弱化生态补偿协定中双方对补偿额度的矛盾，促使协议的达成，从而促进生态补偿型横向转移支付机制的推广，最终强化生态补偿的协调作用；另一方面可以通过引入专业的治理力量以及因事制宜的治理方案，优化对跨区域污染的治理效果，最终强化生态补偿的治理作用，其对于生态补偿机制有不可忽视的重要意义。政府和社会资本合作模式的诸多优势本质上是由以社会资本为代表的市场力量带来的，那么，如何更为有效地保证社会资本的加入，是进一步挖掘政府和社会资本合作模式的潜力，促成其与生态补偿机制的有机结合的重中之重。首先，社会资本在与国有资本的比较中在资金规模、融资渠道等方面均存在显著的弱势，地方政府应酌情给予优质社会资本对应的政策倾斜以支持其发展，在国有资本和社会资本条件基本相同时，可在选择合作对象时适当偏向社会资本。其次，地方政府一方面可以调整银行等金融机构的信贷偏好，加大其对社会资本的融资行为的支持力度，拓宽社会资本的融资渠道；另一方面可以灵活运用自身政策库中的财政补贴、担保等手段为优质社会资本的融资行为降低成本，最终降低社会资本的融资难度。

二　明确省级以下财政环境事权划分与支出责任安排

我国省级以下地方政府间广泛存在财政环境支出的"搭便车"现象，这折射出省级以下财政环境事权划分与支出责任安排仍存在明显不足，使地方政府想"搭便车"，且能"搭便车"。2016 年 8 月，国务院印发了《关于推进中央与地方财政事权和支出责任划分改革的指导意见》①，在指出"省以下财政事权和支出责任划分不尽规范"的同时，要求各省份结合自身情况，加快"省以下财政事权和支出责任划分"改革的探索。但在 2020 年 5 月国务院办公厅发布的《生态环境领域中央与地方财政事权和支出责任划分改革方案》② 中，仍缺乏对省级以下财政环境事权与支出责任的明确划分。省级以下财政环境事权与支出责任划分，原则上应参照中央与省级政府间环境事权划分的范例，先将事权划分明确，再明确支出责任。但是省级以下政府财政事权交叉重叠情况较多，造成其权责混乱，难以厘清。针对这种情况，本节提出一组可行的、省级以下权责划分的补充原则：第一，通过相邻层级的比较，被赋予相应事权的政府及其部门应该能应对外部，从而规避市场失灵问题；第二，能占有决策信息，从而提高行政效能；第三，调动自身履职尽责的积极

---

① 《国务院关于推进中央与地方财政事权和支出责任划分改革的指导意见》（国发〔2016〕49号），中国政府网，http://www.gov.cn/zhengce/content/2016-08/24/content_5101963.htm，最后访问日期：2022 年 9 月 10 日。

② 《生态环境领域中央与地方财政事权和支出责任划分改革方案》，财政部网站，http://www.mof.gov.cn/zhengwuxinxi/caizhengxinwen/202006/t20200615_3531976.htm，最后访问日期：2022 年 9 月 10 日。

性（刘承礼，2016）。跨区域污染影响的范围一般较为广泛，可以适当地将跨区域污染治理的事权与支出责任进一步划分。在对政府间事权初步划分后，为保证其可行性，应结合财政支出科目的设置进行政府间支出责任的划分。要使支出责任与财力相匹配，凡属省级政府承担的财政支出，省级财政应积极筹措资金加以保障，不得以任何形式转嫁给县乡财政。省政府委托县乡政府承办的事务，要足额安排对县乡财政的专项拨款，不留资金缺口，不得要求县乡财政安排配套资金。属于省级和县乡政府共同承办事务的，应根据各方受益程度并考虑县乡财政的承受能力，合理确定负担比例，积极探索共同事务的经费负担办法。明确权责后，应在尊重各方利益的基础上，建立跨区域污染治理政府间利益分担机制。谢庆奎（2000）认为，政府之间关系的内涵首先应该是利益关系，其次才是权力关系、财政关系、公共行政关系。以利益关系为先，才是政府之间关系的真正内涵。所以，应按照"谁受益谁补偿、谁保护谁受偿"的原则，建立针对污染治理直接成本与机会成本的横向政府间的资金补助制度。在现行行政法规施行的基础上总结经验，加快法治化进程，尽快制定省级以下政府间分权关系的法律，将改革成功经验用法律形式固定下来。通过法律方式，明确规定省级以下各级政府的环境事权与支出责任，推进政府间环境事权与支出责任关系的法治化，保持政府间环境事权与支出责任关系的相对稳定。其调整需要经过法定程序方可进行，克服政府间环境事权与支出责任关系的随意性。通过立法的形式科学合理地界定政府间的环境事权与支出责任范围，从而避免政府间财政关系中为经济、政治利益讨价还价现象的出现，使政府间财政关系进入法治化、制度化阶段。从法律层面进行分工，由基本法规定政府间环境事权划分的原则与大类，由一般法具体列举政府间环境事权划分的事务种类和权限,将涉及环境事权划分的基本法律列入修改计划,并加快研究起草政府间财政关系法。同时,注意对其他法律进行修改,消除法律法规之间的冲突,以保持法律的一致性、严肃性和可实施性。在法律中应该明确环境事权与支出责任调整的程序方法,使支出责任能够通过民主的程序进行协商,从而提高环境事权与支出责任划分的公平性和科学性。

三 完善地方政府激励体系

促成地方政府发展模式的根本性转变,需要做好激励。而激励机制的改善并不仅仅是狭义地完善现有绩效考核机制,更是由自上而下的官员绩效考核机制,以及自下而上的人民群众参与机制与资本流通退出机制共同构成的系统性的地方政府激励机制的形成与完善,从而有效地改变地方政府现有的发展模式,从过去特定发展阶段的"先发展、后治理"模式,转变为经济绿色发展的新模式。已有文献证明了我国存在自上而下的、以经济绩效为核心的官员政治激励机制,地方政府官员在任期内经济增长绩效越高,其连任和晋升的概率越大(Li and Zhou,2005;周黎安等,2005)。从损失厌恶的假设出发,相比于经济绩效优异所带来的连任和晋升概率的提升,经济绩效不佳所带来的受到中央政府惩罚的可能性提高是地方政府主政官员努力发展经济的首要动力(段润来,2009)。这些发现表明,我国自上而下的激励机制可以有效地对地方政府的行为进行修正,且相比于绩效优异所带来的奖励政策,绩效不佳所带来的惩罚政策对地方政府行为的修正效果更好。在特定的发展阶段,我国政绩考核机制默许,甚至促使地方政府可以以牺牲包括环境在内的诸多公共物品的供给来促进经济的快速增长,正是这种有偏的激励导致我国经济在过去一个阶段高速发展的同时,产生了严重的跨区域污染问题。如果不对这种激励机制进行修正与完善，单纯地理顺权责关系、创新生态补偿体制都无助于根除这种政府行为的"扭曲"，从而难以从根本上弱化旧有发展模式形成的政策惯性，也就无法改变"先污染、后治理"的发展路径。

我国已出台一系列文件从环境保护角度规范绩效考核，尝试建立并完善绿色绩效考核机制。我国尝试将环境指标引入官员的绩效考核之中，2011 年国务院发布的《国家环境保护"十二五"规划》[①] 明确将环境保护纳入地方各级人民政府的政绩考核，并实行环境保护一票否决制。之后党的十八届三中全会通过的《关于全面深化改革若干重大问题的决定》提出，要完善发展成果考核评价体系，纠正以经济增长为核心导向的政绩评定偏向，着重增加如资源消耗、环境损害以及生态效益等绿色指标在整体考核体系中的权重。中组部 2013 年印发的《关于改进地方党政领导班子和领导干部政绩考核工作的通知》[②] 进一步将"有质量、有效益、可持续"的经济发展模式作为进一步完善考核指标的方向。2015 年开始实施的《党政领导干部生态环境损害责任追究办法（试行）》[③] 明确规定对环境和资源的严重破坏负有重要责任的干部不予提拔或转任重要职务。2016 年底中央出台了《生态文明建设目标评价考核办法》[④]，又进一步将生态文明建设纳入绩效考核。孙伟增等（2014）发现，自将以环境质量和能源利用效率改善为核心的环境考核纳入官员绩效考核开始，我国的环境质量已出现明显改善。涂正革等（2021）也指出，将环

---

① 《国家环境保护"十二五"规划》，中国政府网，http: //www.gov.cn/zwgk/2011 - 12/20/content_2024895.htm，最后访问日期：2022 年 9 月 10 日。

② 《关于改进地方党政领导班子和领导干部政绩考核工作的通知》，共产党员网，https: //news.12371.cn/2013/12/09/ARTI1386590057904551.shtml，最后访问日期：2022 年 9 月 10 日。

③ 《党政领导干部生态环境损害责任追究办法（试行）》，中国政府网，http: //www.gov.cn/zhengce/2015-08/17/content_2914585.htm，最后访问日期：2022 年 9 月 10 日。

④ 《生态文明建设目标评价考核办法》，中国政府网，http: //www.gov.cn/xinwen/2016-12/22/content_5151555.htm，最后访问日期：2022 年 9 月 10 日。

境绩效纳入官员晋升考核显著地改变了地方政府在"晋升锦标赛"下的环境治理模式，证明了提高地方官员绩效考核的标准可以有效促进环境治理。本书认为，现有的绩效考核机制仍可以从以下方面进行完善。

第一，强化绩效考核的结果导向，绩效考核指标应与政府在跨区域污染治理中的组织职能相匹配。实践中，我国环境绩效指标与政府的职能脱节甚至冲突的情况时有发生（战旭英，2019）。比如，政府职能以及目标是治理跨区域污染，但对这一职能进行量化后的绩效考核指标则是排污费征收率、罚款额度等。上述量化指标充其量可以勉强表现政府治理跨区域污染的努力程度，但不能很好地体现地方政府对跨区域环境污染或辖区内污染的治理情况。这样的指标设计存在的问题是显而易见的，具体而言：一方面，地方政府似乎只要收足了排污费，就可以安心认为"污染被治理"了；另一方面，企业似乎只要缴纳了排污费，就有自由排污的权利。这样的制度安排不仅不能最终促进跨区域污染治理，反而造成了地方政府一方面向上级政府释放"污染已经被治理"的信号，另一方面向排污企业表明可以"明码标价"地排放污染的错误行为模式，人为地增加了治污—排污双方的信息差，最终造成跨区域污染的进一步恶化。

第二，建立跨区域污染治理效果绩效评价体系，激励地方政府从属地治理向协同治理转变。周黎安（2004）指出在现行的绩效考核制度下，地方官员之间的合作空间狭小，而竞争空间巨大。官员基于"政绩"观的考核思维，倾向于独自进行环境治理，以显示自己的治理能力，从而在政治晋升博弈中获得更多有力的资本，复杂多样的考核因素导致地方政府官员在跨区域污染政府间协同治理中的积极性不高。有鉴于此，应有针对性地选择能有效反映跨区域污染治理效果的指标，建立跨区域污染治理效果绩效评价体系，并将该评价结果纳入现有的环境治理绩效评价中，形成环境治理综合绩效评价，最终纳入官员绩效考核中。绩效考核要求的改变，将促使地方政府从属地污染治理模式走向跨区域协同污染治理模式，以此提高跨区域污染治理中各行为主体的效率，加强跨区域污染治理的效果。

第三，灵活运用"软指标"和"硬指标"，审慎使用"一票否决"。中央政府在绩效考核中设定的目标可分为应该完成的"软指标"、必须完成的"硬指标"，以及必须定期优先完成的、具有"一票否决"性质的"硬指标"。上级政府会对"硬指标"的完成情况进行严格审查，而对于"软指标"，即便结果不佳，对于官员晋升也不会造成太大的政治影响。而"一票否决"项目如果没有按时按量完成，则官员的其他所有成绩都为零，具有最严重的政治后果（Heberer and Trappel，2013）。在我国的绿色绩效考核实践中，应进一步提高跨区域污染综合治理绩效在官员绩效考核中的权重，适当将跨区域污染上升为"硬指标"。但要摒除"一刀切"的做法，因地制宜地制定环境绩效考核指标，提升绩效指标的效度和信度。如在跨区域污染较为严重的地区使用较高的环境权重，以促使地方政府将更多的关注转向生态环境保护方面。但要慎重使用"一票否决"，"一票否决"是一种极端的绩效问责式评价模式，它虽然充分吸纳了关键绩效指标评价法的优点，有效增强了地方政府的责任意识（尚虎平，2018），但随着中央对污染问题重视程度的提高，地方政府倾向于过度使用"一票否决"作为回应中央要求、重视污染问题的显性表现。滥用"一票否决"，将导致地方政府所承受的压力过大，在实际工作中无所适从，甚至无法正常开展工作，遑论有序有效地进行跨区域污染治理工作。

第四，以法律形式对现有政府绩效评估体系进行规范，增强绩效评估工作的严肃性与评估结果落实的刚性。横向来看，国外先行经验也都建立在"依法行政"的基础上，如英国政府于1989年颁布的《中央政府产出与绩效评价技术指南》，美国联邦政府于1993年出台的《政府绩效与结果法案》，日本政府于2002年通过的《政府政策评价法》，加拿大在2004年颁布的《管理问责制框架》，以及新西兰政府在2008年出台的《绩效评估：关于如何建立有效框架的建议和实例指南》等。先行国家的实践经验表明，本质上，政府绩效评估工作是政府执法行为的一种，所以必须由法律授权、受法律规范。目前，我国仍缺乏以法律形式确定的绩效考核指导性文件，"无法可依"的情况导致各地绩效考核指标差异较大。有些指标甚至由上级领导"灵光一现"或按个人喜好决定，而对指标的重要程度或不够重视，或过度重视。绩效考核指标不当设立的根本原因在于相关法律缺失，所以，应加快绩效评估专门法的立法工作，尽早实现绩效评估工作的法治化。

第五，合理让大众参与绩效考核，重点关注第三方专业绩效考核，建立多元主体的政府跨区域污染治理绩效考核机制。大众参与的绩效考核打破了我国绩效考核固有的内部评估形式[①]，内部问责缺乏社会参与，在缺少直接了解社会根本需求的同时，也缺乏对官员事实上的质询和问责。跨区域污染问题是人民群众普遍关切的问题，通过将社会大众对政府环境治理的满意度纳入环境绩效考核体系，可以建立有效的"民众—政府"反馈系统，从而以较低成本将政府的政策目标与民众诉求相统一，提高行政效率、优化治理效果。我国地方政府已在公众参与绩效考核方面进行了积极探索，如许多城市开展的"万人评议政府活动"就是典型的例子。但总体而言，虽然公众参与在政府绩效考核，尤其是公共

---

① 所谓内部评估形式，即"政府主持—政府评价"形式。

物品与公共服务供给领域的政府绩效考核中起到了重要作用，但其本质仍是对传统绩效考核的一种回应性改进（陈小华、卢志朋，2019），且应用中也存在诸多问题。具体而言，首先，公众参与绩效考核是一种在党政领导下，公众对政府绩效评价的有限参与，其施行并未以法律等政策手段固定下来，具有相当的随意性。如 Heberer 和 Trappel（2013）在对我国县乡政府开展的公众参与考核活动进行调研后发现，虽然考核确实吸收了公众的参与，但在多数地方，所谓的群众代表其实是党政机关工作人员、地方人大代表和政协委员，甚至是地方干部的亲信或其下属。其次，如前文述及的"万人评政府"活动，其政治作秀的成分高于实际意义。再加上评估主体随机且分散，政府无法一一回应个体关切，从而导致公众失去兴趣、政府无所适从，进而导致轰轰烈烈的运动式公众参与绩效考核活动最终不了了之。最后，普通民众对政府绩效的评价难以客观表达。普通民众对政府绩效的评价通常建立在受个体禀赋影响的主观感受上，很难进行客观理性的专业评估，无法以同一标准对公共物品与服务的绩效进行准确衡量。举例来说，公众对大气污染领域的绩效评价很可能会受到评价前几天的空气质量影响，如果恰好在评价的前几天空气质量不佳，即使有权威的数据证明本年度空气质量较上年度有明显改善，政府工作可能仍难逃被民意声讨的下场。更重要的是，政府在公众绩效评价中容易受舆论裹挟，甚至绑架，从而坠入"民众迎合主义"陷阱（Li，2015），导致政府行为扭曲、行政成本增加、效率下降等一系列严重的问题，最终产生深远的社会影响。综上所述，大众参与绩效考核有其不可替代的正向效应，但也存在普通大众专业性不高、主观性过强等问题。可以通过建立包含第三方学者、群众代表和被评价单位等多主体的综合绩效评价体系对政府环境绩效进行评估。

结　论

一　主要观点与结论

（一）地方政府间支出和税收竞争广泛存在且显著影响跨区域污染治理

本书首先基于支出竞争引致的结构异化视角，分别对地方政府间经济性支出竞争和公共性支出竞争对跨区域污染的影响进行了考察，结果发现：首先，经济性支出竞争强度的增加不仅显著提高了地级市的跨区域污染物排放量，间接地提高了跨区域污染程度，而且直接对大气污染程度形成了负面影响；而公共性支出竞争强度增加则通过直接和间接的方式对跨区域污染形成了总体上的治理。同时，两种支出竞争的跨区域污染治理效应均具有显著的时间滞后性。在此基础上，明确了公共性支出竞争通过影响城市绿色技术创新能力进而治理跨区域污染的路径机制，并给出了稳健的经验证据。进一步的异质性分析表明，相较于"十二五"时期，这一机制对于跨区域污染的抑制作用在"十三五"时期表现得更为明显。其次，地方政府间存在经济性支出逐顶竞争和公共性支出逐底竞争的策略互动行为，总体而言，这一策略互动行为不利于我国跨区域污染的治理。基于经济发展程度的异质性分析表明，经济发展程度较高的地级市间存在良性的支出竞争模式，总体上呈现了绿色发展的趋势，有利于跨区域污染问题的控制；但经济发展程度较低地级市间的支出竞争模式则恰恰相反，低发展程度地级市受经济发展水平制约，难以自主完成发展方式由外延型向绿色内涵型转型。经济发展和跨区域污染治理之间的矛盾突出，经济和环境难以兼得，在跨区域污染治理工作中存在"非不为也，实不能也"的困境。如不能对这一问题进行有效的控制，将加剧地方政府间的经济发展和环境水平的两极分化程度，最终可能形成严重的社会问题。

进一步地，通过构建空间杜宾模型，对经典税收竞争理论中提出的"税率变动—资本流动"理论在污染领域的应用进行了实证分析。实证结果表明，税率提高通过使资本外流导致本地污染程度下降的现象在我国地级市层面显著存在，但这一证据并不能简单推广至跨区域污染领域。其原因在于以地级市为考察视角时，本地实际税率提高导致资本外流和污染外流所带来的本地污染程度下降现象，是一种污染的"治理"。这是因为对于地级市来讲，污染不在本市辖区内，就可以视为污染"治理"。但是，在跨区域污染这一关注污染在区域内总量变化的语境下，资本流动导致的污染程度在资本流出地和资本迁入地之间的"此消彼长"，显然不能被视为一种污染的"治理"。虽然结合一个简单的分析，得出了"税收竞争—资本流动—污染"机制对跨区域污染治理问题存在影响，但是这样的结论显然不能令人满意。本书进而提出"税收竞争—支出结构扭曲—污染"的机制假说，并进行了实证检验，通过逐步法给出了水污染中存在财政支出结构中介效应的证据。这一结论不仅对税收竞争对跨区域污染的影响给出了新的机制解释，也给出了税收竞争对跨区域污染的总量产生影响的现实证据。这一结论至关重要，因为其给出了税收竞争对跨区域污染这一特殊概念存在显著的负面影响的理论与现实证据。在此基础上，进一步对我国税收竞争横向策略互动进行系统的分析。初步分析结果表明，省级以下地方政府间存在显著的策略互动，且省内存在的"晋升锦标赛"加大了策略互动的强度；进一步地，使用非对称反应模型，对税收竞争的方向进行分析，结果表明，同属一省的地级市之间不但存在更激烈的税收竞争，其竞争方向也呈现绝对逐底倾向，这显然不利于跨区域污染的治理。基于发展时期的异质性分析表明，相较于"十二五"时期，"十三五"时期同省地级市间税收竞争逐底程度得到了显著的抑制，总体发展趋势向有利于跨区域污染治理的方向转变。这给出了我国进一步通过协调横向税收竞争治理跨区域污染的切入点，即应通过省级政府制定地方政府规章等手段，对本地税收优惠行为和税收征管行为进行规范，进而对本地税收竞争强度进行适当控制，并将重点放在遏制税收逐底竞争上，从而促进良性的、绿色的税收竞争模式的形成。

（二）环境支出竞争中"搭便车"现象制约了跨区域污染治理的总体效果

在基于省级以下地方政府间财政环境事权与支出责任划分视角对财政环境支出横向竞争的跨区域治污效应进行考察后，发现财政环境支出具有显著的治污效应，且这一效应在控制了内生性、空间相关性和时间相关性后仍然显著。在此基础上进一步对环境支出横向策略互动的具体形式进行分析，发现存在显著的跨期策略替代现象，也即"搭便车"问题。这一问题不仅会降低当期总体的跨区域污染治理资金的供应，而且会打击地级市政府增加环境支出的积极性，从而增加远期的财政环境支出规模预期的不确定性，最终导致财政跨区域污染治理资金的不稳定、不足额供给，最终不利于跨区域污染的协同治理。进一步的异质性分析表明，"搭便车"问题在低发展程度地级市对高发展程度地级市的策略回应中最为显著，这表明经济发展程度是地方政府行为的重要约束条件。环境支出的"搭便车"问题具有多方面的原因，其理论原因在于公共物品，也即跨区域污染的外部性问题。现实原因则一方面在于省级以下地方政府间财政环境领域的事权与支出责任划分不明，使地方政府"想为，且可为"；另一方面在于现有的官员绩效考核体系虽历经多次改革，但经济增长的核心地位仍在，经济发展仍是地方政府的头等要务。跨区域污染治理需要长效的、足额的、稳定的财政资金保障，同时需要地方政府间形成高效的协同治理机制，而现有地级市政府间存在的横向策略互动的"搭便车"行为则显著对以上两方面造成了负面的影响，从而不利于跨区域污染治理工作的进一步推进。

（三）经济和行政因素是致使现有横向财政竞争偏离最优模式的重要原因

本书在实证研究的基础上，得出地方政府间横向财政竞争的最优策略模式选择应是支持和促进财政支出竞争，协调和弱化财政税收竞争。在此基础上，在对现有多样化财政竞争策略模式进行验证后，对现实中的财政竞争策略模式进行分析，结果发现，样本期内地方政府使用税收竞争比使用支出竞争进行策略应对的经济和统计显著性都更强，这样的策略应对倾向显然给我国跨区域污染治理工作带来了更大的困难。在进一步分析经济发展程度和省级行政因素对横向财政竞争的影响时发现，在控制经济发展因素和省级行政因素后，横向财政竞争中应对策略的多样化程度普遍下降，高发展程度地级市偏重于使用财政支出竞争，从而进入"经济发展—环境保护"的良性循环，而低发展程度地级市则由于过度使用税收竞争进入"环境恶化—发展缓慢"的恶性循环。此外，省级政府不仅没有对下辖地级市间的财政竞争进行有效的引导与协调，反而导致强度更高、逐底倾向更强的税收竞争。总体来讲，省级以下政府财政竞争的现状不利于我国跨区域污染的综合治理，如不加以重视，则可能会进一步激化经济增长和环境保护之间的矛盾，从而造成地区间基本公共服务不均、贫富差距扩大等一系列更为严重的社会问题。

二 可能的创新之处与进一步研究的方向

（一）可能的创新之处

在理论框架方面，本书提出现有跨区域污染问题的根本在于地方政府不当的发展方式，所以应创新构建有针对性的复合型横向补偿机制，在协调地方政府间过度竞争的基础上对跨区域污染形成"标本兼治"的新型跨区域污染治理观，并在协调和治理框架下，明确这一复合型横向补偿机制的架构形式和作用机理。相较于现有研究主要从分析特定财税政策（如环保税、排污费等）的治污效应切入，进而探讨跨区域污染问题的治理之道，本书认为，这种从某个侧面出发，专注于分析特定政策的治污效果，以图实现跨区域污染根本治理的研究犹抱薪救火，这一治理观的合理性有待商榷。本书并非否认既有针对环境污染的财税政策的有效性，相反，现有政策对跨区域污染治理有显著效果，且切实推进了我国生态文明建设。但即使通过特定财税政策对跨区域污染形成了较好的治理效果，在政府参与资源配置的过程中也造成了社会福利的进一步损失，从宏观角度来看其总体的得失是难以明确的①。更为重要的是，现有的跨区域污染问题本质上是由政府主导的重经济增长、轻公共物品供给的发展方式引致的，所以只有从政府经济发展方式转型入手才能正本清源，从根本上消解跨区域污染问题，或至少显著减少未来跨区域污染的增量。应从政府行为方式切入跨区域污染治理问题的重要支撑是，"东部—西部"产业转移中可能存在污染的传导效应（林伯强、邹楚沅，2014），仅从地理维度考虑，这一产业转移过程就极有可能加重跨区域污染。② 而地方政府间非理性的、过度的财政竞争将扭曲产业资源的空间配置，从而使当下国内区域间正在进行的产业转移不但有可能重蹈"世界—中国"污染转移过程的覆辙，甚至可能造成我国跨区域污染问题的进一步扩大。

有鉴于此，本书先从地方政府行为入手，基于跨区域污染治理的视角识别我国省级以下地方政府的财政与竞争行为中存在的问题，并对其产生的原因和机制进行深入的分析，进而有针对性地提出修正和协调建议，旨在修正政府的行为方式、经济发展方式以及当下跨区域污染的治理方式，实现经济发展与环境保护这一对矛盾的辩证统一，从而从根本上治理发展过程中出现的跨区域污染。之后，进一步提出应通过机制创新，建立以生态补偿型横向转移支付为核心、以政府和社会资本合作模

———————————

① 古典经济学理论认为，税收本身就会影响社会的福利。政府通过税收的方式修正跨区域污染问题中的外部性很可能是一种"饮鸩止渴"的行为，因为无法确知税收带来的福利损失与外部性本身存在的福利损失孰轻孰重。

② 一个显著的事实是，我国多数重要河流的上游在西部地区，即使不考虑产业迁出地（东部地区）与迁入地（西部地区）间在跨区域污染的客观治理能力和主观治理意愿等方面存在的差异，仅从地理维度出发，水污染密集产业自东向西的转移可视为从下游向上游的转移，这必将加大水污染的治理难度。沈坤荣和周力（2020）的研究表明，2015年我国上中游省份工业废水排放量已占全国总排放量的58.1%，相较于2005年，这一比例上升了4.3个百分点，说明我国已经显著出现了因产业转移而引致的跨区域污染问题。

式为必要补充的多元化、市场化、针对跨区域污染这一特定污染形式的复合型横向生态补偿制度，以环境公共服务均等化为目标导向优化环境资源的空间配置，对地方政府的财政竞争进行协调，对跨区域污染的存量外部性问题进行修正，形成经济绿色发展模式的有益补充，进一步协调地方政府间横向财政竞争、优化跨区域污染的治理效果。

综上，以尊重经济发展和环境保护间存在内生张力这一客观事实为基点，通过修正政府行为方式、协调地方政府间横向竞争"治本"，辅以立体推进科学合理的生态补偿机制"治标"，双管齐下，实现经济高质量可持续增长语境下的跨区域污染问题的"标本兼治"。进一步地，形成政府行为方式、经济发展方式、环境保护方式在绿色高质量发展模式中的结合，是本书基于经济可持续高质量发展和跨区域污染治理的现实要求而主张的创新跨区域污染治理观，也是本书最为核心的理论创新点。

在实证研究方面，本书主要的创新点一方面在于综合了个体和总体两类视角对财政竞争的跨区域污染治理效应进行系统全面的剖析，即在第二、第三章对支出竞争和税收竞争的治污效应进行单独考察的基础上，在第四章总体对地方政府间财政竞争的倾向性策略模式及其对跨区域污染的影响进行全面的考察，在明确特定政策治污效应的同时对财政竞争的跨区域污染治理效应进行了全面分析。另一方面则在于进一步深入地对策略互动形式以及影响因素进行分析，不仅可以进一步明确策略互动对跨区域污染的叠加效应，更为重要的是将被动的效应研究向主动的治理研究拓展，为进一步主动地协调地方政府竞争提供有现实意义的政策切入点。

具体而言，在实证分析框架方面，第一，本书通过规范研究系统分析了财政支出与税收行为对跨区域污染的作用机制，给出了经验证据，从而明确了财政支出竞争和税收竞争与跨区域污染问题的逻辑联系。进一步地，在深入分析财政收支策略互动的具体形式、影响因素的基础上，讨论了财政收支策略互动对跨区域污染的影响。之后，将财政支出与税收政策纳入同一框架，分析横向财政竞争中多样化的策略倾向特征及对跨区域污染治理的影响，这一框架较好地拟合了现实，从而得出了更有现实意义的研究结论。第二，本书的实证研究整体基于地级市层面开展，关注省级以下地方政府财政竞争对跨区域污染的影响。我国地级市层面存在横向政府间竞争已基本不存在理论上的争议，现有研究也给出了经验证据，但地级市横向政府间竞争与跨区域污染治理这一交叉领域的研究仍存在较多缺失。此领域内的实证研究仍主要基于省级层面开展，虽然"跨区域污染"这一研究命题相对宏观，但仅将研究层面置于省级政府仍稍显笼统，这进一步削弱了实证研究结论对现实的指导意义。有鉴于此，本书基于地级市层面的实证研究给出了地级市政府竞争及其对跨区域污染治理影响的经验证据，较好地与现有跨区域污染治理方面的研究形成互补，增强了本书的现实意义；同时也拓展了省级以下财政竞争模式的研究，形成了对现有财政竞争领域研究的有益补充。

在实证分析技术手段方面，第一，本书使用跨区域污染物排放量这一与跨区域污染密切相关且易于度量的指标作为跨区域污染的代理变量开展实证研究，有效地解决了跨区域污染在实证中难以衡量的问题。同时，本书共选择了化学需氧量、氨氮污染物、二氧化硫、工业废气和工业废水五种跨区域污染物排放量指标作为跨区域污染的代理变量，并选择了 PM2.5 浓度作为跨区域污染中大气污染程度的直接衡量指标。相较于既有研究，一方面，本书对跨区域污染问题的指标选择较为全面；另一方面，本书也从直接和间接两个角度对跨区域污染进行了衡量，总体上更为全面地对跨区域污染进行了刻画。另外，本书选择 2011—2020 年作为样本期展开实证研究，并使用了"二污普"修正后的数据（2016—2020 年）。相较于既有研究，本书使用的数据不仅具有更高的准确性，也显然具有更好的时效性。第二，对于实证中出现的内生性问题、时间相关性问题和空间相关性问题，本书针对不同的实证模型，分别使用了系统广义矩估计（SGMM）和 Han-Phillips 广义矩估计（HP-GMM）方法，充分考虑现实中存在的时间相关性和空间相关性，以及回归中存在的内生性问题，这样不仅使模型形式更贴近现实，也使参数估计结果更为稳健，从而得出了更有现实指导意义和准确有效的实证结果。第三，在考察支出竞争引致的结构异化对跨区域污染的影响中，根据联合国《政府职能分类》将财政支出分为经济性支出、公共性支出、政府服务性支出和其他支出四部分，并以此为基础针对跨区域污染问题对划分的细则进行了进一步的优化。相较于既有研究将财政支出分为"生产性支出和非生产性支出"的划分方式，本书的划分方式一方面从底层的变量设定上允许了地方政府存在因横向支出竞争而导致的经济性支出和公共性支出占比同升同降的情况，并进一步放松假设，使模型可以更贴合现实情况；另一方面，可以更好地聚焦跨区域污染这一特定问题，从而进行有针对性和深度的分析，进而得到更为稳健的结果。

（二）进一步研究的方向

财政与跨区域污染之间存在极为广泛且复杂的联系，本书仅从横向竞争和补偿机制视角对这一对关系进行分析，显然有其局限性。即使基于本书选题划定的范围进行评价，本书在研究的深度与广度上仍存在一定的不足，有待日后进一步深入研究。

省级以下财政竞争的影响因素是多方面的，虽然本书关注的行政和经济发展因素可能是其中较为主要的影响因素，但仅考虑这两个因素对地级市财政竞争模式的影响，进而讨论我国跨区域污染治理问题显然具有相当的局限性。比如，基于城市群进行分析就是另一个可能的重要方向。近年来，以城市群为表现形式的区域一体化以及协同化已成为我国城市发展的重要模式，在该模式下形成的产业集聚、创新集聚以及人才集聚等显然对我国跨区域污染问题产生了新的影响，也对跨区域污染治理问题提出了新的要求。对这一问题的深入探究显然具有重要的时代意义。但限于笔者的精力与能力，只得留待后续研究。

参考文献

包群、彭水军，2006，《经济增长与环境污染：基于面板数据的联立方程估计》，《世界经济》第 11 期。

卞元超、白俊红，2017，《"为增长而竞争"与"为创新而竞争"——财政分权对技术创新影响的一种新解释》，《财政研究》第 10 期。

蔡昉、都阳、王美艳，2008，《经济发展方式转变与节能减排内在动力》，《经济研究》第 6 期。

曹光辉、汪锋、张宗益等，2006，《我国经济增长与环境污染关系研究》，《中国人口·资源与环境》第 1 期。

曹鸿杰、卢洪友、潘星宇，2020，《地方政府环境支出行为的空间策略互动研究——传导机制与再检验》，《经济理论与经济管理》第 1 期。

查勇、梁云凤，2015，《在公用事业领域推行 PPP 模式的制度安排》，《经济研究参考》第 48 期。

陈炳尧、郭雪萌、魏泊芦，2021，《政府和社会资本合作、区域经济协调发展与空间溢出——基于空间杜宾模型的实证研究》，《管理现代化》第 4 期。

陈玲、李丹,2017,《PPP 政策变迁与政策学习模式:1980 至 2015 年 PPP 中央政策文本分析》,《中国行政管理》第 2 期。

陈刚、刘珊珊,2006,《产业转移理论研究:现状与展望》,《当代财经》第 10 期。

陈建军,2002,《中国现阶段的产业区域转移及其动力机制》,《中国工业经济》第 8 期。

陈少英,2017,《中国 PPP 本土化的公共服务创新》,《晋阳学刊》第 4 期。

陈诗一,2009,《能源消耗、二氧化碳排放与中国工业的可持续发展》,《经济研究》第 4 期。

陈帅、张丹丹,2020,《空气污染与劳动生产率——基于监狱工厂数据的实证分析》,《经济学》(季刊)第 4 期。

陈思霞、卢洪友,2014,《公共支出结构与环境质量:中国的经验分析》,《经济评论》第 1 期。

陈婉玲,2014,《公私合作制的源流、价值与政府责任》,《上海财经大学学报》第 5 期。

陈婉玲、胡莹莹,2020,《我国 PPP 模式的功能异化、根源与解决方案》,《上海财经大学学报》第 3 期。

陈小华、卢志朋,2019,《地方政府绩效评估模式比较研究:一个分析框架》,《经济社会体制比较》第 2 期。

陈志敏、张明、司丹,2015,《中国的 PPP 实践:发展、模式、困境与出路》,《国际经济评论》第 4 期。

程滨、田仁生、董战峰,2012,《我国流域生态补偿标准实践:模式与评价》,《生态经济》第 4 期。

程承坪，2009，《理解科斯定理》，《学术月刊》第 4 期。

程瑜、张学升，2020，《生态补偿领域运用 PPP 模式的困境分析及路径创新》，《财政科学》第 7 期。

程哲、韦小泉、林静等，2018，《1984—2013 年中国 PPP 发展的时空格局与影响因素》，《经济地理》第 1 期。

崔晶、孙伟，2014，《区域大气污染协同治理视角下的府际事权划分问题研究》，《中国行政管理》第 9 期。

崔亚飞、刘小川，2010，《中国省级税收竞争与环境污染——基于 1998-2006 年面板数据的分析》，《财经研究》第 4 期。

崔运武，2015，《论我国城市公用事业公私合作改革的若干问题》，《上海行政学院学报》第 4 期。

崔运武，2019，《论我国省以下财政事权与支出责任划分改革的若干问题》，《上海行政学院学报》第 2 期。

邓慧慧、虞义华，2017，《税收竞争、地方政府策略互动行为与招商引资》，《浙江社会科学》第 1 期。

邓慧慧、赵家羚，2018，《地方政府经济决策中的"同群效应"》，《中国工业经济》第 4 期。

邓晓兰、黄显林、杨秀，2013，《积极探索建立生态补偿横向转移支付制度》，《经济纵横》第 10 期。

董直庆、王辉，2019，《环境规制的"本地—邻地"绿色技术进步效应》，《中国工业经济》第 1 期。

豆建民、沈艳兵，2014，《产业转移对中国中部地区的环境影响研究》，《中国人口·资源与环境》第 11 期。

杜纯布，2018，《雾霾协同治理中的生态补偿机制研究——以京津冀地区为例》，《中州学刊》第 12 期。

杜焱强、刘平养、吴娜伟，2018，《政府和社会资本合作会成为中国农村环境治理的新模式吗？——基于全国若干案例的现实检验》，《中国农村经济》第 12 期。

杜振华、焦玉良，2004，《建立横向转移支付制度实现生态补偿》，《宏观经济研究》第 9 期。

段润来，2009，《中国省级政府为什么努力发展经济?》，《南方经济》第 8 期。

范剑勇、王立军、沈林洁，2004，《产业集聚与农村劳动力的跨区域流动》，《管理世界》第 4 期。

范欣、宋冬林、赵新宇，2017，《基础设施建设打破了国内市场分割吗?》，《经济研究》第 2 期。

范永茂、殷玉敏，2016，《跨界环境问题的合作治理模式选择——理论讨论和三个案例》，《公共管理学报》第 2 期。

范子英、田彬彬，2013，《税收竞争、税收执法与企业避税》，《经济研究》第 9 期。

方晓利、周业安，2001，《财政分权理论述评》，《教学与研究》第 3 期。

冯海波、方元子，2014，《地方财政支出的环境效应分析——来自中国城市的经验考察》，《财贸经济》第 2 期。

冯俏彬，2018，《中国财政 40 年：从生产建设型财政、公共财政到现代财政之路》，《行政管理改革》第 11 期。

傅勇、张晏，2007，《中国式分权与财政支出结构偏向：为增长而竞争的代价》，《管理世界》第 3 期。

高凤勤、徐震寰，2020，《"竞高"还是"竞低"：基于我国省级政府税收竞争的实证检验》，《上海财经大学学报》第1期。

高玫，2013，《流域生态补偿模式比较与选择》，《江西社会科学》第11期。

高明、郭施宏、夏玲玲，2016，《大气污染府际间合作治理联盟的达成与稳定——基于演化博弈分析》，《中国管理科学》第8期。

耿翔燕、葛颜祥，2018，《生态补偿背景下生态建设公私合作模式的运作机制》，《中国科技论坛》第9期。

关海玲、张鹏，2013，《财政支出、公共产品供给与环境污染》，《工业技术经济》第10期。

郭栋、胡业飞，2019，《地方政府竞争：一个文献综述》，《公共行政评论》第3期。

郭杰、李涛，2009，《中国地方政府间税收竞争研究——基于中国省级面板数据的经验证据》，《管理世界》第11期。

郭庆旺、贾俊雪，2009，《地方政府间策略互动行为、财政支出竞争与地区经济增长》，《管理世界》第10期。

韩凤芹、张志强，2023，《纳税信用管理制度对企业税收遵从度的影响研究——基于税收征管环境的调节效应》，《中央财经大学学报》第1期。

韩军、吕雁琴、徐勇，2017，《政府和社会资本合作模式研究》，《上海经济研究》第2期。

郝春旭、赵艺柯、何玥等，2019，《基于利益相关者的赤水河流域市场化生态补偿机制设计》，《生态经济》第2期。

郝涛、徐宏、岳乾月等，2017，《PPP模式下养老服务有效供给与实现路径研究》,《经济与管理评论》第 1 期。

何军、刘桂环、文一惠,2017,《关于推进生态保护补偿工作的思考》,《环境保护》第 24 期。

贺俊、刘亮亮、张玉娟,2016,《税收竞争、收入分权与中国环境污染》,《中国人口·资源与环境》第 4 期。

胡洪曙、郭传义、王金田等,2015,《政府间纵向税收竞争研究的演进——一个基于不同政府类型的文献分析框架》,《税务研究》第 11 期。

胡石清、鸟家培,2011,《外部性的本质与分类》,《当代财经》第 10 期。

胡炜,2021,《环境污染第三方治理:公私关系再审视及制度完善》,《江海学刊》第 5 期。

胡骁马,2020,《政府间权责安排、财力配置与体制均衡——以事权与支出责任的划分为切入点》,《东北财经大学学报》第 5 期。

胡骁马,2022,《地方政府环保支出及其策略互动对环境污染的影响》,《财经问题研究》第 1 期。

黄纯纯、周业安,2011,《地方政府竞争理论的起源、发展及其局限》,《中国人民大学学报》第 3 期。

黄炜,2013,《全流域生态补偿标准设计依据和横向补偿模式》,《生态经济》第 6 期。

姬鹏程,2018,《加快完善我国流域生态补偿机制》,《宏观经济管理》第 10 期。

贾俊雪、梁煊,2020,《地方政府财政收支竞争策略与居民收入分配》,《中国工业经济》第 11 期。

贾俊雪、应世为,2016,《财政分权与企业税收激励——基于地方政府竞争视角的分析》，《中国工业经济》第 10 期。

贾康，2008，《中国财税改革 30 年：简要回顾与评述》，《财政研究》第 10 期。

贾康、孙洁，2009，《公私伙伴关系（PPP）的概念、起源、特征与功能》，《财政研究》第 10 期。

贾若祥、高国力，2015，《横向生态补偿的实践与建议》，《宏观经济管理》第 2 期。

江国华，2018，《PPP 模式中的公共利益保护》，《政法论丛》第 6 期。

姜磊，2020，《应用空间计量经济学》，中国人民大学出版社。

姜玲、乔亚丽，2016，《区域大气污染合作治理政府间责任分担机制研究——以京津冀地区为例》，《中国行政管理》第 6 期。

靳继东，2018，《政府间事权关系划分：理论逻辑、体制约束和实践方向》，《学海》第 3 期。

靳乐山、吴乐，2019，《中国生态补偿十对基本关系》，《环境保护》第 22 期。

孔凡斌，2010，《建立和完善我国生态环境补偿财政机制研究》，《经济地理》第 8 期。

蓝虹，2004，《外部性问题、产权明晰与环境保护》，《经济问题》第 2 期。

李凤、武晋、吴远洪，2021，《政府与社会资本合作（PPP）为何签约容易落地难——基于西南地区的分析》，《财经科学》第 6 期。

李佳佳、罗能生，2016，《税收安排、空间溢出与区域环境污染》，《产业经济研究》第 6 期。

李猛，2009，《中国环境破坏事件频发的成因与对策——基于区域间环境竞争的视角》，《财贸经济》第 9 期。

李宁、丁四保，2009，《我国建立和完善区际生态补偿机制的制度建设初探》，《中国人口·资源与环境》第 1 期。

李胜兰、初善冰、申晨，2014，《地方政府竞争、环境规制与区域生态效率》，《世界经济》第 4 期。

李世刚、尹恒，2012，《县级基础教育财政支出的外部性分析——兼论"以县为主"体制的有效性》，《中国社会科学》第 11 期。

李涛、黄纯纯、周业安，2011，《税收、税收竞争与中国经济增长》，《世界经济》第 4 期。

李涛、周业安，2008，《财政分权视角下的支出竞争和中国经济增长：基于中国省级面板数据的经验研究》，《世界经济》第 11 期。

李涛、周业安，2009，《中国地方政府间支出竞争研究——基于中国省级面板数据的经验证据》，《管理世界》第 2 期。

李卫兵、张凯霞，2019，《空气污染对企业生产率的影响——来自中国工业企业的证据》，《管理世界》第 10 期。

李香菊、刘浩，2016，《区域差异视角下财政分权与地方环境污染治理的困境研究——基于污染物外溢性属性分析》，《财贸经济》第 2 期。

李香菊、赵娜，2017a，《税收竞争对环境污染的影响及传导机制分析》，《中国人口·资源与环境》第 6 期。

李香菊、赵娜，2017b，《税收竞争如何影响环境污染——基于污染物外溢性属性的分析》，《财贸经济》第 11 期。

李永友、丛树海，2005，《我国地区税负差异与地区经济差异——一个横截面时间序列方法》，《财经问题研究》第 9 期。

李永友、沈坤荣，2008，《辖区间竞争、策略性财政政策与 FDI 增长绩效的区域特征》，《经济研究》第 5 期。

李正升、李瑞林、王辉，2017，《中国式分权竞争与地方政府环境支出——基于省级面板数据的空间计量分析》，《经济经纬》第 1 期。

郦水清、陈科霖、田传浩，2017，《中国的地方官员何以晋升：激励与选择》，《甘肃行政学院学报》第 3 期。

廖振中、刘嘉、罗佳意，2018，《政府与社会资本合作（PPP）的检视——一个文献综述》，《财经科学》第 3 期。

林伯强、邹楚沅，2014，《发展阶段变迁与中国环境政策选择》，《中国社会科学》第 5 期。

刘承礼，2011，《中国式财政分权的解释逻辑：从理论述评到实践推演》，《经济学家》第 7 期。

刘承礼，2016，《省以下政府间事权和支出责任划分》，《财政研究》第 12 期。

刘汉屏、刘锡田，2003，《地方政府竞争：分权、公共物品与制度创新》，《改革》第 6 期。

刘江会、王功宇，2017，《地方政府财政竞争对财政支出效率的影响——来自长三角地级市城市群的证据》，《财政研究》第 8 期。

刘洁、李文，2013，《中国环境污染与地方政府税收竞争——基于空间面板数据模型的分析》，《中国人口·资源与环境》第 4 期。

刘强、李平，2014，《大范围严重雾霾现象的成因分析与对策建议》，《中国社会科学院研究生院学报》第 5 期。

刘穷志、李佳颖，2018，《PPP 定价的决定力量及利益博弈测度——基于中国高速公路 PPP 项目的证据》，《财贸研究》第 10 期。

刘薇，2015，《PPP 模式理论阐释及其现实例证》，《改革》第 1 期。

刘晓峰、刘祖云，2011，《区域公共品供给中的地方政府合作：角色定位与制度安排》，《贵州社会科学》第 1 期。

刘晓红、隗斌贤，2014，《雾霾成因、监管博弈及其机制创新》，《中共浙江省委党校学报》第 3 期。

刘晓凯、张明，2015，《全球视角下的 PPP：内涵、模式、实践与问题》，《国际经济评论》第 4 期。

龙小宁、朱艳丽、蔡伟贤等，2014，《基于空间计量模型的中国县级政府间税收竞争的实证分析》，《经济研究》第 8 期。

卢洪友、杜亦譔、祁毓，2015，《中国财政支出结构与消费型环境污染：理论模型与实证检验》，《中国人口·资源与环境》第 10 期。

卢洪友、田丹，2014，《中国财政支出对环境质量影响的实证分析》，《中国地质大学学报》（社会科学版）第 4 期。

卢护锋，2017，《公私合作中政府信用缺失的法律对策探讨》，《行政论坛》第 5 期。

逯元堂、吴舜泽、陈鹏等，2014，《环境保护事权与支出责任划分研究》，《中国人口·资源与环境》第 S3 期。

吕炜、郑尚植，2012，《财政竞争扭曲了地方政府支出结构吗？——基于中国省级面板数据的实证检验》，《财政研究》第 5 期。

罗长林，2018，《合作、竞争与推诿——中央、省级和地方间财政事权配置研究》，《经济研究》第 11 期。

罗伟卿，2010，《财政分权理论新思想：分权体制与地方公共服务》，《财政研究》第 3 期。

马恩涛、吕函枰、陈媛媛，2018，《横向和纵向税收外部性研究：一个综述》，《经济学》（季刊）第 1 期。

马万里、刘雯，2021，《地方政府行为变异：一个共时性的分析逻辑——兼论有心理维度的政府行为研究》，《人文杂志》第 1 期。

马莹、毛程连，2010，《流域生态补偿中政府介入问题研究》，《社会主义研究》第 2 期。

毛显强、钟瑜、张胜，2002，《生态补偿的理论探讨》，《中国人口·资源与环境》第 4 期。

蒲龙，2017，《税收竞争与公共支出结构——来自县级政府的视角》，《中南财经政法大学学报》第 2 期。

亓寿伟、王丽蓉，2013，《横向税收竞争与政府公共支出》，《税务研究》第 12 期。

亓霞、柯永建、王守清，2009，《基于案例的中国 PPP 项目的主要风险因素分析》，《中国软科学》第 5 期。

祁凡骅、卢湘枚，2018，《地级市市长任用规律：从"十五大"到"十九大"——基于 GDP 百强市市长相关数据的研究》，《国家行政学院学报》第 5 期。

祁毓、卢洪友、徐彦坤，2014，《中国环境分权体制改革研究：制度变迁、数量测算与效应评估》，《中国工业经济》第 1 期。

钱金保、才国伟，2017，《地方政府的税收竞争和标杆竞争——基于地市级数据的实证研究》，《经济学》（季刊）第 3 期。

钱雪亚、缪仁余、胡博文，2014，《教育投入的人力资本积累效率研究——基于随机前沿教育生产函数模型》，《中国人口科学》第 2 期。

乔耀章，2003，《政府行政改革与现代政府制度——1978 年以来我国政府行政改革的回顾与展望》，《管理世界》第 2 期。

曲富国、孙宇飞，2014，《基于政府间博弈的流域生态补偿机制研究》，《中国人口·资源与环境》第 11 期。

屈小娥、袁晓玲，2009，《中国地区能源强度差异及影响因素分析》，《经济学家》第 9 期。

单云慧，2021，《新时代生态补偿横向转移支付制度化发展研究——以卡尔多—希克斯改进理论为分析进路》，《经济问题》第 2 期。

尚虎平，2018，《激励与问责并重的政府考核之路——改革开放四十年来我国政府绩效评估的回顾与反思》，《中国行政管理》第 8 期。

邵军，2007，《地方财政支出的空间外部效应研究》，《南方经济》第 9 期。

邵帅、李欣、曹建华等，2016，《中国雾霾污染治理的经济政策选择——基于空间溢出效应的视角》，《经济研究》第 9 期。

沈坤荣、付文林，2006，《税收竞争、地区博弈及其增长绩效》，《经济研究》第 6 期。

沈坤荣、孙文杰，2004，《投资效率、资本形成与宏观经济波动——基于金融发展视角的实证研究》，《中国社会科学》第 6 期。

沈坤荣、周力，2020，《地方政府竞争、垂直型环境规制与污染回流效应》，《经济研究》第 3 期。

沈满洪，1999，《庇古税的效应分析》，《浙江社会科学》第 4 期。

沈满洪、何灵巧，2002，《外部性的分类及外部性理论的演化》，《浙江大学学报》（人文社会科学版）第 1 期。

沈满洪、谢慧明，2020，《跨界流域生态补偿的"新安江模式"及可持续制度安排》，《中国人口·资源与环境》第 9 期。

宋丽颖、杨潭，2016，《转移支付对黄河流域环境治理的效果分析》,《经济地理》第 9 期。

苏明、刘军民、张洁,2008,《促进环境保护的公共财政政策研究》,《财政研究》第 7 期。

孙开,1992,《关于理顺中央与地方财政关系的若干思考》,《财经问题研究》第 7 期。

孙开、孙琳,2015,《流域生态补偿机制的标准设计与转移支付安排——基于资金供给视角的分析》,《财贸经济》第 12 期。

孙伟增、罗党论、郑思齐等,2014,《环保考核、地方官员晋升与环境治理——基于 2004-2009 年中国 86 个重点城市的经验证据》,《清华大学学报》(哲学社会科学版)第 4 期。

孙伟增、张晓楠、郑思齐,2019,《空气污染与劳动力的空间流动——基于流动人口就业选址行为的研究》,《经济研究》第 11 期。

孙翔、王玢、董战峰,2021,《流域生态补偿:理论基础与模式创新》,《改革》第 8 期。

孙中伟、孙承琳,2018,《警惕空气污染诱发"逆城市化":基于流动人口城市居留意愿的经验分析》,《华南师范大学学报》(社会科学版)第 5 期。

汤玉刚、苑程浩,2011,《不完全税权、政府竞争与税收增长》,《经济学》(季刊)第 1 期。

唐大鹏、杨真真,2022,《地方环境支出、财政环保补助与企业绿色技术创新》,《财政研究》第 1 期。

唐飞鹏,2016,《省际财政竞争、政府治理能力与企业迁移》,《世界经济》第 10 期。

唐飞鹏,2017,《地方税收竞争、企业利润与门槛效应》,《中国工业经济》第 7 期。

陶品竹，2014，《从属地主义到合作治理：京津冀大气污染治理模式的转型》，《河北法学》第 10 期。

田贵贤，2013，《生态补偿类横向转移支付研究》，《河北大学学报》（哲学社会科学版）第 2 期。

童玉芬、王莹莹，2014，《中国城市人口与雾霾：相互作用机制路径分析》，《北京社会科学》第 5 期。

涂正革、周星宇、王昆，2021，《中国式的环境治理：晋升、民声与法治》，《华中师范大学学报》（人文社会科学版）第 2 期。

托马斯·海贝勒、雷内·特拉培尔、王哲，2012，《政府绩效考核、地方干部行为与地方发展》，《经济社会体制比较》第 3 期。

汪惠青、单钰理，2020，《生态补偿在我国大气污染治理中的应用及启示》，《环境经济研究》第 2 期。

汪伟全，2016，《空气污染跨域治理中的利益协调研究》，《南京社会科学》第 4 期。

王道勇，2016，《全面深化改革时期的利益让渡与社会合作》，《中国特色社会主义研究》第 5 期。

王德凡，2018，《基于区域生态补偿机制的横向转移支付制度理论与对策研究》，《华东经济管理》第 1 期。

王帆宇，2016，《中国快速城市化进程中的环境污染：形势研判、归因与应对策略》，《生态经济》第 3 期。

王飞、郭颂宏、江崎光男，2006，《中国区域经济发展与劳动力流动——使用区域连接 CGE 模型的数量分析》，《经济学》（季刊）第 3 期。

王凤荣、苗妙，2015，《税收竞争、区域环境与资本跨区流动——基于企业异地并购视角的实证研究》，《经济研究》第 2 期。

王惠、王树乔、苗壮等，2016，《研发投入对绿色创新效率的异质门槛效应——基于中国高技术产业的经验研究》，《科研管理》第 2 期。

王金南、刘桂环、文一惠，2017，《以横向生态保护补偿促进改善流域水环境质量——〈关于加快建立流域上下游横向生态保护补偿机制的指导意见〉解读》，《环境保护》第 7 期。

王娟、王伟域，2016，《税收与环境污染问题实证研究——基于环境联邦主义的视角》，《税务研究》第 4 期。

王军锋、侯超波，2013，《中国流域生态补偿机制实施框架与补偿模式研究——基于补偿资金来源的视角》，《中国人口·资源与环境》第 2 期。

王俊豪、付金存，2014，《公私合作制的本质特征与中国城市公用事业的政策选择》，《中国工业经济》第 7 期。

王美今、林建浩、余壮雄，2010，《中国地方政府财政竞争行为特性识别："兄弟竞争"与"父子争议"是否并存?》，《管理世界》第 3 期。

王秋雯，2018，《公用事业公私合作模式中的限制竞争与规制对策》，《财经问题研究》第 12 期。

王守坤、任保平，2008，《中国省级政府间财政竞争效应的识别与解析：1978~2006 年》，《管理世界》第 11 期。

王艺明、张佩、邓可斌，2014，《财政支出结构与环境污染：碳排放的视角》，《财政研究》第 9 期。

王盈盈、甘甜、王守清，2021，《走向协同：中国 PPP 管理体制改革研究》，《经济体制改革》第 3 期。

王永钦、张晏、章元等，2007，《中国的大国发展道路——论分权式改革的得失》，《经济研究》第 1 期。

王雨辰、胡轶俊，2019，《民营企业 PPP 项目参与度研究——基于公共性的风险分析》，《软科学》第 6 期。

温忠麟、叶宝娟，2014，《中介效应分析：方法和模型发展》，《心理科学进展》第 5 期。

温忠麟、张雷、侯杰泰等，2004，《中介效应检验程序及其应用》，《心理学报》第 5 期。

吴健、郭雅楠，2018，《生态补偿：概念演进、辨析与几点思考》，《环境保护》第 5 期。

夏怡然、陆铭，2015，《城市间的"孟母三迁"——公共服务影响劳动力流向的经验研究》，《管理世界》第 10 期。

萧鸣政、官经理，2011，《当前中国地方政府竞争行为分析》，《中国行政管理》第 2 期。

肖加元、刘潘，2018，《财政支出对环境治理的门槛效应及检验——基于 2003—2013 年省际水环境治理面板数据》，《财贸研究》第 4 期。

肖挺，2016，《环境质量是劳动人口流动的主导因素吗？——"逃离北上广"现象的一种解读》，《经济评论》第 2 期。

解亚红，2004，《"协同政府"：新公共管理改革的新阶段》，《中国行政管理》第 5 期。

谢慧明、俞梦绮、沈满洪，2016，《国内水生态补偿财政资金运作模式研究：资金流向与补偿要素视角》，《中国地质大学学报》（社会科学版）第 5 期。

谢庆奎，2000，《中国政府的府际关系研究》，《北京大学学报》（哲学社会科学版）第 1 期。

谢荣辉，2017，《环境规制、引致创新与中国工业绿色生产率提升》，《产业经济研究》第 2 期。

谢贤政、万静、高亳洲，2003，《经济增长与工业环境污染之间关系计量分析》，《安徽大学学报》第 5 期。

谢贞发、范子英，2015，《中国式分税制、中央税收征管权集中与税收竞争》，《经济研究》第 4 期。

谢贞发、张玮，2015，《中国财政分权与经济增长——一个荟萃回归分析》，《经济学》（季刊）第 2 期。

邢会强，2015，《PPP 模式中的政府定位》，《法学》第 11 期。

熊志军，2002，《科斯的社会成本问题及其现实意义》，《江汉论坛》第 1 期。

徐桂华、杨定华，2004，《外部性理论的演变与发展》，《社会科学》第 3 期。

徐霞、郑志林，2009，《公私合作制（PPP）模式下的利益分配问题探讨》，《城市发展研究》第 3 期。

许云霄、麻志明，2004，《外部性问题解决的两种方法之比较》，《财政研究》第 10 期。

薛菁，2012，《地方政府间税收关系的理性选择》，《西安财经学院学报》第 4 期。

杨灿明、赵福军，2004，《关于财政分权后果的理论述评》，《财贸经济》第 7 期。

杨海生、柳建华、连玉君等，2020，《企业投资决策中的同行效应研究：模仿与学习》，《经济学》（季刊）第 4 期。

杨宏山、石晋昕，2018，《从一体化走向协同治理：京津冀区域发展的政策变迁》，《上海行政学院学报》第 1 期。

杨继东、章逸然，2014，《空气污染的定价：基于幸福感数据的分析》，《世界经济》第 12 期。

杨柳、方元子，2017，《地方政府税收竞争机制研究评述：基于新经济地理学的视角》，《税务与经济》第 2 期。

杨省贵、顾新，2011，《区域创新体系间创新要素流动研究》，《科技进步与对策》第 23 期。

杨卫华，2017，《我国国内税收竞争的特征及影响》，《税务研究》第 9 期。

杨晓妹、刘文龙、林凯琳，2019，《国税地税机构合并对规范地方政府税收行为的逻辑解析及延伸思考》，《税务研究》第 5 期。

杨志勇，2003，《国内税收竞争理论：结合我国现实的分析》，《税务研究》第 6 期。

姚东旻、李军林，2015，《条件满足下的效率差异：PPP 模式与传统模式比较》，《改革》第 2 期。

姚公安，2014，《地方税收竞争与辖区工业污染的关系》，《税务与经济》第 6 期。

姚林如、李莉，2006，《劳动力转移、产业集聚与地区差距》，《财经研究》第 8 期。

叶姗，2020，《税收优惠政策制定权的预算规制》，《广东社会科学》第 1 期。

尹恒、徐琰超，2011，《地市级地区间基本建设公共支出的相互影响》，《经济研究》第 7 期。

尹恒、杨龙见，2014，《地方财政对本地居民偏好的回应性研究》，《中国社会科学》第 5 期。

于健慧，2015，《中央与地方政府关系的现实模式及其发展路径》，《中国行政管理》第 12 期。

禹雪中、冯时，2011，《中国流域生态补偿标准核算方法分析》，《中国人口·资源与环境》第 9 期。

郁建兴、高翔，2012，《地方发展型政府的行为逻辑及制度基础》，《中国社会科学》第 5 期。

袁凯华、李后建、林章悦，2014，《约束性考核促进了官员的减排激励吗》，《当代经济科学》第 6 期。

袁亮、何伟军、沈菊琴等，2016，《晋升锦标赛下的跨区域生态环保合作机理及机制研究》，《华东经济管理》第 8 期。

袁伟彦、周小柯，2014，《生态补偿问题国外研究进展综述》，《中国人口·资源与环境》第 11 期。

袁晓玲、吴琪、李朝鹏，2019，《中国地方财政支出变化对环境污染影响的研究》，《北京工业大学学报》（社会科学版）第 5 期。

原毅军、孔繁彬，2015，《中国地方财政环保支出、企业环保投资与工业技术升级》，《中国软科学》第 5 期。

臧传琴、陈蒙，2018，《财政环境保护支出效应分析——基于2007—2015 年中国 30 个省份的面板数据》，《财经科学》第 6 期。

曾莉，2019，《公公合作，还是公私合作？——政府与社会资本合作（PPP）的一个难题考察》，《华东理工大学学报》（社会科学版）第 5 期。

曾文慧，2008，《流域越界污染规制：对中国跨省水污染的实证研究》，《经济学》（季刊）第 2 期。

战旭英，2019，《地方政府绩效考核失范的原因及治理》，《理论探索》第 5 期。

张波、张雅雯，2013，《区域间税收竞争研究综述》，《河北大学学报》（哲学社会科学版）第 6 期。

张海星、张宇，2015，《PPP 模式：多维解构、运作机制与制度创新》，《宁夏社会科学》第 6 期。

张军、高远、傅勇等，2007，《中国为什么拥有了良好的基础设施?》，《经济研究》第 3 期。

张可、汪东芳、周海燕，2016，《地区间环保投入与污染排放的内生策略互动》，《中国工业经济》第 2 期。

张璐晶，2016，《为了总书记的嘱托云南大理利用 PPP 模式治理洱海水环境纪实》，《中国经济周刊》第 20 期。

张启明、郭雪萌，2021，《PPP 模式与地方政府财政软约束》，《财经问题研究》第 5 期。

张为杰、任成媛、胡蓉，2019，《中国式地方政府竞争对环境污染影响的实证研究》，《宏观经济研究》第 2 期。

张文瑾，2007，《地方政府间支出竞争的理论综述》，《兰州大学学报》（社会科学版）第 5 期。

张晏、夏纪军、张文瑾，2010，《自上而下的标尺竞争与中国省级政府公共支出溢出效应差异》，《浙江社会科学》第 12 期。

张占斌、孙飞，2019，《改革开放 40 年：中国"放管服"改革的理论逻辑与实践探索》，《中国行政管理》第 8 期。

张征宇、朱平芳，2010，《地方环境支出的实证研究》，《经济研究》第 5 期。

张志耀、贾劼，2001，《跨行政区环境污染产生的原因及防治对策》，《中国人口·资源与环境》第 S2 期。

赵春光，2008，《流域生态补偿制度的理论基础》，《法学论坛》第 4 期。

赵卉卉、向男、王明旭等，2015，《东江流域跨省生态补偿模式构建》，《中国人口·资源与环境》第 S1 期。

赵娜、李香菊，2019，《税收竞争与地区环保财政支出：传导机制及其检验》，《财经理论与实践》第 4 期。

赵娜、李香菊、李光勤，2020，《中国横向税收竞争如何影响雾霾污染——基于环保支出中介效应的研究》，《审计与经济研究》第 4 期。

赵阳、沈洪涛、刘乾，2021，《中国的边界污染治理——基于环保督查中心试点和微观企业排放的经验证据》，《经济研究》第 7 期。

赵颖，2016，《中国上市公司高管薪酬的同群效应分析》，《中国工业经济》第 2 期。

郑云辰、葛颜祥、接玉梅等，2019，《流域多元化生态补偿分析框架：补偿主体视角》，《中国人口·资源与环境》第 7 期。

中国生态补偿机制与政策研究课题组，2007，《中国生态补偿机制与政策研究》，科学出版社。

钟娟、魏彦杰，2020，《污染就近转移的驱动力：环境规制抑或经济动机?》，《中央财经大学学报》第 10 期。

周黎安，2004，《晋升博弈中政府官员的激励与合作——兼论我国地方保护主义和重复建设问题长期存在的原因》，《经济研究》第 6 期。

周黎安，2007，《中国地方官员的晋升锦标赛模式研究》，《经济研究》第 7 期。

周黎安、李宏彬、陈烨等，2005，《相对绩效考核：中国地方官员晋升机制的一项经验研究》，《经济学报》第 1 期。

周黎安、刘冲、厉行，2012，《税收努力、征税机构与税收增长之谜》，《经济学》（季刊）第 11 期。

周林意、朱德米，2018，《地方政府税收竞争、邻近效应与环境污染》，《中国人口·资源与环境》第 6 期。

周泰来、邓睦申、陈丽金，2020，《黑臭水体围城 福州治水何以大逆转?》，《财新周刊》第 24 期。

周小川、杨之刚，1992，《对我国财税改革思路的若干评价》，《财经问题研究》第 7 期。

周雪光，2017，《中国国家治理的制度逻辑：一个组织学研究》，生活·读书·新知三联书店。

周雪光、艾云、葛建华等，2018，《中国地方政府官员的空间流动：层级分流模式与经验证据》，《社会》第 3 期。

周亚虹、宗庆庆、陈曦明，2013，《财政分权体制下地市级政府教育支出的标尺竞争》，《经济研究》第 11 期。

周业安，2014，《地方政府治理：分权、竞争与转型》，《人民论坛·学术前沿》第 4 期。

周业安、冯兴元、赵坚毅，2004，《地方政府竞争与市场秩序的重构》，《中国社会科学》第 1 期。

周业安、宋紫峰，2009，《中国地方政府竞争 30 年》，《教学与研究》第 11 期。

周正祥、张秀芳、张平，2015，《新常态下 PPP 模式应用存在的问题及对策》，《中国软科学》第 9 期。

朱翠华、武力超，2013，《地方政府财政竞争策略工具的选择：宏观税负还是公共支出》，《财贸经济》第 10 期。

朱丹，2016，《我国生态补偿机制构建：模式、逻辑与建议》，《广西社会科学》第 9 期。

朱浩、傅强、魏琪，2014，《地方政府环境保护支出效率核算及影响因素实证研究》，《中国人口·资源与环境》第 6 期。

朱若然、李晓霞、赵宏远，2017，《促进 PPP 模式发展的财政政策研究》，《宏观经济研究》第 12 期。

踪家峰、李蕾，2007，《Tiebout 模型的研究：50 年来的进展》，《税务研究》第 3 期。

Anselin, L. 1988a. *Spatial Econometrics: Methods and Models*. Germany: Springer.

Anselin, L. 1988b. "A test for spatial autocorrelation in seemingly unrelated regressions." *Economics Letters* 28(4): 335–341.

Aragón, F. M., Miranda, J. J., Oliva, P. 2017. "Particulate matter and labor supply: The role of caregiving and non-linearities." *Journal of Environmental Economics and Management* 86: 295–309.

Arvin, B. M., Lew, B. 2012. "Life satisfaction and environmental conditions: Issues for policy." *International Journal of Global Environmental Issues* 12(1): 76–90.

Baron, R. M., Kenny, D. A. 1986. "The moderator-mediator variable distinction in social psychological research: Conceptual, strategic, and statistical considerations." *Journal of Personality and Social Psychology* 51(6): 1173.

Barro, R. J. 1990. "Government spending in a simple model of endogenous growth. " *Journal of Political Economy* 98(5): S103-S125.

Becker, D. , Rauscher, M. 2013. "Fiscal competition and growth when capital is imperfectly mobile. " *The Scandinavian Journal of Economics* 115(1): 211-233.

Bernauer, T. , Böhmelt, T. , Koubi, V. 2013. "Is there a democracy-civil society paradox in global environmental governance?" *Global Environmental Politics* 13(1): 88-107.

Besley, T. , Case, A. 1995. "Does electoral accountability affect economic policy choices?Evidence from gubernatorial term limits. " *The Quarterly Journal of Economics* 110(3): 769-798.

Bodson, P. , Peeters, D. 1975. "Estimation of the coefficients of a linear regression in the presence of spatial autocorrelation. An application to a Belgian labour-demand function. " *Environment and Planning A* 7(4): 455-472.

Borck, R. , Fossen, F. M. , Freier, R. , et al. 2015. "Race to the debt trap?—Spatial econometric evidence on debt in German municipalities. " *Regional Science and Urban Economics* 53: 20-37.

Bosetti, V. , Carraro, C. , Galeotti, M. 2006. "The dynamics of carbon and energy intensity in a model of endogenous technical change. " *The Energy Journal* 27(1): 191-206.

Brennan, G. , Buchanan, J. M. 1980. *The Power to Tax: Analytic Foundations of a Fiscal Constitution*. London: Cambridge University Press.

Brodeur, A. , Cook, N. , Wright, T. 2021. "On the effects of COVID-19 safer-at-home policies on social distancing, car crashes and pollution. "*Journal of Environmental Economics and Management* 106: 102427.

Buchanan, J. M. 1950. "Federalism and fiscal equity." *The American Economic Review* 40(4): 583-599.

Buchanan, J. M. 1965. "An economic theory of clubs." *Economica* 32 (125): 1-14.

Cai, H., Chen, Y., Gong, Q. 2016. "Polluting thy neighbor: Unintended consequences of China's pollution reduction mandates." *Journal of Environmental Economics and Management* 76: 86-104.

Case, A. C., Rosen, H. S., Hines, J. R. 1993. "Budget spillovers and fiscal policy interdependence: Evidence from the states." *Journal of Public Economics* 52(3): 285-307.

Chang, T., Zivin, J. G., Gross, T., et al. 2016. "Particulate pollution and the productivity of pear packers." *American Economic Journal: Economic Policy* 8(3): 141-169.

Chen, S., Oliva, P., Zhang, P. 2018. "Air pollution and mental health: Evidence from China." NBER Working Papers 24686 .

Chen, Y., Ebenstein, A., Greenstone, M., et al. 2013. "Evidence on the impact of sustained exposure to air pollution on life expectancy from China's Huai River policy." *Proceedings of the National Academy of Sciences* 110(32): 12936-12941.

Chirinko, R. S., Wilson, D. J. 2017. "Tax competition among US states: Racing to the bottom or riding on a seesaw?" *Journal of Public Economics* 155 : 147-163.

Coase, R. H. 1999. "Economists and public policy." In *What Do Economists Contribute?*, edited by D. B. Klein. London: Palgrave Macmillan.

Coase, R. H. 2013. "The problem of social cost. " *The Journal of Law and Economics* 56: 837−877.

Conley, T. G. , Molinari, F. 2007. "Spatial correlation robust inference with errors in location or distance. " *Journal of Econometrics* 140(1): 76−96.

Dang, H. A. H. , Trinh, T. A. 2021. "Does the COVID − 19 lockdown improve global air quality? New cross-national evidence on its unintended consequences. " *Journal of Environmental Economics and Management* 105: 102401.

Davis, P. 1986. "Why partnerships? Why now?" *Proceedings of the Academy of Political Science* 36(2): 1−3.

Devarajan, S. , Swaroop, V. , Zou, H. 1996. "The composition of public expenditure and economic growth. " *Journal of Monetary Economics* 37 (2): 313−344.

Ebenstein, A. , Fan, M. , Greenstone, M. , et al. 2015. "Growth, pollution, and life expectancy: China from 1991−2012. " *American Economic Review* 105 (5): 226−231.

Ebenstein, A. 2012. "The consequences of industrialization: Evidence from water pollution and digestive cancers in China. " *Review of Economics and Statistics* 94(1): 186−201.

Elhorst, J. P. 2010. "Applied spatial econometrics: Raising the bar. " *Spatial Economic Analysis* 5(1): 9−28.

Elhorst, J. P. , Lacombe, D. J. , Piras, G. 2012. "On model specification and parameter space definitions in higher order spatial econometric models. " *Regional Science and Urban Economics* 42(1−2): 211−220.

Engel, S., Pagiola, S., Wunder, S. 2008. "Designing payments for environmental services in theory and practice: An overview of the issues." *Ecological Economics* 65(4): 663-674.

Eskeland, G. S., Harrison, A. E. 2003. "Moving to greener pastures? Multinationals and the pollution haven hypothesis." *Journal of Development Economics* 70(1): 1-23.

Farley, J., Costanza, R. 2010. "Payments for ecosystem services: From local to global." *Ecological Economics* 69(11): 2060-2068.

Fredriksson, P. G., Millimet, D. L. 2002. "Strategic interaction and the determination of environmental policy across US states." *Journal of Urban Economics* 51(1): 101-122.

Greene, W. H. 2007. *Econometric Analysis*. New York: Pearson.

Grossman, G. M., Krueger, A. B. 1991. "Environmental impacts of the north American free trade agreement." NBER Working Papers 3914 .

Hadjiyiannis, C., Hatzipanayotou, P., Michael, M. S. 2014. "Cross-border pollution, public pollution abatement and capital tax competition." *The Journal of International Trade & Economic Development* 23(2): 155-178.

Halkos, G. E., Paizanos, E. A. 2013. "The effect of government expenditure on the environment: An empirical investigation." *Ecological Economics* 91: 48-56.

Han, C., Phillips, P. C. B. 2010. "GMM estimation for dynamic panels with fixed effects and strong instruments at unity." *Econometric Theory* 26(1): 119-151.

Hanna, R., Oliva, P. 2015. "The effect of pollution on labor supply:

Evidence from a natural experiment in Mexico City. " *Journal of Public Economics* 122: 68−79.

Hardin, G. 1968. "The tragedy of the commons. " *Science* 162: 1243−1248.

Harris, J. R., Todaro, M. P. 1970. " Migration, unemployment and development: A two−sector analysis. " *The American Economic Review* 60 (1): 126−142.

Hauptmeier, S., Mittermaier, F., Rincke, J. 2012. " Fiscal competition over taxes and public inputs. " *Regional Science and Urban Economics* 42 (3): 407−419.

Hayashi, M., Boadway, R. 2001. "An empirical analysis of intergovernmental tax interaction: The case of business income taxes in Canada. " *Canadian Journal of Economics/Revue Canadienne D'économique* 34 (2): 481−503.

He, J., Liu, H., Salvo, A. 2019. " Severe air pollution and labor productivity: Evidence from industrial towns in China. " *American Economic Journal: Applied Economics* 11 (1): 173−201.

He, J. 2006. "Pollution haven hypothesis and environmental impacts of foreign direct investment: The case of industrial emission of sulfur dioxide (SO_2) in Chinese provinces. "*Ecological Economics* 60 (1): 228−245.

Heberer, T., Trappel, R. 2013. " Evaluation processes, local cadres' behaviour and local development processes. "*Journal of Contemporary China* 22 (84): 1048−1066.

Hindriks, J., Peralta, S., Weber, S. 2008. " Competing in taxes and investment under fiscal equalization. " *Journal of Public Economics* 92 (12): 2392−2402.

Kahn, M. E. , Li, P. , Zhao, D. 2015. "Water pollution progress at borders: The role of changes in China's political promotion incentives. " *American Economic Journal: Economic Policy* 7(4):223-242.

Keen, M. , Marchand, M. 1997. "Fiscal competition and the pattern of public spending. " *Journal of Public Economics* 66(1):33-53.

Keen, M. J. , Kotsogiannis, C. 2002. "Does federalism lead to excessively high taxes?" *American Economic Review* 92(1):363-370.

Kernaghan, K. 1993. "Partnership and public administration: Conceptual and practical considerations. " *Canadian Public Administration* 36(1):57-76.

Kim, J. , Wilson, J. D. 1997. "Capital mobility and environmental standards: Racing to the bottom with multiple tax instruments. " *Japan and the World Economy* 9(4):537-551.

Leary, M. T. , Roberts, M. R. 2014. "Do peer firms affect corporate fiscal policy?" *The Journal of Finance* 69(1):139-178.

Leenders, R. T. A. J. 2002. "Modeling social influence through network autocorrelation: Constructing the weight matrix. " *Social Networks* 24 (1): 21-47.

LeSage, J. , Pace, R. K. 2009. *Introduction to Spatial Econometrics*. New York: Chapman and Hall/CRC.

Li, H. , Zhou, L. -A. 2005. "Political turnover and economic performance: The incentive role of personnel control in China. " *Journal of Public Economics* 89(9-10):1743-1762.

Li, J. 2015. "The paradox of performance regimes: Strategic responses to target regimes in Chinese local government. " *Public Administration* 93 (4):

1152-1167.

López, R., Palacios, A. 2010. "Have government spending and energy tax policies contributed to make Europe environmentally cleaner?" Working Papers 1667: 136-145.

López, R., Galinato, G. I., Islam, A. 2011. "Fiscal spending and the environment: Theory and empirics." *Journal of Environmental Economics and Management* 62(2): 180-198.

MacKinnon, D. P., Krull, J. L., Lockwood, C. M. 2000. "Equivalence of the mediation, confounding and suppression effect." *Prevention Science* 1(4): 173-181.

Madariaga, N., Poncet, S. 2007. "FDI in Chinese cities: Spillovers and impact on growth." *World Economy* 30(5): 837-862.

Manski, C. F. 2000. "Economic analysis of social interactions." *Journal of Economic Perspectives* 14(3): 115-136.

McKinnon, R. I. 1997. "Market-Preserving Fiscal." *Macroeconomic Dimensions of Public Finance: Essays in Honour of Vito Tanzi* 5: 73.

Mittelman, J. H. 2000. *The Globalization Syndrome*. Princeton University Press.

Muradian, R., Corbera, E., Pascua, U., et al. 2010. "Reconciling theory and practice: An alternative conceptual framework for understanding payments for environmental services." *Ecological Economics* 69(6): 1202-1208.

Musgrave, R. A. 1959. *The Theory of Public Finance: A Study in Public Economy*. New York: McGraw-Hill.

Oates, W. E., Schwab, R. M. 1988. "Economic competition among jurisdictions: Efficiency enhancing or distortion inducing?" *Journal of Public Economics* 35(3): 333–354.

Oates, W. E. 1972. *Fiscal Federalism*. New York: Harcourt Brace Jovanovich.

Olson, M. 1971. "Increasing the incentives for international cooperation. " *International Organization* 25(4): 866–874.

Ostrom, E. , Gardner, R. , Walker, J. 1994. *Rules, Games, and Common-Pool Resources*. Ann Arbor: University of Michigan Press.

Peirson, G. , McBride, P. 1996. " Public-Private sector infrastructure arrangements. " *CPA Communique* 73: 1–4.

Pettinotti, L. , de Ayala, A. , Ojea, E. 2018. "Benefits from water related ecosystem services in Africa and climate change. " *Ecological Economics* 149: 294–305.

Pigou, A. C. , Aslanbeigui, N. 1920. *The Economics of Welfare*. London: MacMillan.

Pun, V. C. , Manjourides, J. , Suh, H. 2017. "Association of ambient air pollution with depressive and anxiety symptoms in older adults: Results from the NSHAP study. " *Environmental Health Perspectives* 125(3): 342–348.

Qian, Y. , Roland, G. 1998. "Federalism and the soft budget constraint. " *American Economic Review* 88(5): 1143–1162.

Qian, Y. , Weingast, B. R. 1997. "Federalism as a commitment to reserving market incentives. " *Journal of Economic Perspectives* 11(4): 83–92.

Rauscher, M. 1998. "Leviathan and competition among jurisdictions: The case of benefit taxation. " *Journal of Urban Economics* 44(1): 59–67.

Roodman, D. 2009. "How to do xtabond2: An introduction to difference and system GMM in Stata. " *The Stata Journal* 9(1): 86–136.

Samuelson, P. A. 1954. "The pure theory of public expenditure. " *The Review of Economics and Statistics* 387–389.

Sandler, T. 2013. "Public goods and regional cooperation for development: A new look. " *Revista IntegraciÃ³n y Comercio* (*Integration and Trade Journal*) 36(17): 13–24.

Savas, E. S. 2000. *Privatization and Public-Private Partnerships.* New York: Seven Bridges Press.

Sidgwick, H. 1887. *The Principles of Political Economy.* London: MacMillan.

Stern, D. I. 2004. "The rise and fall of the environmental Kuznets curve. " *World Development* 32(8): 1419–1439.

Stigler, G. J. 1998. "The tenable range of functions of local government. " *International Library of Critical Writings in Economics* 88: 3–9.

Tiebout, C. M. 1956. "A pure theory of local expenditures. " *Journal of Political Economy* 64(5): 416–424.

Tobler, W. R. 1970. "A computer movie simulating urban growth in the Detroit region. " *Economic Geography* 46: 234–240.

Weingast, B. R. 1995. "The economic role of political institutions: Market-Preserving federalism and economic development. " *Journal of Law, Economics and Organization* 11(1): 1–31.

Wilson, J. D. , Gordon, R. H. 2003. "Expenditure competition. " *Journal of Public Economic Theory* 5(2): 399–417.

Wilson, J. D. 1999. "Theories of tax competition. " *National Tax Journal* 52(2): 269–304.

Wolpert, J. 1966. "Migration as an adjustment to environmental stress. " *Journal of Social Issues* 22(4): 92-102.

World Bank. 1992. *World Development Report* 1992: *Development and the Environment.* New York : Oxford University Press.

Wunder, S. , Engel, S. , Pagiola, S. 2008. "Taking stock: A comparative analysis of payments for environmental services programs in developed and developing countries. " Ecological Economics 65(4): 834-852.

Wunder, S. 2005. "Payments for environmental services: Some nuts and bolts. " *CIFOR Occasional Paper* 42 .

Xepapadeas, A. , Amri, E. 1995. "Environmental quality and economic development: Empirical evidence based on qualitative characteristics. " *Nota di Lavoro Fondazione Eni Enrico Mattei* 15 (3): 76-88.

Zhang, X. , Zhang, X. , Chen, X. 2017. "Happiness in the air: How does a dirty sky affect mental health and subjective well-being?" *Journal of Environmental Economics and Management* 85: 81-94.

Zivin, J. G. , Neidell, M. 2012. "The impact of pollution on worker productivity. " *American Economic Review* 102(7): 52-73.

Zodrow, G. R. , Mieszkowski, P. 1986. "Pigou, Tiebout, property taxation, and the underprovision of local public goods. " *Journal of Urban Economics* 19 (3) : 356-370.

图书在版编目（CIP）数据

跨区域污染治理中的地方财政竞争与协调 / 胡骁马
著 . -- 北京：社会科学文献出版社，2024.12.
（中原智库丛书）. -- ISBN 978-7-5228-4862-4

Ⅰ . F812.7；X505

中国国家版本馆 CIP 数据核字第 2024WU3432 号

中原智库丛书·青年系列

跨区域污染治理中的地方财政竞争与协调

著　　者 / 胡骁马

出 版 人 / 冀祥德
组稿编辑 / 任文武
责任编辑 / 高振华
文稿编辑 / 陈丽丽
责任印制 / 王京美

出　　版 / 社会科学文献出版社·生态文明分社 （010）59367143
　　　　　 地址：北京市北三环中路甲 29 号院华龙大厦　邮编：100029
　　　　　 网址：www. ssap. com. cn
发　　行 / 社会科学文献出版社 （010）59367028
印　　装 / 三河市龙林印务有限公司

规　　格 / 开 本：787mm×1092mm　1/16
　　　　　 印 张：22.25　字 数：274 千字
版　　次 / 2024 年 12 月第 1 版　2024 年 12 月第 1 次印刷
书　　号 / ISBN 978-7-5228-4862-4
定　　价 / 98.00 元

读者服务电话：4008918866